西南往事

梅贻琦西南联大时期日记

梅贻琦 著

回望西南联大·1937.11—1946.8
·西南联大8年，见证历史变迁·

石油工业出版社

图书在版编目（CIP）数据

西南往事：梅贻琦西南联大时期日记 / 梅贻琦著. —北京：石油工业出版社，2019.3
ISBN 978-7-5183-2766-9

Ⅰ. ①西… Ⅱ. ①梅… Ⅲ. ①梅贻琦（1889-1962）—日记②西南联合大学—校史—史料 Ⅳ. ①K825.46 ②G649.287.41

中国版本图书馆CIP数据核字(2018)第156975号

西南往事：梅贻琦西南联大时期日记
梅贻琦 / 著

出版发行：石油工业出版社
　　　　　（北京安定门外安华里2区1号楼　100011）
网　　　址：www.petropub.com
编　辑　部：(010) 64523783
图书营销中心：(010) 64523633
经　　　销：全国新华书店
印　　　刷：北京晨旭印刷厂
2019年3月第1版　2019年3月第1次印刷
880×1230毫米　开本：1/32　印张：12.5
字　　　数：270千字
定　　　价：45.00元
（如出现印装质量问题，我社图书营销中心负责调换）

版权所有，翻印必究

回忆西南联大书系

许渊冲

二〇一七年十月廿七日

学术顾问：许渊冲　杨振宁

主　　编：宗　璞

副 主 编：任　重　高　超

执行主编：陈志明

目录

1941 年（1月1日—12月31日） / 001

2月，开联大常委会，议决数事；决定录取清华留美公费生16人。5月至重庆，与教部吴俊升司长谈联大膳食津贴、毕业总考等事。8月返昆明，11月联大举办校庆纪念会，常委会讨论决定联大教务长、总务长之人选。12月，希特勒与墨索里尼对美宣战。

1942 年（9月1日—12月31日） / 137

9月，费正清博士等二人新自美来，为推进中美文化合作。10月，与李润章再谈联大租校舍事。11月，举行联大5周年纪念会，谈过去5年之变迁以及将来应推进之任务。12月，评议会决于明春补行招考公费生，推荐金岳霖应美外交部之邀赴美讲学。

1943 年（1月1日—12月31日） / 165

1月，在渝与叶企孙谈清华校务；返昆明后召集清华教授会，报告在渝接洽事项；与留美考试委员会商谈今春恢复考试各问题。3月，得知母亲1

月逝世，心中哀痛万分，但因有要事待商，仍主持联大常委会；与同人提起联合解决生计问题。3月底再赴重庆，6月返昆明。

1944年（1月1日—9月22日） / 211

3月，为配合美军军事行动所办译员训练班举行开学典礼，联大四年级男生征调入班者约300人；与孔祥熙谈救济同人生活办法；月底赴重庆。4月，回昆明，参加清华校友聚会。5月，纪念"五四"运动25周年。9月常委会通过研究生奖助金暂行办法等。

1945年（2月19日—12月31日） / 253

2月赴重庆，4月回昆明，6月再由重庆返昆明，9月又赴重庆。与梁思成谈清华设建筑系问题，与郑天挺、傅斯年谈清华、北大两校合作问题；参加全国教育善后复员会议，被推任副议长；在审查会上讨论中等学校复员事宜。12月，联大学生大部复课。

1946年（1月1日—10月12日） / 301

1月，清华教授会报告北平情形及清华园接收情况。2月，联大常委会商谈迁校筹备事宜。2月中旬赴重庆，月底返昆。3月，清华校务会议商讨复员各问题。6月，先后前往北平、南京，7月返昆明。7月底联大常委会进行最后一次会议。

1941年（1月1日—12月31日）

西南往事：梅贻琦西南联大时期日记

1月

1月1日　星期三

早7点半起,因昨夜2点余始睡。8点至新校舍,为新年师生篮球比赛开球。10点后温德来谈,张鞠斯来。5点30分至省政府礼堂赴龙主席(龙云,字志舟)[1]新年宴会,晤张君劢及关麟征总司令。席间戏剧,栗成之《宁武关》颇好,惜配角太差,余则皆不足道矣。

1月2日　星期四

上午10点至联大办公处,因新年假只一天。午饭后1点5分警报,1点40分敌机8架来,4点解除。闻所炸为巫家坝及石龙坝。

---

[1]括号()内楷体字(如此处所示)为编者新加注释,括号()内宋体字(如此处所示)为作者自己所做的说明。

6点后城内电灯有停息者，但不久即逐渐恢复。晚6点至共和春为唐绍宾、段晚英证婚。

1月3日　星期五

11点警报，12点30分敌机来，炸城外东边，4点15分解除。晚请客：白勤士夫妇、温德、周子竞夫妇、蒋孟邻（梦麟，原名梦熊，字兆贤，号孟邻）（蒋太太未到）、刘季陶夫妇。

1月4日　星期六

上午10点至11点30分在办公处。下午小睡后至太华浴室洗澡，盖又月余未曾入浴也。下午5点30分与郁文（韩咏华，梅贻琦夫人）及章川岛（廷谦，字矛尘，笔名川岛）赴冈头村小住。晚饭后与樊太太（樊际昌夫人）及章、饶（毓泰，字树人）8圈，小负。11点睡。

1月5日　星期日

星期日为旧历"腊八"，亦即余旧历之生日。午饭樊（际昌，字逵羽）、郑（天挺，字毅生）、章、罗（常培，字莘田）、陈（雪屏）五君约饭一桌。晚饭蒋夫妇之约，共两桌，皆为余祝寿者，感愧之至。上午10点45分有警报，将近中午则有炸声连续至20余分，敌机数架盘绕市空甚久始去。子坚（黄钰生，字子坚）及勉仲（查良钊，字勉仲）先后来，亦系拜寿之意。一日与樊、饶、章、蒋太太等看竹20余周，余又负10余元。后又看众人打poker（扑克），觉无意味，2点始睡。

1月6日　星期一

午前7点30分城中又有警报,但无敌机来。昨日所炸为圆通山附近华山东路平政街一带。中午与蒋夫妇至邻家童宅,贺其大女郎回门。4点回城,至联大办公。晚7点约玉龙堆25号:陈(岱孙)、陈(达,字通夫)、陈(福田)、吴(有训,字正之)、金(岳霖,字龙荪)、吴(泽霖)、周(培源)、邵(循正,字心恒)、邵(循恪,字恭甫,邵循正之弟)、曹(本熹)、练(北胜)诸君来宴,食炮牛肉,似颇快意。

1月7日　星期二

早9点将进早餐,忽又来警报,步行郊外,觉甚燥热。2点解除回家。祖彦(梅贻琦之子)患头痛发热,令睡下。下午4点半再赴冈头村,应缪(云台,字嘉铭)夫妇之约。

1月8日　星期三

早8点余始起,早点后久待竟无警报。听孟邻讲书法历一时许,似颇有道理,但不曾试做者,难尽理会耳。

下午2点半返城,孟邻因患感冒未同来。3点半在新校舍开常委会,未到者为蒋(梦麟)、杨(振声,字今甫)、黄、吴(有训),归家见祖彦已退热起床矣。

1月9日　星期四

上午9点有预行警报,到办事处后,见办事员有先自离去者,严予告诫。

下午5点往愉园访关麟征总司令（字雨东），久谈，至6点始出，在彼晤胡广生大夫，系为关医鼻疾者。

晚阅 André Maurois' "Disraeli"（安德烈·莫洛亚的《迪斯雷利传》）前数章。夜半始停，极感无聊，而尤为在来阳者悬系，然亦莫可如何！

此日为腊月十二，月在中天，明而孤冷。

1月10日　星期五
清早郁文返梨烟村（梨园村）。

1月11日　星期六
上午11点自新校舍出，乘人力车往梨烟村。午后3点在大普吉研究所新造储库开同人家属茶话会，到者男女老幼约60人，城中去者较少，实路太远也。晚6点仍在研究所约建厅张厅长夫妇、黄日光夫妇、汪国舆夫妇、汪厂长夫妇、李科长等及李司长、惠老师饭聚所中，陪客合共三桌。是晚，大家酒兴颇好，共饮30斤，多数皆有醉意。余返梨烟村后，亦即睡下矣。

1月12日　星期日
早8点起后，颇念诸孩在家，不知有警报否。9点至光旦（潘光旦，原名光亶，字仲昂）处。早餐食春卷颇好，唯太咸尔。下午4点乘洋车返城内。

晚6点，金龙章以电话来约往冈头村缪家便饭。饭后云台与六七人商量旧年除夕约留美同学会聚事，定在高桥中央防疫处，人数勿太多。众人散后，复为云台留看竹，至 2 点始散，即住蒋家。

1 月 13 日　星期一

早 8 点始起，早点后已 9 点半，原拟上午进城之打算又不能行矣。下午 3 点偕孟邻至新校舍办公室。5 点召集各处组织员训话，稍加训勉，于工作效率或有增进乎。

1 月 14 日　星期二

早 9 点始起，尤觉愧悔，总当设法早眠为是。张奚若来谈。

下午 3 点余至工学院与施（嘉炀）、李（辑祥，字筱韩）谈事颇多。5 点出，为行敏（徐行敏）邀至昌生园食炒面，然后步行返寓。

1 月 15 日　星期三

下午 6 点在寓，常委会聚餐开会，通过本年同人薪给办法。

闻何应钦（字敬之）、白崇禧（字健生）来滇，恐滇南又将有事矣。

朱子桥将军（朱庆澜，字子桥）数月前逝于长安，此老实可爱可敬。

1 月 16 日　星期四

早发与珊（杨净珊）短信，前晚所写者，伊又久未来信，不知是否又病了！日间清了公事数件，尚觉满意。

1月17日　星期五

……

晚10点至11点半，北平广播《二进宫》《纺棉花》。

1：30 a.m. Finished "*Disraeli*". Felt a great sympathy and admiration for this man.（凌晨1点半，读完《迪斯雷利传》，对这个男人深感同情与钦佩。）

1月18日　星期六

天夕将出门，关麟征来访，谈颇久始去。闻滇方军事布置颇为顺利，深以为慰。

1月19日　星期日

上午10点始起，早餐后无所事事。

12点10分将进午饭，忽来警报，与家人出至苏家塘后山坡上，久久竟无消息。4点10分解除。

晚7点至天南酒家，赴刘季陶夫妇饭约，座中有关总司令及胡医师等。

清华1933级同学10余人在家聚餐，余赶至家，与诸君共饮一杯，时已将10点矣。

1月20日　星期一

上午9点余李印泉（李根源，字印泉、养溪、雪生）监察使来请为其二公子希泌证婚，婚期定为25日下午，盖旧历除夕之前一日也。

午饭后汪德耀偕其弟德熙来。德耀新就福建省研究院院长，余对此种举动认为不妥，实应以扩充厦大为合理，但闻该院可有50万元之开办费，则不知究能办到何种程度矣。

天夕往冈头村为蒋校长拜寿，因留宿焉。

1月21日　星期二

昨夜风甚大，睡时为2点半，故9点始起。早餐后拟即回校，因汽车须修理，午饭后3点与蒋、郑、章同赴办事处。

下午工学院未得去。

晚闻光旦言，曾赴学生数团体合开一"统一问题"之讨论会，精神甚好。

1月23日　星期四

警报9点10分至2点10分，黑林铺被炸。

下午4点至5点30分，郑、查等视察昆中南院女生宿舍，指予应行改进数事。

晚6点至8点，清华校务会议与30周年纪念委员会共商筹备事宜。俄文教授李宝堂君新自沪经安南来滇。

1月24日　星期五

晚为秦大钧夫妇约，与三孩至其家便饭。饭后与秦、徐行敏及杨君看竹4圈，小负。

1月25日　星期六

下午5点余至西南旅社为李印泉公子希泌与张中立女公子证婚。

证婚人尚有关雨东总司令，因事未到；介绍人为龚仲钧（龚自知，字仲钧）、胡简如。晚饭后至商务酒店为张家贺喜。9点余返校，觉不适，早睡下。

1月26日　星期日

早9点后起，殊感不适，渐觉作冷。至午前11点余，冷益甚，乃上床盖被三四重，尚不觉暖，而冷至发抖。至1点余，冷渐止，而烧作矣。三四点时，徐大夫来诊视，烧至39℃余，嘱食Quinine（奎宁，俗称金鸡纳霜），每次两粒。缪云台夫妇约作旧年除夕宴聚，郁文携彬（梅祖彬，梅贻琦长女）、彤（梅祖彤，梅贻琦二女）同去。关雨东饭约亦谢。

1月27日　星期一

旧历新年早热度竟降至37℃余，9点余乃商定与郁文、祖杉（梅贻琦三女）往梨烟村小住养病，借得某君汽车，10点余至村门，幸天气晴和，再以洋车至寓所。祖彦回来照料，下午仍返城内。

下午，热度仍为37℃余，因耳部觉微聋，奎宁未多服。

1月28日　星期二

一日热度渐增，晚8时至38℃余，不若前日之甚矣。任之恭偕赵访熊、叶楷来。

1月29日　星期三

热度又降至37℃余。

中午有敌机在市中投弹，西仓坡上下又各落一弹，翠湖小学被毁，西仓之米飞散甚多，寓中门窗及室中零物又有损毁，但不如上次之甚。幸已于前日移住乡间，否则虽自己无所畏惧，将使照看之人勉强留守，而又遭此一番震动，太觉抱歉矣。

1月30日　星期四

热度较昨日增多，但最高为晚8时之38.1℃。下午沈刚如来，请拟中药方清解肠胃。

1月31日　星期五

午前祖彦来言，前日所炸区域为城中翠湖附近及福照街文庙街一带，及正义路之北段。炸后市面情形尚都安定，是则较年余以前市民心理上已有进步矣。

今日热度升降与昨日大致相同。

下午杨武之夫妇及吴达元、杨业治夫妇来，潘光旦来。

2月

2月1日　星期六

下午4点半，徐行敏详为检查后谓，或非疟疾，因检得胆部附近有扪压觉痛之处，如有发炎亦可成此病象（26日检血有白血轮特多）。只抽取血5毫升及尿少许，再做检查。

午后沈刚如来，因服其中药腹中积滞似有调解之象，乃再嘱其开方续服。徐大夫来时曾以此告之。

2月2日　星期日

热度日间皆在37℃左右，晚8时仍为37.1℃。天夕戴观亭（芳澜）、汪次堪（国典）夫妇来。

庄前鼎（开一）夫妇来。午前郑毅生、罗莘田来。

2月3日　星期一

晚热度为37.5℃。闻光旦亦于前日病矣。

2月4日　星期二

晚，热度降至37.1℃。蒋校长夫妇来。

2月5日　星期三

热度降至36.5℃以下，盖已完全复原矣。

午前起床坐约2时，午饭后仍睡下。食物加米饭、蛋、鱼之类。午前吴正之来谈。

2月6日　星期四

下午祖杉返城内。

连服沈刚如处方共8剂，似颇见效。但因日前徐大夫验血谓有subtertian malaria（恶性疟，疟疾的一种）之菌，乃服 Plasmoquine（扑疟喹啉）七八粒以作预防。

2月7日　星期五

午前有警报，院中妇孺皆出外疏散，顿觉安静，乃至廊下坐约一时，看书晒太阳。

2月9日　星期日

午前散步外出，至惠老师院访惠老师。又至杨（业治）、叶（楷）、姜立夫、吴（达元）、杨（武之）、任（之恭）、赵（访熊）各家稍坐。

2月10日　星期一

原拟下午进城至联大办公，因风大未行。中午至李司长（适生）处稍坐。

2月11日　星期二

下午天色颇好，往视光旦病，盖为斑疹伤寒，热度已大减矣。

2月12日　星期三

昨夜风雨，且有雷声，天明已晴，7点余红日已满窗矣。午前有警报，2点余解除。

午饭后稍休息，3点前坐洋车赴校。早间刚如送信来，谓已向蒋先生借好汽车，下午来接，自以为殊非必要，遂不待其车来先去矣。4点到校，适蒋车方将开出，乃得阻止。与蒋君谈有顷，批阅公事至5点半。返寓，稍觉疲倦且饿，赶进食物些许。

6点余开常委会，议决数事。至下年之分校问题，仅提出请大家注意，俟将来再讨论。

6点余与蒋赴龙主席约宴，为欢迎何部长（应钦）、商启予（震）之视察团诸君及英美法各领事。10点余归来，尚不太倦。

2月13日　星期四

早9点起，未久有客来谈，1点半始得出门返梨烟村。

下午郁文因有卢家之约，先自进城，余独留乡下，自办晚饭，亦颇有趣。

2月15日　星期六

早起后朱慰之自城内来，知余一人在室，遂商约姚太太为余备早点，朱太太备午饭，殷勤照顾使余实不安心。

下午小睡后，5点余蒋夫妇以汽车来接，先与孟公至灵源别墅，王叔铭之约，稍坐即出。6点半同至美领馆 Cocktail Party（鸡尾酒会），盖 Mrs.Perkins（白勤士夫人）日内将回国也。

7点至商务酒店，蒋夫妇之约，到者30余人。9点余又至冠生园美领馆，方钜成、黄荫怀、游恩溥三君之约。郁文已先至。到未久即散，仅得与白勤士夫人饯别耳。

2月16日　星期日

早9点，原拟与郁文、祖彦往高峣一转再返梨烟村，所借蒋家新汽车久待不至。约10点蒋太太来，始知汽车半途出毛病，幸即寻得汪一彪君，搭其车同往西山。

在金龙章家午饭。饭后至施、苏（国桢）、萧（蘧，字叔玉）各家望看，又至黄子衡家，主人皆外出。

3点余到梨烟村寓，蒋太太与汪君稍坐别去。

2月17日　星期一

下午小睡后偕祖彦至村后闲步，以外一日无所事事。接珊2月1日来信，使人仍不放心。

2月18日　星期二

下午3点余到校办公，因后日即放假矣。

吴雨僧（宓）来谈友仁难童学校问题。

2月19日　星期三

上午在寓办理清华事件。中午黄子坚偕教部视察员王衍康君来。下午至联大办公。

2月20日　星期四

上午邵可侣来谈友仁学校财政状况。

下午4时半，清华留美公费生考选委员会，到者梅、吴、施、周、任、王（并约陈岱孙出席），未到者王守兢、周建侯。讨论至8时半，始决定录取16人，其他4门因考试者皆成绩不佳未取。又决定取陈新民承受林主席70寿辰纪念奖学金。此17人中有10人为清华毕业生，亦云幸矣。晚饭宴各委员。

午前因周枚荪（炳琳）曾来谈下年分校问题，彼提出桂林为适妥地点，颇可考虑。

发与珊信。

2月21日　星期五

9点早点后黄子坚来谈，赵松鹤来。

至10点半始与彬、彤收拾出发，而已有预行警报矣。行李由老李拉车，余与二女步行，初觉颇倦且热，至小屯稍坐饮酒，精神加旺。闻空袭警报。再前行，12点15分将至梨烟村口，闻紧急警报，警察不许进村，乃沿北堤到家。午饭后闻有轰炸声，似甚远者。

2月22日　星期六

午饭后偕郁文、彬、彤、彦往大普吉陈家营访问各家，共到汤、殷、娄、汪、戴、俞、陈、高、黄、余、闻十一家。晚饭约毕（正宣）、全（绍志）、李三君食盒子。

2月23日　星期日

早9点余，郁文携祖彦与毕、全、朱等往后山妙高寺步游，余与彬、彤在家休息。午后至光旦处望看，渠[1]已起床，气色尚好，但坚嘱多在家中休息，切勿急于外出。

晚阅 Rachel Field's "*All This and Heaven Too*"（蕾切尔·菲尔德的《卿何遵命》）完，此书写得颇好，情节亦颇有趣，不知能续借寄来阳一阅否。

2月24日　星期一

午饭后彬、彤、彦返城内，室中顿觉静寂。

2月25日　星期二

下午3点余往联大办公。晚与祖彬往徐家吃面，盖为小珊周岁也。

---

[1] "渠"为方言中人称代词，他。

2月26日　星期三

上午10点半至11点半，在联大办公室。

午饭后1点余，忽有警报，敌机来两批，各有27架。

所炸为拓东路一带及城内绥靖路以南。闻人民死伤颇多，龙公馆亦落一弹。

晚与蒋公在寓宴教部视察员王、蒋、赵三君，尚有汪、杨因事未到。

2月27日　星期四

上午10至11点在联大，出校后寻老李不见，竟自拉车"接太太"去矣。返西仓坡未久又有"预行警报"，乃另雇车下乡。午饭在潘家。下午敌机仍无声息，似竟未来。3点返家小睡。

2月28日　星期五

天夕闻光旦夫人将临蓐，至晚饭后已生，又是一千金，他人有为失望者，亦属多事矣。

3 月

3月1日　星期六

早点后，郁文往潘家照料。午前祖彦来，同往潘家。午饭晤葛敬中夫妇。下午3点返寓午睡。天夕拟出外看日落景色未果。

3月2日　星期日

中午，汪次堪夫妇在其所中约饭，尚有毕、全及高仲明（崇熙）夫人同坐。因初试烤鸭，等待甚久而结果尚不甚佳，鸭皮熏黑，肉亦干老，颇可惜耳。饭后与诸人看竹4周，6点始出，经潘家稍停返寓。

3月3日　星期一

连日有风，今复天阴，恐有雨意。午前11点，樊逯羽应吾之约，下乡来谈，实较校内为便也。……3点前客散，旋即收拾入城，先赴联大办公。晚龚仲钧在教厅请客,系宴教部视察蒋、王、汪等,酒肴颇好。9点又至省党部宴康泽之饭约,10点余返西仓坡。

3月4日　星期二

上午至联大办公。11点康泽为学生讲演。

下午4点在西仓坡开清华校务会议,拟定"来滇教职员家属住房津贴办法"。5点开聘任委员会。6点聚餐两桌。7点开评议会。

晚饭前后适大雨一二阵,未久即止。

9点余会散。祖彦下午返城。

3月5日　星期三

上午因来客甚多,未出门。天夕至联大批阅公事。6点随蒋往冈头村,因合请俞飞鹏部长及康泽、沈立孙、缪、裴、马、李诸君。饭后客有看竹者,至12点以后始散,因留宿蒋家。

3月6日　星期四

昨夜卧久始睡去,今早7点余即醒。午前与蒋太太、曾渔生及佟君看竹,饭后连续至12圈,结果余小负,曾一人大胜。

天夕与蒋进城赴刘振寰之约,途中汽车出毛病,修好已将6点。至大观楼雇小船至马家园,园主马……(原缺)为个旧大矿商,座中主客仍为俞部长。菜味甚多,后进者多未下箸即行撤去,殊觉可惜。归来船中望月,甚有趣,惜胡某喋喋不休,使人生厌,彼则意在应酬部长,未暇他顾也。

晚10点到家,郁文已于下午自乡下来,意谓吾或不归者,似颇懊丧，不知果何故也。

3月7日　星期五

下午4点余与郁文往新村看任太太（任鸿隽太太，陈衡哲），彼等于上星期五在黑龙潭被匪抢劫后始搬入新村暂住，盖不久将往上海去住。

6点联大常委会聚餐开会，查尚在渝，冯病未痊愈，吴、陈亦在渝未归，会中仅8人。决于26日召开校务会议，讨论下年分校问题。

3月8日　星期六

早8点，郁文乘车去梨烟村。伊来二日，精神似不愉快，睡眠亦不佳，故不欲久留矣。

午前来客：黄子坚、李希泌、王德荣、邵可侣。下午亦未得到校。

晚赴吴肖园夫妇在商务酒店之约。

3月9日　星期日

下午1点有警报，因不耐远走，与诸孩即在苏家塘北山坡上停歇，幸2点45分即解除。闻炸处为安宁，亦无多损失。

晚6点为刘汉与孙孟君证婚，办事处客厅用作礼堂，此为第一次。来客以地学系同人及刘君同学为多，为讲甘露寺故事，因介绍人为周、曹，实亦巧遇也。

3月10日　星期一

早起微觉不适，盖昨晚饮酒稍多矣。10点余将出门，人告有预行警报，乃出城乘车往梨烟村，先至潘家与光旦谈颇久，留午饭。光旦前数日又冒寒，故又卧床未起。

3点至寓，稍息。天夕黄子卿（碧帆）夫人做锅贴留郁文在彼，遂亦邀余往。锅贴尚好，唯有韭菜馅者，食后归来饮茶特多耳。

3月11日　星期二

昨晚11点睡下，一夜甚安静，乃天明楼上即有人声，愈久人声愈多。7点余日光满窗，则绝不能再睡矣。

10点余祖芬（梅贻琦小女儿）自城内来，言彬彬尚在床未起，似伤风仍未瘥者。郁文骤形焦急，不知所措。幸午间未闻警报，否则更多不安矣。

2点半进城，赴校稍留，随至工学院，与筱韩、葆楷谈数事。5点45分返家。

3月12日　星期三

早8点至新校舍，意欲看同人及学生植树，乃待至9点半仍无动静。与毅生谈校事数件后归家。10点送祖彬往乡下，因伊数日来患伤风头晕，故令其暂往休息。

天夕将往富春街樊逯羽家，于途中遇其夫人，谓尚住太和街张家，为邀往晚饭。其戚友甚多，饭后看竹，小胜，11点归。

3月13日　星期四

下午在联大接霍重衡（秉权）来电，谓吴尊爵因工程交代手续问题须暂留叙，但不知内究何如。晚为重衡、今甫各作一信。发致Z.S.信，昨夜所写，兼报告为其母取款事。

3月14日　星期五

下午方距成偕姜桂侬来，请于30日证婚。樊逯羽来谈王视察员要为学生讲话事。

3月15日　星期六

连日天阴有小雨，昨晚有大雨一二阵，且有雷声。今早雨已止，但云尚未散。

10点余至联大料理公事后，11点乘人力车往梨烟村，行三刻钟即到，祖彬尚在床未起，头晕尚未大愈也。

3月16日　星期日

早8点始起，未得出外散步。下午4点与郁文往范绪筠家望看新妇，彼等亦住惠老师院，因见新建小楼已画线破土，据包工言，40日后可以完成。

5点至潘家，光旦已起床四五日矣。稍谈数事，闻校中同人赌风甚炽，以后当特注意。归来时，于暮色苍茫中望见山下村落炊烟四起，颇饶意致。

3月17日　星期一

自早天阴颇冷。午饭后3点15分乘人力车返城内，途中细雨渐大，幸出门时携一毛毯，车中遮盖颇避湿冷。4点10分到新校舍办公，6点返家，雨已止矣。

晚饭约柳（圣和）君（新中公司工程师）、许骏斋（维通）、李筱韩、刘仙洲、周承佑、庄前鼎、孟昭英及毕、李（景义）、沈（刚如）、赵（世昌）诸君，以谢柳君修车售车之劳，并与刘、周等一谈。

3月18日　星期二

上午在联大，接 Z.S. 11 日短信，伊情绪颇苦，而信纸信封似亦缺乏矣。下午4点余至工院，与李久谈。访张中立于盐管局。

3月19日　星期三

上午在办事处。下午未出门，整理应提常委会事件。

6点半常委会，到蒋、梅、郑、查、樊、冯、陈、李、黄。饭后开会，报告及讨论事项共13件。至10点45分始散，因有积案不可不清理者。最后通过"生活津贴"办法，虽所予补助，不过三五十元，但于低薪者较令欣慰耳。

1点始上床，乃久卧不能成寐，思及会中问题尚有须调整之处，待日内与各方商决办理。

3月20日　星期四

上午在办公处，为学生贷金新规定发布告并呈部。下午冯芝生、叶企孙先后来谈。晚饭后吴正之自渝来谈及种种,至10点半始别去。伊今晚即住南楼客室。

3月21日　星期五

上午批阅甚多,未出门。下午来客数起:邵循正、张奚若、查勉仲、钱端升。晚与郑、樊、毕招待澄江绅士吴、段诸君。

3月22日　星期六

上午在联大办公处,至11点出,赴梨烟村,郁文于五六日前感冒卧床,尚未痊愈,但热度已不过37℃。天夕外出散步,斜阳映在远山上,红紫模糊,愈显可爱。回看村中,已在阴影暮色苍茫,炊烟四起,坐河堤一大松树下,瞻顾流连,至天已全黑始返。

3月23日　星期日

上午欲往看光旦未果。郁文热已全退,仍未起床。下午4点起行返城内,途中遇汪次堪夫妇、戴观亭夫妇,光旦亦在来城内者。天夕光旦来谈校事半时许。晚7时请客:范绪筠新夫妇,任、汪、戴三家,全绍志,毕正宣。祖彬代其母出席款客。

3月24日　星期一

天气益燥热,上午在办公处。下午4点开纪念会筹备委员会,6点开校务会议,决定让售北大美金3000元。晚饭后陶孟和夫妇来谈。

3月25日　星期二

下午在工学院与李、陶二君谈颇久。晚7点请客：任叔永夫妇、李润章（书华）夫妇、樊逵羽、陈蕙君、郑毅生、查勉仲。此次祖彤代其母招待客人。

3月26日　星期三

下午5时起开联大校务会议，至11点始散（会中备晚饭两桌），到者共19人，除由余报告近三月来校中重要事项外，所讨论最久之问题为下年是否仍设分校，如设分校应在何处，结果以反正两案付表决，各得7票。众意仍请常委做最后之决定，但一时似难即定，此事之最要观点为：

一、分校在物质与精神上皆有不宜之处。二、无分校对于时局变化更难应付。三、为招收好学生则分校不分校皆可有办法。四、用费方面则分校人、物之运输以及修缮等费，较补助学生由川黔来昆之路费要多至数倍。五、倘欲以分校做较永久之布置则是另一个问题，但亦可考虑者。

会前，蒋谈及研究问题，谓宜由三校分头推进。余表示赞同。余并言最好请教部不再以联大勉强拉在一起；分开之后可请政府多予北大、南开以研究补助，清华可自行筹措，如此则分办合作更易进展矣。

3月27日　星期四

下午4时，在工校楼上大教室约教授会同人茶叙，到者七八十人，茶后5点余为报告校事数则：一、叙永分校。二、本年财务状况。三、学生近两月之言动。四、牛津、剑桥教授来函及本校准备答复。五、分校问题。6点散会。

晚至樊宅，系郑、陈、章、朱、罗公饯蒋君赴渝者，菜为樊太太自做。饭后与郑、朱、樊太太看竹8圈，小胜，12点归。

3月28日　星期五

昨晚接一樵（顾毓琇，字一樵）来电，谓80万美金联大可分得3.8万，同人闻者大哗。下午端升、正之、序经、奚若、企孙先后来舍共商一代电稿，再试一争，恐或无结果耳。

此日为阴历三月一日，4年前之今日适逢月圆，江轮情景不知何日能再得之也！

3月29日　星期六

学校放假一日。早10点半彬、杉、彦、芬步行往梨烟村，余于11点余乘人力车往，12点半以后先后到达，郁文因第二次感冒尚未起床。全绍志来为杉、彦打防疫针，余与三孩昨日已打过矣。

下午4点余，四孩仍步行归去，余留住一日，晚阅Anthony Hope's *Prisoner of Zenda*（安东尼·霍普的《曾达的囚犯》）完。

3月30日　星期日

午前往惠老师院访武之未遇，与正之稍谈。新建之房梁柱已竖起矣。饭后杨、吴二君来［谈］[1]颇久，关于陈（省身）、华（罗庚）

---

[1]"［　］"为补缺。

问题，余表示［为］二君已尽最大努力，现可听之。学校自有其尊严与地位，不能为一二人之故迁就太多。最后对杨尤加劝慰。4点起［步］行进城。

晚6时至西南大旅舍为方钜成、姜桂侬证婚，席未终9点前返家，因有孟和在家请缪（云台）、张（奚若）、李（书华）、熊（庆来）诸客。余归彼等席将散，勉敬酒一周，不知［是否］饮得太紧，竟有醉意，归房即吐，未解衣上床睡去矣。

3月31日　星期一

9点余醒来尚好。下午王书堂夫人偕其弟杨起来稍坐，同至湖滨饭店访孟和夫妇。

4月

4月1日　星期二

下午4点半举行国民月会,请樊报告叙永分校情形,查报告贷金办法,最后余提应注意二点:个人健康及全校秩序。晚饭约杨蔚兄妹、陶维正、维大来家便饭。彬、彤添做四菜颇好。饭后原拟约诸小客往南屏看电影,因未买得座票未往。

4月2日　星期三

晚6点至10点15分开联大常委会,讨论事项多为关于同人领费问题,以500人员之团体,一事即为一例,故不可不慎也。

4月3日　星期四

清早7点往工学院电讯专修科参加其成立两周年纪念会。发与珊信。

下午4点清华教授会，到者50余人，先由余报告校事数项，后请王力（了一）、冯淮西、张印堂各做简单报告，关于上年休假研究期间在安南、西康及迤西之见闻。

晚7点约马（约翰）、吴（有训）、陈（岱孙）、李（辑祥）、叶（企孙）便饭，借谈关于下届招考留美公费生科门分配问题，及关于联大与三校关系将来可能之演变问题。

晚10点半毕正宣来，再提请假返津事，未允所请。

4月4日　星期五

上午11点，与樊赴梨烟村，在家午饭。

3点同至大普吉无线电研究所做首次与叙永通话，经过尚好。4点余与任（之恭）、孟（昭英）茶话后樊别去。余至潘家稍坐，然后返寓所。

4月5日　星期六

午前正之偕查、黄二君来稍谈，后去往村外看地。下午3点半进城，先赴校办公，后出理发。7点赴冠生园方钜成新夫妇饭约。饭后与张（奚若）、钱（端升）二君往商务酒店访张君劢谈甚久，12点始别归。归途天气转冷，半月西沉，颜色黯赭，恐明日又有风沙之象。

4月6日　星期日

早7点余始起，天气果阴且冷，诸孩有衣棉袍者。

天夕出访刘镇时家未遇，又至玉龙堆3号晤王赣愚、杨石先、刘觉民。住该处者尚有陈序经，因外出未遇。

晚饭后徐大夫夫妇及其女孩来小坐。

4月7日　星期一

晚，在家请客：陶孟和夫妇、严慕光（济慈）（夫人未到）、张奚若夫妇、刘汉夫妇、方钜成夫妇。郁文下午自乡下来，尚甚疲弱，席间未多饮食。

4月8日　星期二

上午9点余有预行警报，初未介意。10点余赴校办公。12点返家未久而警报来矣，家人幸皆已进午饭，余则携面包一块出门，与诸孩仍在苏家塘北山坡停留。12点45分紧急警报，1点5分敌机27架由南而北，炸弹声数批连续过后，而见城中起黑烟二三处，以后北方亦〔有〕炸声，闻为沙朗一带。2点45分回至新校舍休息，趁便办公。2点45分解除。5点余与诸孩至市中查看：翠湖东南西三面均落弹，一老人在桥边炸死，劝业场及大众电影场炸后延烧一空，武成路关岳庙对面烧数家，民生街炸二三处，光华街炸二三处，正义路马市口南炸……（原文有脱落）任均不至。乃绕道由民生街、福照街、武成路、洪化桥、钱局街经西仓返寓，因西仓坡东头以南有一未炸之弹，故行人不许经过。途中市民来往极拥挤，幸月色晴好，否则恐不免有意外发生。11点电灯竟放光矣！

4月9日　星期三

本日无警报，或因天气阴雨湿冷之故欤？晚6点至8点半联大常委会讨论下年校舍问题，尚无结果。

4月10日　星期四

今早已晴，8点吴正之来谈，未久即去。

10点余预行警报，午饭后1点30分空袭警报。此次与彦等走至红山下旧避处，晤同人10余位。3点20分起始步归，至半途解除矣。在办公室留一时许。

5点30分在寓开清华校务会议，拟下届招考留美科门。7点聚餐。

8点开评议会，通过招考留美科门单，后稍讨论联大下年分校问题，10点散。

4月11日　星期五

晚林文奎偕其未婚妇张女士及吴达元来，商借客厅于5月4日结婚。

4月12日　星期六

天又阴，晚有小雨。

晚饭后光旦方自渝归来，谈与竺（可桢）、罗（家伦）二校长商四校联合招考经过（武汉王校长未到）。又以蒋校长留与向教育部商量经费问题所提"办法"文稿见示，阅之极为不安，不知应如何对付也。晚睡甚迟，作《大学一解》要点。后2点始上床，睡去时已在3点以后。

4月13日　星期日

早8点余起，天方阴雨。

约光旦来食早点，以《大学一解》要略交烦代拟文稿，日来太忙，恐终难完卷也。10点余光旦返乡下，余初拟同去，因恐雨势更大归来更困难，遂未往。

晚作长信与顾一樵，论蒋所提"办法"中困难之点，信中不免牢骚语，实亦心中甚感闷郁，不觉溢于言表耳。

在无线电广播中，闻日俄中立协定今日在俄签订。

4月14日　星期一

下午4点余出访梁牙医未遇。又访张西林厅长，谈其世兄拟赴美入学计划，又谈及汪次堪脱离畜产改进所，交代似有未清处（药品等），所关不大，但深为惜之。

晚饭后雨颇大。

4月15日　星期二

早9点起，闻有预行警报。

午前乘人力车往梨烟村，郁文已自潘家返寓，似已愈大半。午后2点半起行返城。

4点至8点间做事颇多。先访梁大夫，继至爱群浴室洗澡，未入浴盆者已三月有余矣。又至工学院与张克恭谈其赴美事，又与李、陶、王德荣、吴尊爵久谈。7点再至梁大夫处，彼言旧假牙已不堪修补，须制模重做，乃请其进行，唯不知需费若干耳。8点半返家，始进晚餐。

4月16日　星期三

晚6点至9点开常委会。上午适接杨今甫函,谓昆明有不公允之待遇,叙委会乃决定加给迁移津贴。使人不快,而益感觉分校之不宜设立。

4月17日　星期四

下午6时约校务会议诸君会谈,蒋君提议由清华拨款补助联大80万及其向教部所提之"办法",惜因通知有未送到者,又同时有纪念日会序委员会,致到者先后颇参差,但最后决定二原则:

一、倘北大同人果愿另起炉灶,则可三校预算分开,清华对于联大负其全责。

二、倘只令清华向联大拨出应摊之80万,则联大所多出之80万为补助各校研究费者,清华应分得其比例应得之数。

后商定先由冯(友兰)、吴(有训)分访周枚荪,一探北大方面意向后再商量。

7点约李宝堂、吴泽霖、雷(海宗)、张诸君便饭,菜太潦草,殊为抱歉。

4月18日　星期五

午前12点5分警报,幸午饭已提早吃过。1点半后天忽阴,风雨继至,郊外无处可避,虽携有雨具,竟难遮盖,归途行来鞋裤及长衣之下截尽湿透矣。行至新校舍雨亦适止。又待至3点余始解除。返寓,力嘱诸孩洗脚换衣裤鞋袜,幸未有病者。

4月19日　星期六

上午在办公室，即闻有预行警报。11点余归家午饭后，警报果来矣。但久待竟无敌机消息。2点余返至新校舍，3点解除。5点余出，雇车至梁大夫处治牙，待至6点半始得入诊。因改做假牙，试牙托甚久，7点45分始出。

8点至黄公东街，应李润章饭约。座中晤董君及中国银行张君等数人。近来饮酒似体气不胜多量矣。

4月20日　星期日

一日阴天，遂无警报，亦未出门。两日以来，贪玩 autobridge（桥牌练习器），睡时又迟矣。

4月21日　星期一

警报由11点10分至3点10分，郊外又逢阵雨，幸第二次之暴雨已在新校舍休息矣。

晚约潘太太、葛太太、雷伯伦夫妇、张景钺、陈蕙君、毕正宣在富春酒楼小吃，只费40余元，已谓廉矣。

4月22日　星期二

下午4点至工学院与施、李谈后，至各处视察一周，做纪念日布置之准备。5点余至梁大夫处再试牙托。

4月23日　星期三

下午6点开联大常委会，叙永分校近来措置颇多不合，会中皆有同感，余亦有不满之词，但话语似太多矣。

4月24日　星期四

下午4点，约校务会议诸君谈，出示昨日所接顾一樵信。众人对于部中所拟由清华借款50万补助联大研究院，然后由联大分给北大、清华、南开各研究部分。

7点，清华办事处及参加联大之职员24人公宴潘、叶及余等5人。

4月25日　星期五

上午11点正吃饭间，王受庆夫妇偕张慰慈来访，稍坐后同出至冠生园"饮茶"，食后又至利沙饮咖啡，然后至孝园访张奚若夫妇，谈颇久，4点半返寓。

5点余至梁大夫处，假牙仍未做好，尚须再试，此君亦太细做已。

4月26日　星期六

上午11点10分警报。12点20分敌机来，炸声似较远，后知为城南纱厂一带，而胜因寺亦落一弹。4点解除。

下午5点至新村住宅。与任太太久谈关于其赴港不得航委会管理者准许事，乃劝其不必赴港、沪，或以往贵阳暂住为佳。伊似自上次被抢后，心理上易生危惧，须换一新环境，方可使之渐得心安也。

晚7点至万钟街海棠春试吃订菜兼酬各筹备委员。

4月27日　星期日

天气和煦，时有片云。9点余有预行警报，至1点已解除。3点半至工学院会场，布置颇好，校友到者已有数百人。4点余龙主席、龚厅长及他来宾到者20余人，4点30分开纪念会。会序：主席报告；龙主席致辞；龚厅长致辞；白勤士致辞；黄子坚（代表南开）致辞；冯芝生（清华教授代表兼代表北大）致辞；吴泽霖（校友代表）致辞。

6点30分会散，茶叙，在工院望苍楼。

7点30分校友聚餐，在海棠春，共32桌，饮酒尚不太多。10点散后又与家人为金、陈、毕所约至利沙饮咖啡，11点半始返寓。

此日两会情形均甚整齐、热烈，使人特为愉快，故一日辛劳尚毫不疲倦也。

4月28日　星期一

上午未赴办公处，同人亦多令休息一日。任之恭夫人及赵访熊夫人（王蘩）昨晚皆住在楼上，午前林君来接往孝园。下午3点至师范学院与学术讨论会各演讲员会晤，待各组（文学、史学、哲学、化学、地学）开会后出至联大办公处。5点半至梁大夫处再试假牙。6点半至冠生园应红十字会高仁偶君饭约，晤美红十字会代表 Dr. Wasslins（瓦斯林斯医生），后闻林可胜君下午忽发疟疾，晚间之讲演须为延期，乃先辞归赶发通知。7点参加各讲演员饭聚，共7桌，精神颇佳。益感此种集会之价值，而以清华为之倡导，尤觉荣幸也。

4月29日　星期二

警报12点55分，紧急1点30分，敌机来炸1点42分，解除4点45分。所投小炸弹甚多。敌机27架斜排由南向北飞来，故西面由甘公祠附近至翠湖，东面由威远街至小东门外均有炸毁，寓中纸窗有震破者，杯壶有倾倒者，灰土亦颇多，幸无损失，此为第四次矣，且看下次如何。

今日之讨论会下午未得举行。晚饭5桌，因备办较晚，9点余始食毕，讨论会只好延期矣。

4月30日　星期三

上午9点乘洋车赴大普吉参加金属及无线电之讨论会，校中同人及来宾分乘二汽车同时开行，到普吉亦几同时。先由二研所展览各部略做表演，11点金属学讨论会开始，1点便餐（面包夹菜），2点金属学及无线电分组讨论。3点余先乘车返城稍休息后，参加在寓举行之联大教务会议。重要决议为：一、本年毕业生通考定为三门（由各系酌定）；二、本学期工作照校历原定者结束，大考日期不改动；三、四年级学生不得在外借读。

6点半至工学院陪同工程讨论会诸君聚餐，食后未听讨论即归。

5月

5月1日　星期四

下午3点至北门街航空研究所，初因无电，后因电机发生障碍，风洞试验未得表演。5点往欧洲饭店访林可胜君，已于昨早返筑矣。至梁家椿大夫处试假牙。7点返寓，招待航空及昆虫两组讨论会诸君（三桌）晚餐。连日疲乏，晚饭时饮酒稍多，客甫散去即归室和衣睡去矣。

5月2日　星期五

上午待蒋君来寓谈话，竟未至。下午3点至昆虫组看各项展览，在会中听讲半时许先出，至办公室批阅公事。7点至曲园赴林文奎及张敬女士饭约，盖二人将于4日结婚，先宴执事诸君者。晚在无线电广播听到英军自希腊撤退情形，而同时又有Iraq（伊拉克）军队与英军冲突之消息，则小亚细亚又将多事矣。晚10点蒋校长来住

（因才盛巷炸后未收捡好），共谈至12点半始各归室就寝。

5月3日　星期六

清早6点余起与蒋公饮咖啡后，至昆北院举行（7点半）国民月会及全校春秋运动会开幕礼，天阴无雨，到场者达千余人。

8点半回家与蒋公用早餐，为学生自治会作《青年节写给青年诸君》简词。下午2点往看运动会，5点余归。新装假牙有不适处，灯下自行修理，颇见效。

5月4日　星期日

天阴，时有阵雨。上午未出门，任叔永来谈。

下午4点林文奎与张敬女士在客厅结婚，证婚人为王叔铭教育长，在渝未归，由吴参谋长代。余与罗莘田任男女两家家长代表。

晚7点半至广播电台讲《今日青年教育的一个问题》20分钟。8点半回冠生园与蒋夫妇及莫（泮芹）、钱（端升）、陈（雪屏）、罗（常培）、郑（天挺）便餐。

5月5日　星期一

上午在办公处。下午在寓批阅公事。与企孙谈中研院约其任总干事问题。天夕往看逵羽病。晚葛运成夫妇在新村16号约饭。

5月6日　星期二

上午在办公处。下午4点余至工学院与李筱韩、周承佑久谈。5点余至梁大夫处再配假牙一具。7点在寓请客两桌：林文奎夫妇、赵康节夫妇、莫泮芹夫妇、赵诏熊夫妇、王……（原缺）夫妇、蒋梦麟夫妇、陈雪屏、郑毅生、张清常、沈天梦、龚心海。王叔铭夫人未来、吴参谋长未来、郑唐未来。

5月7日　星期三

上午9点余与黄子坚、王明之往梨烟村看地，后至建设厅午饭，与张厅长一谈。饭后适有警报，随至山边林下休息。敌机久等未来，乃邀同厅员张君再至梨烟村看地势四界，后至杨业治家饮茶。3点雇车返城，4点解除，适抵西站矣。

5点与蒋约各校负责人员40人茶叙，请蒋略［谈］在渝港观感。7点开联大校务会议，重要事项为：通过1941年预算及暂定（8票对7票）下年取消分校，仍集中于昆明上课。

5月8日　星期四

警报11点20分，紧急11点45分，敌机来炸12点13分，解除2点半。被炸地点为圆通山及莲花池、沙沟埂一带，民房延烧一片，死伤亦颇多，盖皆在郊外未曾卧倒或入防空洞者。此次各处捡得碎片颇多，有谓系来自空中炮炸弹者。

4点半在寓开清华教授会，到者四十二三人，因有10余人来函为所闻关于清华补助联大研究费问题请开会讨论。发言者有萧（蘧）、张（奚若）、王（信忠）、伍（启元）、陈（岱孙）、陈（达）、陈（福田）等10余人，最后未有决议，但多数似愿接受余之建议，唯对于蒋公之做法多感愤慨耳。

7点余晚饭后开清华评议会，关于补助联大研究费事决定四原则：

一、办法商妥后先由校提议再请部核准。

二、尽校款能自拨为限，不另借款。

三、出 50 万分两年内拨付。

四、三校依原预算比例领用。

5月9日　星期五

午前查勉仲来谈。饭后陈雪屏偕钟天心来访。

下午睡二时始起。4点半至任家饮咖啡，衡哲女士又为飞机事大生气。7点至天南酒家，应莫泮芹夫妇饭约。

5月10日　星期六

早8点至张西林家用早餐后，9点同车往大普吉。11点约张厅长、黄日光及某君来研究所与潘（光旦）、俞（大绂）、汤（佩松）、刘（崇乐）商谈厅方最近之增产计划。中午在建厅便饭，3点返城。

晚7点至正丰西餐馆为曹本熹、魏娱之证婚，仪式简单，颇好。8点余至巡津街裴市长宅，应黄子衡饭约。

今晚月色甚好，已是四月半矣。

近一周接珊来信二封，一为4月26日写，而一为3月27日写，乃竟至50日始到，殊不可解，或为港方所稽压，可憾之至。

5月11日　星期日

上午8点半与彤、彦、芬往梨烟村，余乘洋车先去，三孩步行至10点15分始到。因郁文在潘家，遂同往，留午饭。饭前约12点敌机来，炸市区。后入城，知为近日楼一带及东门外。饭后至惠老师院看新房，尚须三数日始修好。4点与三孩同步行返城内，6点到家。因途中缓缓行来尚不觉倦，三孩则较为高兴矣。郁文乘车5时后即到。

晚6点半赴张西林家饭约，系宴联大教师曾为其令郎家恭补课者：施、凌、朱等。

8点余又至曲园蒋校长之约，座中除郁文及钟天心君外，皆为联大及清华行政人员，而蒋太太未至，不知何故也。

5月12日　星期一

10点15分警报，与诸孩至尹家大坟疏散，较苏家塘一带又远二三里矣。11点敌机15架入市空，炸声颇近，2点解除后入城，则西北区又遭一次，情形与10月13日大致相同，西仓坡住寓又幸而免耳。

下午5点在寓开联大常委会。

7点与蒋校长合请钟天心，兼约联大同人20位作陪。

5月13日　星期二

上午至联大办公处与郑毅生谈二事：一、告以清华拟补50万事，因恐昨日与蒋君略谈者或未明了。郑谓北大明日将有校务会议，再行计议，大家之意拟不接受，而专注意于预算之确定。二、告以余愿蒋君继任主席至少一年，盖吾二人原无所谓，但校中人众，如此似较好耳。

下午3点余至爱群洗澡，费时一时半。后至工学院，苏提议招收化工研究生问题，允在渝时与教部一商。后至梁大夫处，试第二副假牙。

5月14日　星期三
上午在家料理公事，吴正之、陈福田、陈岱孙先后来谈。

下午叶企孙来谈中研院聘约问题，有待余至渝与朱骝先（家骅）君商谈者。

晚与光旦谈颇久。邵可侣来谈。

三信写完已过一点，院中凉月满阶，[阶]前花影疏落，一切静寂。回忆珊信中语句，更觉凄闷，不知何日得再相见也。

5月15日　星期四
早7点不能再睡，起后收拾行李，补批公事数件。盖一日在此即一日不得闲暇。9点乘洋车往梨烟村看新房，今日已能移住矣。杨武之夫妇送饭来，与郁文同食，后又稍安置器[物]，3点余返城内理发。5点余正收拾行李，来客甚多：吴正之、任叔永、查勉仲、蒋梦麟。

蒋告北大会议结果，谓大家只要教部成立分校，预算并不望由清华得补助。晚7点钟天心、周枚荪、钱端升、查勉仲、姚从吾、陈雪屏合请校中同人三桌。饭后谈党及请大家入党的意思，发言者为周、蒋、贺、周、钟。10点半散。

5月16日　星期五
（到重庆）早7点余起，两校公事未送来，顿觉清闲。10点后约芝生、嘉炀、正之、企孙先后来略谈昨日蒋君所告北大要求预算独立……（原缺约10字）仍以预算独立为向部交涉目标，清华自表同情，并望其成功。至清华所拟拨补联大50万之办法，则须视将来演变如何则酌为办理耳。

午饭后诸君散去，小睡约一小时。

下午3点航空公司有电话来，乃携行李乘人力车赶去，此时颇以未有汽车为不便。3点半由公司到机场，4点45分飞机自腊戍飞到，因机中乘客多未下来，只能有二人由昆搭上，公司乃请余与一宋某军官上机，而行李复不能携带，虽甚不便，仍当以得登机为幸耳。一路云南山地上浮云颇多，但无颠簸，入川境后云顿不见，而薄雾罩地面，田野看不清楚，唯长江盘绕曲折如白练则远远即可望见，日落景象与地面所见又自不同矣。

7点35分到珊瑚坝时天色已黑，市郊灯火如繁星点点，机场上列火堆两行（燃草）指示跑道，亦一简便之法。机飞颇快，全程共用2小时20分。

下机后晤沈肃文、傅任敢及卫生局之毛君，乃偕傅、毛往卫生局。八弟妇（梅贻琳夫人，江兰）与九宝（梅贻琳之女）拟往山洞，因闻余来，缓行二三日。饭后与傅君稍谈。10点余归寝，住市民医院楼上卫生局长之小室。

5月17日　星期六

早7点45分始起，盥洗时宝弟（梅贻宝）来，同至八弟（梅贻琳）家早餐，餐后回局中。未几，八弟自卫戍部开会归来，闲谈至中午，竟未出门。午饭后小睡二时许，醒来已4点，将出门沈肃文来访。沈去后至街上闲步，归途竟忘却通远门转弯处，往返寻觅始得之。到家已7点半，八弟等待吾吃饭甚久矣。晚8点余，罗北辰来，后傅任敢来，商订同学会开会日期，后同出访吕汉群参军长，未遇。11点睡时落雨，一夜未停。

5月18日　星期日

早7点余起，仍觉阴湿，中午放晴。

午前宝弟偕逢吉弟妇（梅贻宝夫人，倪逢吉）自南岸来，同至街上闲步一时许，然后偕八弟全家至五芳斋午饭。菜味颇好，有虾仁、田鸡、鲤鱼、烧肉等，共开80元，尚非太贵者。饭后又往利泰食冰激凌，每位2元5角。途中遇任敢，约与同去小叙。

下午5点偕宝弟、逢吉往南岸，过江后又乘滑竿上山，至7点始到贸易委员会办事处。

晚饭在逢吉处食汤面、稀饭，因日来腹中不适，且中午食甚饱，亦尚不觉饿。

8点至陈光甫、邹秉文二君寓处，看逢吉与秉文、凌济东、缪钟秀夫人打桥牌。11点散，即为邹君留宿其寓中客室。

5月19日　星期一

早7点余起后，出至室外看玩山景，惜雾气太重，隔江之重庆城市亦看认不清。

8点宝弟、逢吉来，光甫陪食早餐，有镇江包子。餐后逢吉出示其手工制品之桃花桌布等，花样、颜色均颇新颖，冀于美国有大销路。至会中各部，分访晤席德柄、缪钟秀、凌济东，途中遇章友江，余绍光则未得见。

午饭在缪君家，盖席彬儁即住该处。饭后与宝弟搭缪夫妇汽车过江返寓，小睡一时许。

4点余至教部，先与吴俊升司长谈数事，如膳食津贴、毕业总考、研究费、留美招考科门。待至6点余见陈（立夫）部长。

一、关于研究费问题，陈问是否与蒋（梦麟）已商妥数目等点。余谓初已商有办法，后北大方面仍主成立独立预算，蒋谓日内将有信与部长详陈。陈问：是指研究费抑或指整个预算？余答：是指每校整个预算；大约北大同人意见欲有独立预算，然后由各校预算拨提一部作联大经费，而以其余作各校自办事业费。陈摇首，谓：如此办法未妥，联大已维持三年有余，结果甚好，最好继续至抗战终了，圆满结束，然后各校回北边去。且委员长有主张联合之表示，未必肯令分开（教育合办事业多未成功，西南联大为仅有之佳果），而物质上（指预算）如分开则精神上自将趋于分散，久之必将分裂，反为可惜，故不若在研究工作各校自办为是。

二、陈问及分校问题是否有决定？余谓：如夏间时局无大变化，拟将分校结束，学生全在昆明上课，陈谓"还是昆明好些"（意兼指生活问题）。

三、陈问昆明校舍如何，是否拟在乡间筑建？余告理学院在梨烟村造房计划，并出子坚所提说帖，陈谓：学校既然打算出40万元，当无须再添许多。余谓：希望部中再拨若干以补不足，并可同时好向省方商请补助。

四、关于留美招考问题，陈谓：清华此次能否多考送些名？余谓：今年拟考24名，系因去年只取16名，以足每年20名之额，因为清华现有美金收入每年约10万元，如每年送20名，而学生可留美二年或三年，则同时在美将有50人左右，其用费已在9万至10万之间矣。吴前谈时曾告已为联大列请追加预算数十万（总追加为八九百万），俟经核定再通知学校。晚饭后王化成来谈颇久始去。

5月20日　星期二

早8点半至八弟家早点时，闻已有△挂出，盖表示有敌侦察机来，是较昆明又多一预报之预报矣。以后之经过则如下：9点30分，挂一汽球，医院中及市民起始移动。10点，两气球，放警报，人民走向防空洞，医院中人移物入洞，洞即院后，故尚忙，洞颇大且坚，故尤不现恐慌。12点10分，紧急警报，双球降下，大家入洞，洞颇大，人不多，八弟等且备有藤椅，尤觉舒适矣。2点5分，双球升起，出洞稍息，至后山上看紫霞元君庙。2点35分，双球又降下，大家再入洞。2点45分，长响解除。

午饭后已3点半，小睡未成，为蒋廷黻约往行政院谈话。

晚饭留在行政院，与陈之迈、吴景超、吴半农、翁咏霓（文灏）、金宝善等"新经济"聚餐。10点半始出，以2元雇人力车返通远门。

5月21日　星期三

上午又因警报未出门。11点双球，1点解除。午饭则于11点以后吃完了。小睡半小时许，作信与四孩及光旦。5点出门至张家花园56号访黄任之。晤沈肃文于归途，知郑（天挺）、罗（常培）今日仍未来。

6点半至牛角沱资委会访翁咏霓,谈企孙就中央[研]院总干事问题,7点搭其汽车往沙坪坝。

7点半至津南村看伯苓师兼吃晚饭。饭后至百树新村,在方显廷家谈颇久,优乃如来晤。11点宿于津南村6号招待室。

5月22日　星期四

昨晚甚闷热,但上床即睡去。清早醒来发现帐中有二蚊,俱是满腹热血,惜贪食过多,飞转笨重,竟因口腹而捐生矣。8点至伯师处早餐,以电话寻罗校长(家伦)不得。9点余乘经济研究所汽车进城。

11点至3点40分空袭警报,未入洞。

午饭原有孔院长(祥熙)之约,解除往炮台街孔寓致谢,孰知主人往南岸尚未归来。5点往巴中组织部访朱骝先部长谈企孙问题。又至玉川别业访杭立武。

晚7点半由医院往国货银行赴清华同学会之欢迎茶会,到者五六十人,多为新毕业之同学。为大家报告联大及清华近状。10点余散。

今日天甚热,午后为32℃[1],夜间稍有风,热度未大减。床上只盖被单。三年住昆明,几不知出汗为何事矣。

---

[1]作者原用华氏度,为方便阅读,转化为摄氏度(保留整数温度)。余同。

5月23日　星期五

天气甚热，上午已超30℃，下午二三点室中为32℃，室外可知矣。

清早田淑媛、刘节、张充和女士来访，因余尚未醒，均未得见。8点闻有飞机自昆明来，托局中人至机场取行李三件，而郑、罗仍未来，殊不可解。

9点余至荫庐5号访张女士久谈，又至中央饭店看郑、罗到否，亦无消息。中午张女士约在中苏文化协会内餐室食西餐，菜不佳，地方尚清静风凉。

下午小睡后，5点有客来谈：蒋默掀、吴国桢、林伯遵。

6点余至国货银行清华校友十六七人之饭约，食时因腹中已饿，未得进食即为主人轮流劝酒，连饮20杯，而酒质似非甚佳，渐觉晕醉矣。原拟饭后与诸君商量募款事，遂亦未得谈。10点左右由宝弟等将扶归来，颇为愧悔。

5月24日　星期六

早8点起，天阴颇风凉，昨晚酒意已全消失矣。10点前与宝弟出往嘉陵宾馆见孔院长，适有长官多人开会方罢，在门前看桐油汽车试演。后与孔谈半时许，特谢其去冬拨款2万救济学生之盛意。

至巴县中学国际宣传处访董显光，并晤赵敏恒，现仍任路透社代表。

下午5点戚长诚来谈，至6点别去。渠在大公报似颇为胡、张二君所倚重，其前途颇有希望。

晚饭后至张充和处稍坐，伊于上午拔牙两枚，嘱令早休息。

9点小雨一阵，至11点又复落雨，明日当更凉爽矣。

5月25日　星期日

阴雨一日，气候凉了10余度，清早床上须盖双毯，午前外出须着薄外套，较之前日犹如夏秋之别也。

9点余早餐后，为王酌清夫妇约至其南岸立石沟山居小游，任敢同往，原拟在土桥看地者，因雨不得实现。王、吴、张亦均未来，与王、傅略谈清中（重庆清华中学）建筑及经费问题。午饭有龙君夫妇及崔君在座，皆储汇局高级职员。饭后在廊下闲坐，雨中观山，别有意趣。5点余返城市。

6点半赴教育部陈部长之约，晤陈石珍、臧君（东北校长）、彭百川。饭为五菜一汤，颇称适口。饭后谈及毕业总考问题，部方颇主严切实行，陈再问及分校计划，告以二年级决迁回昆明，一年级新生如夏间云南无变化，亦在昆明上课，叙永房舍仍设法保留。陈表示颇以为然。9点余别出。

本年政府教育文化事业费共十三四亿，其中用于军事机关者约5000万，国民教育1000万，用于高等教育（110单位）者只3000万，大学学生共约4万人。

5月26日　星期一

8点15分至10点半警报，有侦察机数架来。吴司长有电话言将来访，因警报竟未来。宝弟自南岸来，午后回歌乐山。

下午发信与净珊、杨今甫、叶企孙。5点戚长诚来谈。致电与蒋校长。

晚 7 点林伯遵之约在冠生园，有翁部长、吴华甫、包华国、王浦诸君。

8 点至俄国餐厅（戴家巷口），系自约诸客谈话者，惜到迟。戴志骞、吴国桢、徐广迟、关颂声诸君已去，座中留者有李祖贤、王祖廉、何浩若（孟吾）、罗北辰、李现林、王化成、傅任敢，饭后略谈关于 10 万捐款及清中建筑两问题。10 点散归。

5 月 27 日　星期二

天阴颇风凉。7 点半张静愚来访，谈及学校及清中问题极表热心，谈时觉到有两点，以后应提出使大家注意者：

一、清华为中美文化合作之重要事业（以后在考送留美学生外，应多聘美国学术专家来国内讲学）。

二、清华基金无论如何不应动用（近周有以一部分解众人馋涎［论］者实不妥当，且亦无效，徒启以后更多之觊觎耳）。

9 点张去后始进早餐，以后未出门，更觉懒怠。

下午小睡后，5 点余戚长诚偕孙立人来稍谈，同至俄国餐厅晚餐。在彼晤李现林，及……（原缺）君。6 点半食毕，立人以汽车送至朱处。

晚 7 点又至牛角沱朱骝先饭约。座中有孙越崎（资委会油矿西北）、李叔堂（中研院）、沈君怡、丁君（陪都设计）、李君等。饮酒五六杯，杯颇大而酒甚好，不觉太多，但一晚而赴两餐，腹肠未免负担特大耳。去来均能搭得汽车，亦今日不可多得之幸运也。

5月28日　星期三

上午天气晴朗，稍热，竟无警报。8点半，吴士选司长来谈半时许。

下午小睡后任敢来。发复花溪清中唐宝鑫电。6点半至玉川别业杭立武君饭约。座中晤施奎龄、方恩绶、鲁裕文及交通部统计局局长王君，谈及陈通夫令郎问题。

7点半借胡叔潜汽车赶至国货银行开渝清中董事会，到者吕、吴、张、黄、罗、傅，讨论清中改建问题，决定募集建筑费50万，经费基金50万，新校址定在南岸土桥。会后醴泉约食冰激凌。10点归，闻郑、罗已到，寓中央饭店105房。

5月29日　星期四

天气较前昨两日加热，但不若23日之甚。早餐后8点余往中央饭店访郑、罗二君，随出至荫庐访张充和女士（住章乃器家）未遇，陪同至市民医院闲坐。因恐有警报未更他往，12点同返中央饭店午饭。

午后2时半任敢偕李现林来，又至国防最高委员会邀王化成同至南岸土桥（13公里），察看为清中所租地亩，夹临小溪，上有瀑布，高可三丈左右，形势颇好，面积有三四百亩，似可敷用，须俟测量绘图后再看如何布置为宜。5点半返医院。

6点余再至中央饭店，适舒舍予（老舍，原名舒庆春，字舍予）在座。稍待，张女士亦来，为舒君约至附近之乐露春小吃，黄酒尚好，菜亦尚可口。饭后在中央露天花园饮茶，颇清凉。10点半散归。

5月30日　星期五

天阴颇风凉。午前发致蒋校长电，告预算追加三成。至中央饭店为沈肃文约。与郑、罗至小梁子国民饭店午饭，往返步行，游览街市，上两年之烧炸残迹尚历历可睹也。在饭店洗澡，三人共用17元余。

晚，宝弟偕逢吉过江来与八弟一家做端午节小聚，在陪都饭店食烤鸭等菜，虽不甚精，尚属适口，价约70元。饭后闲谈至10点余，各归室睡。

5月31日　星期六

早未到6点起床，6点余早餐等事毕，7点前10分出门雇车聚兴村，郑、罗二君则已先至，而俞大维君允借之汽车久待不至。在卢逮曾君家小坐，8点车至，起行，未半时到中央大学。为接曾叔伟（昭抡）夫人及其令姊同往歌乐山者，待之又久，至9点半再起行，而除二俞女士外，车中又加学生二人，济济一车，所幸道途颠簸竟不觉得。10点15分至中央医院门前，往返园中一刻许，寻得傅孟真（斯年）所住病室，渠于前日曾割扁桃腺一半，说话不便，未敢与之多谈。中午为傅太太约至村中小馆便饭。饭后约2点即为傅太太等邀同车返城内，郑、罗暂留山上，为访冰心女士兼与孟真再谈者。至城内中央饭店休息，天气之热似与上星期五不相上下。旋傅太太使人来告，约于晚间往米花街某书场观彩排京戏。在室中阅穆时英之公墓二篇，一为《公墓》，一为《Craven "A"》(Craven A 是一个香烟品牌），觉尚不劣。将7点张充和来，系为约余等出外晚饭者。听其讲述"八·一三"以后由苏州逃难至乡下，又至合肥老家，然后由汉口入川情形。8点45分曾太太来邀去看戏，因郑、罗未归，张女士尚在等候，未好离去，只得谢之，而家中宝弟夫妇为余约作小聚者恐亦已回南岸去矣。9点郑、罗归，果因公共汽车途中抛锚故另换洋车，故迟了一小时许。适舒舍予及何君亦来，共在室中便饭，似较饭馆清静多矣。饭后谈至12点始散归，街上热气人气消减大半矣。

6月

6月1日　星期日

早8点始起早餐，9点余挂一球矣。约10点半警报，11点紧急，大家入洞后未5分钟即闻炸声十数起，似非甚近，洞中灯火略有跳动，12点10分解除。出洞后则见附近被炸受伤者抬入医院救治，二三小时内共来百余起，伤重不治而死者闻有七八人。

下午1点余雇车赴曾家岩，通远门内外颇纷乱拥挤。1点45分始抵委员长官邸，座客20余人，进食将毕。余入座后，侍役进一汤二菜，颇精美，略食些许，又进冰激凌、水果。时有张忠绂报告美总统"炉边闲话"之含义，后有陈博生、王芸生报告敌方近来情形，后蒋公略问联大情形。散座与周惺甫、张季鸾、卫挺生、王雪艇、陈布雷、郭斌佳、李惟果诸君各握手寒暄数语，搭张公权汽车返医院休息，室中热度为33℃。

晚6点至中央饭店与郑、罗、舒、何及张女士在一心饭店便酌，为张女士做东道，菜不甚佳，但渝酒颇好，慢饮闲谈颇以为快。饭后又在旅馆廊前乘凉，看斜月落去始散。医院内因附近数处被炸，晚无电灯，入室后稍安排即睡矣。

傅任敢来信谓星期三、四始有船赴泸。

6月2日　星期一

早7点起，天气似较昨日更热，贝谛携九宝于清早往山洞矣。在室中早点毕，季洪自南岸来，正闲话间又挂气球矣，宝弟遂匆匆去，以便乘汽车往歌乐山。郑、罗、张同来。9点半发警报，10点紧急，10点15分起始闻炸声，由远而近，六七声后有大声四五下，紧接至头上最后一下，空气似由顶上打下，感觉颇奇怪，洞内油灯皆为震灭，妇孺有惊叫声，张女士坐予旁，当亦吃惊不小，郑、罗与余互道"躬与其盛"。

11点20分解除出洞，则见医院大楼正中落一弹，楼梯处及偏左一部炸毁，楼后小房烧完。大门前、山洞上面均落有弹，无怪乎洞中空气震动如此之烈矣。

与郑、罗、张至荫庐及中央饭店，幸均无恙。食肉丝汤面、鳝丝汤面当午饭，饭后在郑榻小憩。3点回医院，室中尚无毁损，灰土已清除，拂拭二三次矣。八弟调派各事，应付来人颇忙。

6点以后至中央饭店，6人会合，仍在一心便酌，后加入巴金（姓李），已于楼下食过。回中央后在廊前与罗、张望月闲谈，不知不觉间已是12点矣，街上无电灯，送张女士返荫庐，待其叫门进屋始返医院，途中竟走过通远门，至七星岗口始觉之，岂尚有酒意耶。

6月3日　星期二

早6点起来觉无所事，遂又上床睡去，至8点45分始起。傅任敢来谈订船往泸州，约明后日可成行矣。9点余△挂起，而久无消息。10点以后，北风吹起，三角旋亦取下，热度在9点余已是31℃，下午将更可观。幸风吹热散，至下午颇为凉爽，而阴云四合，渐有雨意。

4点余发二信：一与净珊，一与祖彦。至中央饭店，张充和未来，知必已返青木关矣。看何秋江为郑毅生刻图章颇好。

6点余为孙伏园所约，与舒、关、罗至"来来来"，一保定饭馆，其韭菜水饺、绿豆稀饭颇好。

老舍约至升平书场听山药豆与富贵花之大西厢，韵调颇不差，唱后又偕至其家稍坐。10点半返寓。自晚饭时起始落雨，时大时小。返寓后雨势渐大，盼能继续一夜，则非但热气可以减除，空袭可以暂免，而稻田得雨，年成有望，于民生大有关系也。

6月4日　星期三

昨夜雨不多，今早云已散，唯雾气尚很重。

早9点后熊君（清中会计）来告民文轮尚未到，托其下午俟船到即订舱位，然后送行李去。

熊去后即至中央饭店告郑、罗将行李于午前搬来市民医院。

午饭琳弟约在五芳斋，菜味甚满意，饭后又至扬子江食冰激凌。至白象街新蜀报馆访舒舍予，稍坐，晤姚蓬子。

余理发后回至医院待熊君，至6点余始至，乃将行李请其送至船上。

6点半赶至冠生园，与郑、罗、舒、孙、姚便饭，饭后至川戏园看戏：大洪山、铁弓缘，张德成之渠江打子，小桐凤之希氏醋，当头棒之西关渡。10点散后，舒、孙领路至过街楼，然后至磨儿石码头上船，船上因有兵差甚拥挤。11点八弟来船上送行，12点余始睡。

6月5日　星期四

（去泸州）早9点开船，原定4点开，因机器需修理故耽误四五小时。房门外兵士坐卧满地，出入几无插足之处，且多显病态，瘦弱之外，十九有疥疮，四肢头颈皆可见到，坐立之时遍身搔抓。对此情景，殊觉国家待此辈亦太轻忽，故不敢有憎厌之心，转为怜惜矣。

船上三餐皆为米饭，四盘素菜，略有肉丁点缀，辣味则每菜必有，盖所以下饭者也。

兵士早9点吃米饭一顿（自煮）后，至晚始再吃。下午门外有二兵以水冲辣椒末饮之，至天夕又各食万金油少许，用水送下。岂因肚中饿得慌而误以为发痧耶！

下午4点到江津，停10分钟即开行。

晚8点将近白沙，忽传有紧急警报，乃停江中未靠码头。时月色不太清朗，电灯全熄，静卧床上无聊之际，渐渐睡去矣。

6月6日　星期五

早5点余醒来，船已开行矣。午前到合江，有卖荔枝者，尚不熟未买。船开后2点始吃午饭，盖船上欲省晚饭（到泸县），故如此拖延。

船上王经理来谈。

下午6点余到泸县码头，正为住旅馆问题迟疑间，黄中孚来船上，顿觉一切困难皆消除矣。7点余下船，先乘人力车至南门外峨眉体育会，在中央酒家便饭，张清源专员来访，又承付饭资。正谈间，忽街上人车乱跑，谓有警报，乃与张君移至快活林，以便紧急时出后门上山往其公署暂避，乃未久知谣言不确，在彼饮酒望月，颇有凉趣。

10点余寻得大来宾馆作下榻之所，房金每间6元，亦尚便宜。与中孚略谈叙校问题，12点睡下。院中闻有女子唱歌嬉笑声，人谓此间旅馆在所不免者。

6月7日　星期六

早5点左右，院中即有人声，不能再睡。7点，4人至街上中国食品公司食早餐：鸡丝粥、火腿蛋、面包、红茶，每位3元。

8点余由体育会旁上山，往专员办事处拜访张君，途中遇其下山来迎，复前行约20分至三官祠，为古胜地，今则作其办事处。茶话至9点余，由南道下山，顺路至十八师师部，为周师长、彭旅长留片。途中遇饶辅民，为树人令弟，前自土木系毕业，现与同学在泸办一建筑公司。

10点自双山岩上小船过江，至蓝田镇移住于中旅社招待所，仅得一房，内设二床（价8.5元），郑、罗让余与黄住之，二君另宿于通铺间。本社经理为薛卓君，颇能干。午饭在招待所食客饭，每位2元，便宜之至。饭后1点余有警报，至小山后暂避，3点解除。

下午5点余洗浴后，过江至快活林待中孚来后在"白宫"便饭，饭后复回快活林饮茶望月。将10点，步行至岩口下船，撑船为20余岁之童子，触沙搁浅者二次，幸至江中无事，渡过。

6月8日　星期日

早起天晴，即觉热，至中午更甚。发致蒋校长信，附郑信中寄昆。中午泸纳（泸县纳溪区）。

清华同学会约午饭，到者10余人，计有学兵队李忍涛、姚楷、杨昌龄、李道煊、汪殿华、郭庆莱、梅敏祺、任春华，23厂吴钦烈、杨伟、马师伊等及饶辅华、杨……（原缺），约2点始陆续到齐（在江安数人未得来）。菜色颇好，鸡鸭鱼肉之外，且有鱿鱼，视同珍品矣。近日泸县因缺雨，市民断屠，此次猪肉系学兵队自乡间购得送来者。饭后吴君介绍余为大家报告学校近状，将5点始散。

下午未过江。晚月色不清，睡时颇感闷热。

6月9日　星期一

（往叙永）天阴，稍凉爽。

李忍涛君派汽车来送余等往叙永，10点半收拾停当起行，中途在上马场饮茶休息，又在江门打尖，再前入叙永县境，经马岭兴隆镇，4点半到叙永西门外中国旅行社招待所，地点为万寿寺改造者。房间布置极整洁，经理为虞君，匠心经营颇不易也。到时已有罗岐生及黄太太在此迎候。安顿毕，杨今甫来，留晚饭，共谈校事各问题，9点前别去。

他人来望者，国文系助教数人，李继侗、霍重衡来，未得多谈。客甫散去，雨势渐来，未久即睡在床上听窗外雨声，倍觉清快。

此处及蓝田坝招待所晚间皆用菜油灯,不能看书写字,此间蚊虫尤多,故每晚只好早睡,亦强迫之休息也。此地招待所主任为虞伟如,较蓝田坝之薛君为精神、沉静。

6月10日　星期二

清早雨已停,至午前云亦渐散,下午晴热。

8点罗君来导往城内校舍各部视察,先至东城文庙内办公处与今甫稍谈,并晤褚士荃君,然后视察各行政部分及内院之教室,后至以下各处:

帝主宫女生宿舍,在东城;府城隍庙,南华宫男生宿舍,及大教室。以下皆在西城:春秋祠男生宿舍,教职员宿舍;天上宫阅览室及理科实验室。

后至蓬莱巷今甫寓所休息,晤总务主任刘康甫,新病尚未大痊。

中午返招待所午饭,饭后小睡,未久即有客来。4点在招待所与校务委员会诸君会谈,今甫来信谓下午忽发热甚高,未能到会。

为诸君报告最近学校情形,及关于分校问题之决议,后由诸君发言表示意见,约可归纳如下:一、学校去秋分院迁川之"诺言";二、叙永人士之热心挽留;三、学校似无一定及长久计划,出尔反尔,虚耗巨款非宜也;四、昆明局势是否较去年即为稳定;五、但下年如继续在叙,亦应更使充实;六、如迁回,对于同人眷属旅费应多补助;七、二年级是否可以留叙?八、助教多愿回昆,学生闻返昆讯皆大高兴。余除简单说明外,未多辩论,但允为转达昆明,并催速决定通知各方。

6点余会餐，在院中颇风凉。饭后月色较好，与李忍涛、姚楷、杨昌龄（三君午后自纳溪来此）闲谈。李对于昆明，认为敌所必取而我方自亦必拒守，但昆明如失则叙府继陷，而川南川东亦必不稳矣。此种推测数月之后或能证明。

10点余因院中露水太重，虽欲饱看圆月不可久留，只得归房就寝。

6月11日 星期三

8点半与郑、罗往城内看今甫病，热度已全退，颇似疟疾。刘君父女备早餐甚丰。11点余郑、罗另有约，余自返招待所，适袁、曾、陈、龚四君来访，共谈甚久，并留在所中午饭。

饭后偷空小睡，睡后洗浴，稍觉舒快。因午后炎日无风，户外热度甚高。

3点有紧急警报，4点解除，所中人未走开。

4点由余约集分校教职员全体及眷属在招待所茶叙，到者逾百人，茶点尚好，分桌设草地上。余未有演说，以为既已与校委会谈过，明早又将在国民月会报告，更无多话可说，及后思之似应有数语，以致慰勉之意。

7点与毅生至西南餐厅黄德全经理之约。座中有何本初县长及吕专员、黄参谋主任。菜颇好，但馕肉馅者太多，未免太靡费耳。饭后已落雨，持伞与手电，缓步归寓。

6月12日 星期四

一夜雨未止，上午更密而有力，地方人近来极盼雨，今获甘露矣。10点以汽车往城内，先至教职员眷属宿舍，在吴之椿家稍坐。

10点40分在南华宫举行国民月会，由余报告昆校最近情形及关于分校问题决议外，特勉励学生注意：劳作精神、团体生活、选系意义。

中午袁、霍（秉权）、李、陈、吴（晗，原名春晗，字辰伯）、曾、龚、褚君约在西南餐厅小聚，略谈校中问题。饭后在袁、曾家。下午4点，清华同学会在春秋祠后院茶会，到会20余人，余为略述昆明纪念日开会情形，并及关于清华、北大之问题。6点何县长及何廷琦（叙中校长）在所中设宴，座中晤谢式瑾（烟酒税局专员）为老北大同学，颇和气健谈。一日雨水未稍停息，除道途泥泞外，室中甚为舒适，晚间则蚊子更多，席散后即收拾睡下矣。

6月13日　星期五

清早天上只剩浮云片片，由窗外东望红岩山顶，朝霞颇美，闻叙人认为八景之一者。8点余早点后与郑、罗往今甫处，见其病势大似疟疾。

郑、罗因他约先后去，余留谈至12点始归。今甫谓同人有推其赴昆者，余颇讶之，但未置意见。

中午在招待所叙校教授十七八人公宴余等。饭后刘提议再谈分校问题，于是刘（晋年）、蒋（硕民）、程（毓淮）与龚、吴、陈轮流发言，颇有辩论会之形势。后刘提议试做表决，余谓无此需要，霍亦言不必，遂未续谈。后由余敬每位三五烟一支，就此欢散。散后继侗与重衡来室中久谈。

6点在招待所以余与杨、郑名义宴请当地官绅20余人，5点半即有来者，一时布置尚未妥帖。罗岐生6点始来，使人失望。后在院中设座，尚风凉，主客二桌，7点余始能入席，食毕已9点矣。来客坚约明日还请，后再三婉商，始定为明早9点早餐，盖不可固却矣。

6月14日　星期六

天晴又热矣。早6点起收拾行李零事。9点前主人15位已先后到场，客人有叙校同人9人，又305师张参谋长及各处长及他客，共坐4桌，10点45分幸得终席，即向各位握手告辞，登车起行。

1点余到大洲驿饮茶休息，茶馆兼办旅馆，系春间新开者，主人七十大寿兼娶儿媳，又开新张，于是贺联满挂壁间矣。

3点到花背溪，为学兵队防毒处分处所在地。渡河后至处中，李、杨、姚、汪诸君已久待矣。4点出酒饭小酌，饮橘精酒及茅台酒各数杯，皆甚好。

6点余，李总队长导往纳溪双河场干训班参观各部，均甚整齐、清洁，纪律似亦甚佳，因天色昏黑未能多看。8点再登汽车往蓝田坝招待所，9点余到达，幸得保留客房二间。行李安顿后与薛经理商量，得一盆水洗澡后，即上床睡矣。

6月15日　星期日

早6点起床，日色微红，预告为炎天景况。9点余方计议日间计划，接杨育民自23厂专差来信，系代吴敬直厂长约即赴厂一游，并已遣滑竿一乘，情意殷殷。乃与三君商量，余即乘滑竿去，三君因须渡江为莘田拍照，即由泸岸管驿嘴乘船往，预计须明日返蓝田也。

滑竿为三健夫换抬，走便道，一小时许抵泰安场镇，市颇不小，在码头登渡船过江，费时半时许，江面风来颇风凉，盖江水温度低，因距上流来源较近也。至罗汉场之下码头登岸，再行2里许，始达吴厂长公馆，途中警卫阻拦，须吴家仆役来接始得通过。吴家午饭方罢，盖未料余能来之速也。育民来同午饭。后闻有警报。约一小时以后，郑、罗、黄由罗汉场上码头步行到来，因有警报，未在码头等待，致与去接之滑竿相左。于是三君再食午饭，食后同坐客室中，甚闷热，虽有电扇，亦无大效。清华同学在厂服务者陆续来晤。4点余至陈彬办公室洗喷浴，洗后已近天夕，稍觉凉爽。在吴家晚饭，饭后在门前草坪闲话，余因早起特早，有欲瞌睡之势。

9点余吴君等导至客室，系新造职员住所，为余等临时布置者，主人费事甚多矣。室中闷热，而蚊又甚多，纱帐之内更觉气闷。11点左右闻雷声，落雨数点，旋即停息。

夜半以后，始渐朦胧睡去矣。

6月16日　星期一

天阴，较昨日热稍减。8点余至吴家食稀饭，9点余出参观厂中各部：无烟药厂——陈彬代马绍援负责。有试验弹道仪器一份，兼制酒精96%，系用糖为原料。硫酸厂——杨伟负责。硫黄土产价为每吨7000余元，采购尚甚难，兼制芒硝，为军中用作泻盐者。下午饭后小睡，3点以后再往参观。氯气厂——方志远负责。用盐以电力分解产出氯气、苛性soda（苛性钠，即氢氧化钠）及氢气氯，用高压成流体装钢筒，一部分用与氢烧化成HCl（氯化氢）溶水中成浓酸，一部分用于石灰粉化合成漂粉，此种漂粉闻皆送往前方为防毒之用，但不过心理作用耳。

Glycerine（甘油）厂——为马师伊所管之一部。由植物油提取，闻尚有由植物油提炼汽油之准备。油布油衣（防毒用）厂——吴祥龙负责。机械修理厂——杨颐桂管理。水电厂——钱君管理。水系取吸江水，仅加矾澄清，电机为——750K.V.A.（千伏安，功率单位）Turbine（汽轮机），有另购2000K.V.A.之准备。5点半参观毕，在杨伟处洗喷浴，洗毕颇凉快。6点半吴敬直夫妇备肴馔二桌，约集清华及北大（凌达琦一人）同学聚餐，到者陈、杨、马、吴、杨之外有徐仁杰、李秀琳、高士、杨廉平及一何君（4人系兵工署派来驻厂委员），戚桂山未到。

饭后与诸同学谈飞机捐款问题。

6月17日　星期二

昨晚睡时已渐落雨，彻夜未停。清早犹阴云密布，细雨淋漓。早餐在吴宅食汤面。餐后商量做归计，而雨势忽大，二三刻以后雨稍停。乃相偕持伞往厂中大码头，未久雨又至，且愈下愈大，到码头鞋裤已湿，而雨更有滂沱之势，舵工亦谓江水盛长，逆行更有困难，于是暂作罢论，至吴君办公室休息。

午饭后小睡，3点以后雨虽未止，但仅淅沥而已，遂决计归矣。厂中备滑竿送至船上，船亦为厂中专用者。吴、杨、陈、戚、杨、李诸君均来江边送行。

4点10分船开，船上共有船夫8人，皆年轻力壮，身体矫健可爱，而掌舵则为一老者，年约五十，神采奕奕，左瞻右顾指挥若定，吾辈坐舱中外望，既玩江景，且羡此班人健壮之生活，使自家精神亦为之一振矣。开船后上行共过滩三，为小米滩、黄滩、土地滩，在此波涛汹涌礁石暗伏之境，非有经验而动作敏捷者，盖难免不有意外也——上午在码头见一货船风雨中急流而下，午饭时闻人言系舟子失操纵能力，故随波驰去，已在泰安场触石沉没矣。

6点过沱江河口，水清，与长江合流处清浊分明，管驿嘴即在此两河交流处。泸州之地势极似重庆，沱江犹如嘉陵江，管驿嘴犹如朝天门也。

6点15分抵民生公司码头，艄公谓天晚不能开往蓝田坝，吾等未便强其开行，遂登岸雇车至山岩，在市中稍有耽搁，至山岩已黄昏矣。下看江流弥漫，较一周前不知涨得几许，而天空浓云低压，又若有大雨将至者。唯盼赶早过江，到得南岸后，即有雨湿泥泞，不过衣物之污损非所虑也。下码头时已有小雨，登一船欲令"单撑"即开行，乃舟子为一奸猾老头，贪图多赚，必待至上得十五六人始[开]。经多人催促前行，时天已昏黑，江面仅能辨出急流处为礁石所在，而此船又仅一人撑摇，无他助手。此老侩之贪心，置客人安全于不顾，实可痛恶，而当时亦无可如何，幸船客中有愿帮其摇橹者，始得缓缓过江。而傍岸则在蓝田坝以下2里许，彼乃缓撑前进，其意图欲使客人不及待便可登岸去矣。余等登岸处为一陡坡，幸4人皆着草鞋，尚无滑跌之虞。到坡上见一宽长亮线，知为人行路，循之南行，黄在前引路，兼为余扶持，脚下则不顾泥水深浅，唯望勿陷深坑或滑下坡去则以为大幸。行约20分到汽车路上，水坑反更多，又行约20分，到蓝田街市，石路平坦，稍得心安，而大雨忽至，风吹斜打，头肩以下尽湿透矣。行至市南端一饭馆，名"一品香"，为一河南人所开，能做面食，但因缺乏面粉，仅有米饭，勉强凑得数菜，以当晚餐，各饮白酒少许，以驱寒湿。时已8点半，招待所或他处盖皆难得食也。9点15分食罢，买火把两束，小雨中做最后之行进，近9点半到招待所，赶即进房脱去湿衣，更得温水草草一浴，4人临睡前互庆平安。盖此日之经验，过后思之，犹以为幸也。

6月18日　星期三

早6点起。一日无所事事，写日记写信之外，聊天而已。9点以后，云渐开散，午前竟日出放晴矣，颇悔昨日归来未免太急促。倘竟应吴厂长等之挽留，再住一日，或返泸北时留宿一夜，今早再过江来，则昨晚之苦头可以避免，虽然孰知天时变化有如此之速者。午前中孚过江至泸县打听汽车赴渝者。下午饭后小睡。4点15分，忽来暴雨，半小时后雨息，更为凉爽。晚饭在一品香食锅贴水饺，尚好。饭后与莘田久谈中国文人与文学问题。

6月19日　星期四

天气甚热。

午前午后作信4封，寄与珊、彬、光旦、孟邻。致蒋者为航快，详告叙永分校诸君对于取消分校之意见，正反各列5条，末附本人意见，以为昆明原议无须变更，还须看外在原因何如，倘教部如上周《大公报》所传，有令文到校，令全部迁川，或云南局势最近果有改变，则须更加考虑，总之无论如何以早决定为宜。如叙校迁回，同人及眷属旅费应酌予增加。

天夕与郑、罗至江边散步，看江水滚滚奔流，不禁惊叹。便至街中"桃园"食锅贴水饺、片汤以当晚餐。

中孚自城内来，汽车仍无办法，令人烦闷。

9点余与所中工役商量，得温水洗澡后就寝。

6月20日　星期五

云阴颇风凉，晚有雨。午前方拟渡江移住泸县，10点忽传有警报，未久继发紧急，偕同人至后边坟山上。约10点有飞机数架在云中由东飞向西方，又15分钟后有4架散飞于泸、纳之间，10余分后折向东去，闻人言此批系我方飞机，则何故飞绕于此区域不可解矣。

午饭后收拾过江，由蓝田码头至辰溪码头仅10余分即到。江水继长增高。昨晚所见江边沙滩一片，今已没入水中矣。江边有种高粱瓜豆者，一二日内即有湮没之虞，水势之浩大，殊堪惊叹。

过江后因闻福来饭店之名，投住该处，殊不知住客甚杂，侍役草率，耳目所接只有扰攘。盖店主为一军官，其营业目的不在便利旅客，而为特辟一吃喝嫖赌之场所，故平常旅客如吾辈者实非彼等所欢迎。初谓无房间，继勉强腾与二间，价亦颇昂（8.8元），吾等既已来，且度一宵再做计较。

晚饭在中央酒家，适遇刘钧偕其友人蒋君，延入同座，菜饭价50余元，较前次更贵矣。饭后与刘君谈叙校注册组事宜，允为函樊商定。

11点半诸人散去，即就寝。院中喧嚣虽尚未息，但不久即睡着，不知果热闹至如何程度。

6月21日　星期六

阴雨一日。早6点余起，觉旅馆中各事皆不合适，决计他徙。早餐食包子，后即移住大来宾馆，虽房舍简单，但空气清静，侍役较勤慎，房金固所差不多也。

午、晚饭皆在"成都味"，有月母鸡汤、麻婆豆腐，堪称对偶。过江豆花亦颇好，面条细匀，较米饭为佳。晚饭后往齐天乐戏园看川戏，戏码如下：

《骂帐劝降》（即《战太平》故事）

《乞巧》（即《长生殿》一节）

《背娃赶会》（小戏，演者为薛艳秋，有名花旦，近来嗓子坏了）

《阴阳界》（滇剧亦有之，无大趣味，演角有小听秋，相貌不恶，尚系初学者）

《皮心滚灯》（丑角陈全波甚好，似胜于重庆之当头棒）

《黄河渡》（收场武戏未看即归）

票价：池子3元。园子颇大，楼座有三层，但只卖二层。

发快信与沈茀斋（履），航信与樊逵羽。

6月22日　星期日

昨夜睡后又落小雨，至今日午后始止。

早9点前传有预行警报，中孚来后商定同往中央银行疏散，因该行有防空洞尚好。10点余竟有空袭警报，实则阴云正密，雨势方浓，敌机之来似为大不可能者。在银行待至1点余始解除。

午饭仍在成都味，饭后小睡一时许。

中孚打听得有船可开至嘉定（今乐山），因再计议是否宜溯江而上，先往李庄。后决定仍待公路车先往成都，因由彼即顺流而下，较便利也。

6点，天已放晴，与郑、罗出至街市散步，欲另寻一饭馆，竟难一当意者。过峨眉体育会后复折回，卒在南洋食品公司停住，其菜味尚不恶，侍役招待颇周到。

购合江荔枝10两，价2元，仅得19枚，尚不酸，但味薄核大，不如广东产。然当日贵妃所嗜，盖即此也。

6月23日　星期一

晴热，下午渐阴，晚落雨数点，不知夜间何如。

早7点半中孚已来。因天晴，恐有警报，商往三岩茶馆早点，借览江景，乃未出门即已"挂旗"矣。及至街上，男女老幼仓皇前行，忽忆"路上行人欲断魂"之句，谓可借以状之。大多数皆北行，余等亦北，半小时后至新村饶辅华君寓休息，唐湘亦适自宜宾来，与饶商建筑事者。10点余放空袭警报，11点竟有紧急，乃由饶引入其后山坡之防空洞，据云系一蛮洞（指岩墓），凿于石岩下，年久为泥土淤塞，新村居人发现后加以挖掘修理，堪作防空之用。1点余无飞机消息，重返饶寓，至2点始解除。

午饭饶、唐约在中央酒家，厨役疏散归来，待半时许茶饭始具，食罢已将4点半矣。6人共饮大曲一斤，各多少有酒意。回寓后小睡一觉，醒来天已昏黑矣。

袁疆乘长虹轮自渝来，中孚迎之于码头，亦住大来。同至街上小饭铺夜宵，除袁疆食米饭外，各进稀饭二碗。

晚，旅馆中来客骤多，喧哗不能入睡，作二信与八弟、十弟，待明日发寄。

6月24日　星期二

阴雨沉沉，汽车仍无消息，又闷过了一日。

下午小睡后与郑、罗出雨中散步，至旅馆后坡上见大土像三尊列坐一敞厦中，盖为炸后重修未竣。一铁钟铸有嘉靖年月字样。殿后一石塔，形状颇古，七级之上有平顶，更筑小塔，惜未得走近细观。穿行中城公园及附近街巷一周，在南洋食品公司晚饭。

晚饭后至怡春书场听清唱，一无可取。最后彩排二出：马鸿声之《天齐庙》，嗓音甚好；朱雅云之《从军别窑》，扮相颇秀美，唯唱力较差，说白咬字不切实，做工则骐派耳。场中上座不过三四十人，恐难维持多久者。

6月25日　星期三

天晴复热。因恐又有警报，8点余同中孚等出至三岩湖北茶社饮杭菊。俯瞰江景，颇有意趣。10点下岩，雇船渡江，至金鸡渡登岸，行3里许始到招待所，稍息午饭。饭后欲洗澡未成。3点过江，即留袁疆于招待所待车返叙永。在辰溪口登岸回寓。

晚饭在南洋食品公司，因闻今日换新厨师，特约饶、唐二君同餐一试，乃菜殊不佳，使人失望。价尚不太贵，稍为可意耳。

饭后饶、唐、黄别去，与郑、罗在上海咖啡馆之夜花园小坐，饮红茶各一杯，地方尚幽静，但泸人之欲摆"龙门阵"者，似足迹不到此也。

下午杨祖宏君来告，已有客车自内江来，明日开回，如吾等愿去，可设法购票。随与郑、罗商量，仍不若先往李庄、嘉定等处为妥。因此车坐客甚拥挤，且系卡车，日晒雨淋，皆无掩蔽，且来时在隆昌曾出毛病，则去时难免沿途不再抛锚也。

6月26日　星期四

晴热，幸无警报。

上午9点余与郑、罗、黄至新村饶、唐二君处小聚。午饭前后看竹8圈，黄一人负颇多，但不过凑趣耳。6点余至快活林品茗纳凉。

7点余始得张专员及袁县长（守成）请柬，遂至中央酒家应约，座中晤以下诸人：

李育灵：泸县人，画家，曾在德国留学（同济）；

谢杰民：川民厅第四科科长，贵州人；

万……（原缺）：教部视察员，万卓恒令弟。

谈至10点余始散。李君坚欲为吾画像（人谓有民族国家观念寓于画中者），情不可却，允以小相片送赠。回寓后收拾行李、写信，12点睡。

今日发三信与十弟（梅贻宝）、芾斋及高公翰，告以仍由水路上行之计划。

6月27日　星期五

（到李庄）　晴热，船上尚风凉。

将4点中孚来打门，旅馆夫役始起，急起着衣洗漱。4点半天色微明，步往码头，登长丰轮，船上人甚多，先将行李安置后，分头寻觅座位，余与莘田坐高台长椅上，毅生与饶辅民、唐邻岳坐高台右旁长凳。

5点25分船开，中孚别去，20日以来承其导引照料甚可感也；5点35分开到蓝田坝，稍停即行；7点40分开到纳溪，乘客以"地漂"下去；9点5分开到大渡口；10点40分开到二龙口，在江北岸；11点25分开到江安，上香客甚多，盖前日为六月初一，川南人民男女多往某庙进香者；1点25分开到南溪，在北岸，上下客均甚多；3点40分开到李庄，下客尤多，行李零物幸无损失。由"地漂"登岸后，抬头一望，有奎星在焉。临江有"君子居"茶楼，饮茶小憩后再至街内李庄饭店进餐，因在船上仅食小面包二个，此时觉甚饿，且到山上必已黄昏，不必再进晚饭也。4点35分食罢，随挑夫二人前行，先经田间2里许，继先［行］山道曲折，又约3里，始至板栗坳，时已5点30分矣。途中在山半一老黄果树下休息，坐石磴上俯瞰江景，小风吹来，神志为之一爽。盖此时已汗透衣衫矣。中研院史语所在此租用张家房舍三大所，分为三院，余等寄住于中院宿舍，郑、罗在花厅，余在李方桂家。所中现由董彦堂君代理，招待极周到。晚住处完妥后在"忠义堂"大厅上饮茶闲谈，晤所中同人10余位。10点归房就寝。

6月28日　星期六

晴热。8点早餐，食稀饭、烤巴巴（饽饽），洗澡。9点余，出与彦堂、思永、方桂至戏楼院及新院参观，盖皆考古组工作处所。遇梁方仲，订明早访社会所。午饭在方桂家，饭后得午睡至二时之久。醒后小李太太出凉绿豆稀饭一碗，食下清快之至。天夕在大厅门外石台上小立，颇风凉，唯四围皆稻田土山，长江又为小山隔断，风景故无可观耳。

晚饭为董家备办，同座有凌纯声、芮逸夫，为第四组研究员，专民族学者。饭后因饮酒稍多，更觉闷热，汗出如浆，灯下稍坐即先归房睡下。李太太给余万金油，令涂额上，盖余显有醉态矣。

6月29日　星期日

晴热，蔚蓝天空，片云绝无，盖较昨日更热矣。

早饭后8点45分出发往石岩湾社会所，由董君引导，小路迂回，于山坡田埂间颇难辨识。途中两次迷路，经问村妇、牧童后始得前进，到石岩湾为10点15分，盖用时一时半矣。到后始知所中清华同学八九人拟公宴于李庄饭店，则又须下山去，但因众人盛意，未便推却尔。因有警报，在客堂久坐闲谈，11点半闻炸声，有人谓或系重庆被炸者，未敢置信，不信声音能传来如此之远也。

1点半始由所往李庄镇市，行未远又闻轰炸声自东方传来，乃在山坡树下稍停。2点15分进镇，街上人甚多，为赶场者，竟都不疏散，实为不妥。

李庄饭店一席共13人，余与郑、罗、董、陶为客，主人为汤象龙、梁方仲、徐义生（尚在昆明）、巫宝三、潘嘉林、严中平、林兴育、桑恒廉、夏鼐（博物院）。

饭后3点余与陶先生至慧光寺同济大学访周均时校长，谢其饭约盛意（今晚）。

后至巫宝三家稍坐，晤杨时逢夫妇，与巫同院住者。至羊街6号李济之家，8号梁思永、刘士能家，各稍坐。天夕上山，返板栗坳。

晚饭为董同龢夫妇所约，食打卤面。食方毕，所中会计萧君自山下酒醉归来，入室后初仅吵嚷，后更哭闹，余等退至方桂处茶话，乃隔壁即为萧之住房，纷乱声音至夜半始息。盖萧去岁曾丧一男孩，为素所珍视者。以后每饮辄醉，醉则念其小孩而哭而诉，今晚一幕则哭闹特甚，最后结束，乃由其妻挽一邻孩来为其亡孩跪地叩首三次始寝息。盖此孩前曾与平汉玩耍而起争吵，今萧欲以此慰彼亡魂，非醉人固不做此想也。

6月30日　星期一

早饭吴定良君约食鸡蛋饼、稀饭。

8点余将出门，周校长（诒春，字寄梅）来访，谈至9点余始别去。9点半与郑、罗、方桂下山，先至上坝营造学社参观。徽因尚卧病未起床，在其病室谈约半时，未敢久留，恐其太伤神也。

至博物院办事处稍坐，然后至羊街思永家午饭，食红烧肘子、江团鱼，皆甚美。梁三太太因胃病不能操劳，由刘太太代任烹调，惜二位主妇均未得面见致谢。

下午4点余至李家，先与李老先生（郘客）及方桂五家看竹，晚饭后仍点小油灯二盏继续工作，既不怕费目力，又不怕蚊子咬，三个5圈之后，钟鸣2点半矣。此番莘田大胜，二李皆负，余亦负十数筹。

睡时三人在一室内，方桂另在一处，主人为设床铺被、挂蚊帐，实太麻烦矣。

7月

7月1日　星期二

昨夜床上尚不太热，早7点余起，则炎日已逼人矣。约10点出门，因陶先生之约再往石岩湾，由李庄行二三里即到。座中余等三人外有凌、芮二君将远行者，董、李方桂、梁思成、汤象龙、梁方仲及主人，菜又是李庄饭店所备，有馒首尚好。

饭后群坐堂中（敦本堂）闲谈甚久，既热且倦，汤君约余至其堂左住室小睡，室中布置甚整洁安适。汤夫人亦湖南人，尚系新妇。睡起，汤夫人出"冰子"食之，颇清凉可口。

5点返板栗坳，有一时许，汗湿遍体，非只一次矣。

晚6点半北大同学在史语所者设便餐饯余等，主人10位：董作宾、丁声树、劳榦、高志寻、刘念和、邓广铭、张政烺、傅乐焕、王崇武、李孝定。

饭后在厅前闲谈，10点第二次洗澡后睡。

7月2日　星期三

天气更热，室中达32℃以上。

日间无计避暑，只在花厅与郑、罗看书，写日记。余所住李家一室为其楼上下四间中较为最阴凉，以余之故，彼夫妇大小更无安睡之处，尤为歉然。

晚凉时逢凌、芮诸君8人约食烙饼。

饭后合坐厅下望月，有歌唱者，有讲笑话者，颇为快畅，几忘热气之苦人也。10点归室，帐中尤闷热，赤膊卧床上，久久始睡去。

7月3日　星期四

天热较昨又甚矣。

晚，萧会计约晚餐，座中有张官洲君，为李庄张氏族人，现在史语所任事务职。

饭后闷热，无计可施，乃各归房，去外衣打赤膊，并不更凉爽，只汗流较方便耳。帐中忽发现蚊子，起坐捕打，打死后又有来者，打四五个后已疲乏，只做不闻，渐渐入睡。

7月4日　星期五

7点醒来，因昨夜睡不适，精神更欠佳。帐中捕得饱蚊二个，打得两手殷红。室中温度下午为36℃，他屋尚有过38℃者。

午饭在李家吃凉水泡饭，晚董家备炸酱面，李太太又做凉粉一大盆，食来甚快，因天夕时有小风吹来，晚间虽风渐停息，但较昨晚爽快多矣。夜中睡亦较好。

7月5日 星期六

一日有风,虽热不闷。

早6点起因与郑、罗商定清早下山,下午往叙府。早餐时闻方桂夫妇言昨夜邻村有枪声颇多,时余已入睡乡矣。

7点半辞别所中诸君下山往上坝,方桂夫妇等送出里许,至一山坡,经再辞谢始折回。乱离之世会聚为难,惜别之意,彼此共之也。

8点半至上坝营造学社,再看梁夫人病。大家坐廊下,颇风凉。徽因卧一行床,云前日因起床过劳,又有微烧,诸人劝勿多说话,乃稍久坐,临别伊再提及愿返昆明之意,但余深虑其不能速愈也。

午饭在李济之家食凉面,为湖北吃法,但无卤无汤,似不及平津之麻酱黄瓜加蒜汁为更有味。饭后至江边一茶楼饮茶,借等船来,楼上甚风凉快意,送行者董、芮、杨、王、陶、李诸君皆来伴饮,李老太即亦缓步参加,临别握手曰"江干一别"。意外之意,不禁凄然。

3点,长丰轮自下流开到,仍以趸船登轮,思成亦送至轮边,余对此小夫妇更为系念也。

5点,船入岷江口,即泊码头。下船时适遇东华公司一老夫役来接,由老头代雇车出城,至两路桥唐君等住处,车未出城忽有警报,幸一时余后即解除矣。唐邻岳因事往威远,晤其夫人及饶辅民、邓廷法二君。

晚饭后在室外纳凉,月色甚好。10点擦澡后睡。余等住一室,床帐则主人已代备好矣。

7月6日　星期日

晴热无云，仍无下雨希望。唐家之屋偏向西北，下午西晒，尤感炽热。

午饭［后］小睡，未久因热而咳而醒矣。与饶、邓至屋后江边（金沙江）乘凉，邓游泳颇快意，余等皆未入水。天夕又至马路旁附近一茶馆闲坐，此处名为"青年服务站"，而娱乐设备居然麻将公开，此日麻将竟有5桌之多。须臾牌罢入席吃饭，则有3桌系某"社"员聚餐，当场收费10元为临时费，50元为永久费。饭罢更有七八人围桌掷骰子，一掷出入每至数十元，则社员必皆富商小官也。

饭后在户外闲坐，西北有黑云一片，升进甚缓，不知可能成雨否。9点余擦澡上床，帐中闷热，仅着单裤。

7月7日　星期一

昨夜半闻雷声，乃竟无雨，今早晴热更甚矣。

午前与诸人看竹，谓纪念"七七"，实以借消炎日也。10点余有警报，未几解除。卢家驹来，现在资委会机器厂服务，其夫人亦新自校毕业者，现患膀胱炎，不能行动。

夏鼐自李庄来。民教轮明早有上开讯，但须设法购票。下午更热，继续竹战。

晚6点至青年服务站，饶、邓设宴款客，座中有唐太太及其令弟王君、夏鼐、卢家驹。7点饭方罢，有预报，返唐家未久，警报鸣矣，11点15分始解除。乃起行往城内，拟暂住旅馆，待天明上轮。步行已过大观楼，忽又有警号，急雇洋车返唐家，索价4元矣。

1点余再解除，由饶、邓、王让出床铺，使吾三人暂息。3点半再出发，雇役担行李，路上人寂，趁斜月小风，颇觉爽快。在码头待三刻许，天大明船始开。上船时虽上客不多，仍甚拥挤，乘客之习惯如是也。

7月8日　星期二

在民教轮上——天气晴热，夜中有雨。

买机工睡铺三个，各出35元，否则须在船面，风吹日晒，将更难堪矣。天夕到河口镇停泊，下船至街上食豆浆稀饭。在河边沙地上坐谈望月，9点回船睡下。

7月9日　星期三

天气晴好。途中过滩数次，未及详记。11点30分到竹根滩，因水浅船不上行矣。下船运行李至街上，未及午饭，雇洋车往嘉定，每乘20元，行约4小时到笓子街渡江，中间在牛华溪打尖，住嘉林公寓，在县街，房间尚好，颇新，余住楼上，晴天则甚热。晚饭在街上小馆食豆浆稀饭。饭后吴其昌、高翰、方重来，谈至10点散后就寝。

7月10日　星期四

7点起。早点食汤面，后出至"一乐也"理发。方重与陆凤书君来，陪至文庙武汉大学文法学院及总办公处，晤王抚五校长、朱孟实（光潜）教务长、陈通白诸君。

午饭朱、陈、高诸君约在全家福，甚热，酒尚好。饭后有警报，乃至南门内桂质廷家稍坐。解除后与桂、陆两院长参观理、工两院。理院在城边，系借用教会学校址自行添盖者，唯生物系则在城外（晤张君及钟心煊），工院亦在城外小山上，设备似并不完备。

4点半再至桂家饮茶，与桂太太稍谈，5点余回寓，匆匆洗脸擦身，稍觉清爽。6点王、朱二君约在中西餐馆，西餐殊不佳，座中更闷热。晤王兆荣（前川大校长）。8点余回寓，楼邦彦夫妇、王铁崖来谈。

7月11日　星期五

早7点起，仍是晴热，8点至朱孟实寓早点。10点余吴其昌、缪思钊、普斯泽、谢文炳来陪往乌尤寺游览。在萧公嘴下船过江，水势颇急。寺之历史似颇古，山门内有"离堆"碑，寺中可观者为罗汉堂、尔雅台及马夷甫创办之复性书院。张君某约在方丈内茶点。

下此山渡过小河，再上一山，乃至大佛寺，即凌云寺。大佛刻于寺外崖边，头与崖齐，两脚伸至水边，其高约在10丈以上，庙内似无多可观者。清华同学在经楼下设宴欢迎，共有三桌：桂、陆、缪、高、方、谢、普、吴、楼、王之外，则有方壮猷、顾如、李家光、孟昭彝、夏鼐诸君。饭罢成立嘉定校友会，推桂为会长。后余为报告母校近况，约4点始下山过江回寓。罗饭后醉吐，余亦微有酒意，盖大曲之故也。

7月12日　星期六

夜雨转凉，清早起时小雨仍未止。

8点余雇妥人力车三辆起行往峨眉，每人行李二三件各置座前或捆车后，车夫不以为过重，盖此地惯行长路者也。楼、王、谢、吴来旅店相送。中午前到苏稽，附近路颇坏，须于雨中步行，过桥在小饭馆打尖，雨势更大。

午饭后洋车"打对"后前行。雨渐小，阴云仍重，途中过高山铺镇子场，雨已止，道旁稻田万顷，益见川南之富。4点45分抵峨眉东门外稍停，5点半到报国寺，住庙西客室，名曰待月山房。茀斋在蓉办招考未归，沈太太来照料。饶余威、徐中舒、张洪沅先后来谈。方丈果玲颇示优待，唯此人终觉俗气太重，善谈能作诗，盖以结交要人之具耳。彼有"五十以前不宜出家，因内心冲动之故"亦为其自身三外家做一辩护者。此处蚊大且多，室中燃土产蚊香，烟气颇重，蚊数则稍减，夜间必须用蚊帐。自重庆西行，同人携Quinine丸200枚，日食2枚，2周后停服，再2周再续服，琳弟告以此法，冀可防虐也。

7月13日　星期日

上午阴雨，下午晴。

早点在果玲处食豆浆稀饭。

午前至沈太太家谈茀斋离川大问题，洪沅来询以川大毕业生统考前经程校长约给予便利情形，洪沅详告后，使人讶异，而吾以为茀斋尤不可留矣。留沈宅午饭。

午后小睡，院中小亭上小和尚二三人磨墨伸纸更番来请，谓系果玲嘱请题字，坚辞拒之。

下午4点至后殿访程稍坐，未多谈。

6点罗念生约余等至其家食水饺，甚好，盖其夫人生长北平，颇能烹饪也。

晚程校长来访，坐颇久始去。10点睡下。

7月14日　星期一

上午阴雨，下午天晴，一如昨日者。

早6点余起，雨势犹未止，但仍做登山准备。8点余方壮猷自峨城来，欲与吾等同行者。8点45分出发，滑竿上罩以油布，不便外望。9点10分过解脱桥到雷音寺（因雨由大道上山）。9点40分华严寺，瀑布颇好。10点10分纯阳殿，后殿有吕洞宾睡像。11点5分圣水阁，"零陵大妙之天"（万历刻石，每字高3尺）。殿后客室3间，极整洁。和尚名普智，尚不俗气，进清茶、藕粉。左行上小坡，到大峨寺（康乾二次重建），有藏经楼、普贤殿，中左边有古松，殿围之筑起者。

12点30分中峰古刹，菩萨殿左边张一林将军淡然大士像，林系六朝人，来峨眉开山立寺者。黄山谷曾住此寺中。午饭布施20元。

2点10分前行半时后上一长坡，名龙开岗。3点15分清音阁。双飞桥下牛心石，二流冲激沫花扬飞声如雷吼。此水即符文水之上游，丹砂洞据云系唐孙思邈修炼处。惠民图书馆稍留饮茶，莘田为题字。4点10分白龙洞，无特可观处，轿夫欲稍休息耳。4点30分上石磴甚陡，到极乐寺，方太太求签。5点万年寺昆卢殿，此处高1043米。大殿前有雕刻铜炉，明嘉靖年造，径约4尺，旁院有静室，云为李白听僧濬弹琴处。晤能观法师，系程绍迥之父，名昌祺，字子轩，曾任华西国文教授多年，于5年前出家，今已63矣。晚饭后看禅宗和尚四五十人在院中绕行后至前殿礼佛，密宗则于后殿持咒，僧众亦四五十人，盖庙中正举行金刚法会（七七）。晚宿于室堂东屋，三人一室，燃蚊香做驱蚊计。

7月15日　星期二

早起雨落颇大，食豆浆稀饭。午前至殿前随喜，知客某问愿打牌否！大殿旁室悬一大钟，谓系铁钟铜钮。砖殿看普贤大士骑象之铜像，佛牙长十三四寸，宽约一尺，云重13斤半。

万年正顶有贝页经写华严经，为巴利文，共256页；又有舍利子装一牙粉瓶，如米粒大小，共三白一红。殿前有大厚朴树二株。山门内过海罗汉18尊。后院"白水清风"一殿楼上供神，前后6座，如下：陈皇后、观音太子、地藏菩萨、财神、关圣帝君、玄坛大帝。

1点15分午饭后雨止，起行，即于寺后登山。1点50分观心禅院。2点25分息心所，甚破陋。此段路行山脊上，如鱼背。3点20分长老坪。3点55分开山初殿，有蚕桑所。4点35分华严中顶。5点5分莲花石。以上每至一处，休息10余分钟。6点由钻天坡上至洗象池住下，房间不甚好，彼之二等房也。此处高2110米。

晚饭后象池夜月景色甚好，日落亦甚美。

8点20分看山下佛灯，共见10余点，莫名其妙。

天冷风大，室中生火，9点睡下。

7月16日　星期三

4点30分起看日出，约1小时后云海颇为可观。7点20分早餐后起行，给庙中60元（4人）。8点大乘寺，有铁碑，明嘉定间造。8点55分上阎王坡，至白云寺，白云祖师像谓系汉张良。9点

20分横过二岑至雷洞坪,庙曾被火,旧铁像尚存10余尊,系明万历时铸。庙前一茶馆之后有怪石一堆,登临俯视,深涧万丈,未能见底。

10点接引殿,颇整齐,此处高2500米。前殿供大佛,丈六,金身,手托金台。大殿上只供普贤菩萨一位。两壁挂十八罗汉拓片,系天童山竹禅所绘。

11点15分步行上"七里坡",甚陡,至坡上回首看山下云起沸腾,俨如鼎沸。坡半有大石,刻"第一山",右有老松,盘拏,颇可流连。太子坪为明万历帝弟定禅、定乐出家处。

12点经"天门石"至普贤塔,谓有肉身。普贤实为一和尚迎建文上山者。

12点30分步行上山,坡已渐平。至卧云庵投止焉。余住客房楼下"明月室",室外月台为瞭望佳地。午饭颇丰美,有火锅,室中亦已生火。

午后天空云气颇重,日色曚昽。

祖殿——有玉佛,高约15寸。

铜殿——正在重修,铁像10余,火后遗物,铜碑成化造。

金顶——普贤大士铜像前有二玉佛,一坐一骑,各高约25寸。殿后有舍身崖,铜塔二,万历壬辰[铸]。

下殿——正中供弥陀佛、观世音、大势至,两壁挂十六尊者拓片,亦天童竹禅绘。1931年金顶上下殿皆遭火,近始重修者。

锡瓦殿——顶之中部尚有锡瓦,藏经楼谓有龙藏,未得看。

2时左右日光稍明,但"佛光"仍不能见。3点以后,认为无希望矣,卧床稍休息,方太太等来室中围炉闲谈,和尚送糖果盒来。

晚饭仍甚可口。饭后在月台上看佛灯约刻许，因太冷即各归房就寝。

7月17日　星期四

夜半忽醒，见窗外月色正明，光辉入室，未起视，仍复睡去。4点50分起床，天色微明，少顷见日出，于灰紫雾海中忽吐红轮一线，数分钟后已露1/4，如一火轮立浮此雾海中，以后轮光渐大，立处渐远，至全轮现出，则光色由红而黄而白，而雾气消散，浮云隐现于山间天际，此时霞光尤为动人，独立户外，注视久之，惜无他人来与领略此美景也。

5点30分四人会齐，早餐吃面。和尚领看雪山，因云多不甚明显，就其指处以意会之而已。

6点5分起行下山，和尚送茶包未受，施120元。

8点30分下山到洗象池，雾气甚重，猴子仍未见。

9点20分下曲坡到遇仙洞。

10点20分龙桥沟、仙峰桥，桥右一瀑布不大，但两旁山崖甚耸奇。前行上坡，见一大石，上题"仙圭"。

10点45分九老洞，距金顶已55里矣。打尖。此一段道上见娑罗树、珙桐、冷杉颇多，皆峨眉特产也。大殿上陈一大水晶，长约2.5尺，宽1尺。

12点50分至寿星桥，已下九十九道拐矣。

1点45分洪椿坪，门前一老椿树，甚大。庙名千佛寺。此处距九老洞30里。前殿供文殊、释迦、大势至。后殿供普贤，两旁为药师、地、初祖达摩。楼上则供玉皇、真武、火神。噫！亦杂矣。康熙题"忘尘虑"一碑。乾隆题有一联,果亲王书"发弘四愿"匾。西偏院有林森息游之所,门扃未得入。

3点50分清音阁。未至前须渡黑龙江,水深颇险,轿夫迤逦行水溪石头上,东西往来涉水七八次,最后过一木桥,曲折颇多。

4点10分过江上坡,沿江右岸行至清风桥,又北折,见江边一铁索桥,未停。5点20分龙门茶叶公司,稍坐饮茶,俯瞰江水冲荡。前行不远至龙门洞,未停,但溪涧极可爱。5点45分至岔路,方太太别去,为往城内者。6点10分到报国寺,稍休息,洗面换衣。7点程校长约晚饭。座中晤向院长、刘总务长、柯训导组主任(德发),外有张洪沅、饶余威、柯召、张敷荣。

7月18日　星期五

阴天有小雨。早起后与郑、罗出庙觅食,在小馆食炸鸡蛋,每个1元。

9点程校长来,以滑竿邀往川大参观文法学院,在伏虎寺,有山有水,风景颇好,但潮气太重,图书馆颇有困难,图[书]馆主任为孙。柯训导主任引至宿舍,绕行甚久,为之不耐。参观后饮茶休息,时程、柯又谈及训育问题,余以轻形式重精神答之,不知听者以为何如。

12点30分在庙外孙福记清华同学公宴共二桌,到者程为来宾外,有张洪沅、饶孟侃、饶余威、张敷荣夫妇(夫人川产,川大毕业)、仲崇信、徐仲舒、罗念生、郑涵清、柯召、诚静□[1]、萧涤非、

---

[1] "□"处为缺字,余同。

李梦熊、石璞、范维勤、杨葆康，饮大曲10余杯，莘田似已醉，先归去。饭后为同学讲近年校事，历一时半，恐余亦微醉矣。

4点散后回庙休息。

7点与郑至沈家吃稀饭，罗醉卧未能起。

7月19日　星期六

仍阴小雨。早餐图［书］馆孙君约食豆浆稀饭。晤 Mrs. Day（戴夫人）及孙之二女，皆已毕业而另就业者。

9点收拾行李运往峨眉旅行社去后，往万行庄（距报国寺三四里）参观理学院实验室，后至永宁寺宿舍及理学院办公处。图书尚不少，杂志不多，仪器不太多，地方则甚潮湿。在洪沅室饮茶稍坐。后雇车至旅行社安顿行李，稍休息。此处似甚整洁，为川人某所办，亦颇获利，而游人亦甚便矣。

12点30分雇洋车进县城至水西门街徐中舒家午饭，方壮猷亦尚住此。主人除外叫数菜外，又自做三四样，盖昨晚即准备吾等来食者，闻之益为不安。

午后与郑、罗、方太太徐及其男孩二三人步出向东门绕行新旧两桥后，至公园、大佛寺（未得入殿看，因有中研院器物为队兵防护）。

7点张洪沅家晚饭。房舍自修理颇好，其夫人为秦大钧令妹。其住处为圣积寺废院，中二榕树甚大，径各1丈左右。大殿上有铜佛、铜塔，皆万历时造。饭后在郑涵清处饮咖啡。

7月20日　星期日

昨夜仍有雨，清早已晴，作与珊信。9点早点食汤面，后徐及方太太来社稍坐。9点30分四人再往嘉定。洋车上尚舒适，一路再经镇子场、高山铺，至苏稽打尖。12点30分再前行，抵徐灝渡船，水急，两岸有冲毁处。2点30分抵嘉定公路站，因洋车无入城捐照[1]，雇一车拉行李，三人随车步行（方太太已从另路归去），不意竟行5里左右方至城内，旅馆颇拥挤，在嘉定饭店觅得三小屋住焉。晚饭在旅馆对门之"北平饭店"食水饺。饭后往西城饭店浴室洗澡。川大王校长派田某来，谓明日可有汽车往蓉。

7月21日　星期一

昨夜大雨，住房颇陋小，幸无雨漏，清早仍未晴。4点30分坐起，不耐再睡。出外呼郑及罗起。5点30分收拾行李，付店账，雇车往公路站。在站中食鸡蛋、油条当早点。半时后田某来代托司机购票，各出80元（实则此地至成都为162里，票价应为48.9元），不如此不能得也。8点30分经一番上车检查、拴行李等麻烦后，木炭车开矣。其速率约为30里/时，车中虽挤，尚无大不适者。

9点20分到"滩渡"，距成[都]为143里。公路渡船在河对面。船户谓水急，不肯开过来，几度商量无效。届中午又有一大车来，上坐有"舵把子"及其喽啰数人，过河以威胁利诱，船始肯开来。所谓利诱，吾等各出5元为犒赏之费也。公路车上船时前轮滑下跳板，历久不能托起，时由中午已近乎西矣。

四点决计往前村投宿，雇一老者及一小孩挑行李，行10余里至"甘江铺"（[距成都]132里）。住小店，名明记客栈，住房为

---

[1]"捐照"即凭证、牌照等，似为方言。

一院后草房，三床之外，别无他物，而尿臭潮湿之气则与他处小店相同。

晚饭仅于街上食稀饭二大碗，鸡蛋二个，虽一日未得饱食，此外更无所得矣。

饭后至村中闲步，街道皆石砌，颇清洁。在一处望见一河，名蒹葭河，颇可观。店中尚住有同车遇阻者五六人，盖此店尚系村中之最有名者。

10点初意因畏室中蚊、虱、臭虫，拟不入睡，但在店中茶肆久坐后殊不能支持，遂仍归室，打开铺盖倒头便睡，顾不得许多矣。

7月22日　星期二

夜中大雨，早起雨止。4点30分睡醒坐起，待天大明，出店前洗漱。6点30分洋车来，为昨晚订雇者，乃起行往夹江。8点15分到夹江城外"大安旅店"，盖公路站在附近，而洋车亦麇集于此者。在店中早餐后雨又落矣。郑向店觅住处，得一房，有二床，其一为一病客睡下，乃将行李置床上，坐堂前观雨闲话，殊不知何以为计也。雨大，历一时许渐止。店客有雇车往眉山者，乃仿之起行。

10点30分出发，行四五里又遇大雨，在一腰店子稍避。12点过螺丝圈，须步行，此处距成［都］122里。12点50分土门乡稍停打尖，实无可食者，饮茶而已。2点25分过一河，忘其名。3点上长坡。5点思濛铺，因途中罗车两次耽搁共约一小时，遂赶不上过水。住成康旅馆，［距成都］100里。晚饭在街上一小馆食炸酱面、鸡蛋。饭后至街上一茶馆闲坐，听唱川戏，一唱小生者嗓音甚好，所唱为彩楼配，唯帮腔殊不可耐。9点余回旅馆就寝，厕所阴湿，地上泥滑难行，出入颇有戒心。

7月23日　星期三

夜间又大雨，早起雨势稍小，云层尚厚。6点30分草草洗面后再前行，车则仍昨日所雇者。7点30分大雨又至，小山坡上店家四五，暂作避雨之所，购得土酒及糖糕联充早点兼以御寒。

10点45分雨稍小，再前行，行未久，雨止天晴。12点到"县滩"，又因水大不能渡过。郑设法觅一村童，购米升许（10元），在其家煮熟，乃与车夫勉强各得一饱，车中带有榨菜一罐，为唯一之下饭物。饭后坐江边晒太阳，久之有一着军官装束偕一帮友至江边，以手枪指对岸叫骂后，对岸始有动作。

3点30分第二批上渡船，每车出资5元，有数洋车因乘客已先过河无人付钱，僵持许久竟弃之开船过河去，而此渡船实即公路局所备也。

4点30分过河后未停即前行。

6点眉山县城，住北道旅馆，仍甚简陋。行城中街上时见有岱宗祠、眉山公园。晚饭在旅馆对面一饭馆食川菜，眉酒尚好。与郑、罗分住二室，床上草垫，地上一桌一椅，雨大时漏痕犹可见，夜间烧蚊香，既以驱蚊，兼以遮臭也。

7月24日　星期四

夜间大雨二阵，早起已晴。

5点起行，洋车为昨晚另雇者，60元至成都。

5点30分车夫在北门内早点，乃亦各食水蛋二枚。

8点彭山县，食早餐。城中见有南华宫、禹帝宫、万寿宫等，盖一大县也。夏鼐已于前数日来此，但其研究处所在乡下，未往寻访。

1点30分旧县，新津渡过河，灌县以下各河至此汇流，诚一洋洋大观也。新都城山上有楼台点缀风景，应甚佳绝，惜不得停留一览。过江后行沙滩颇长。

2点30分在旧县再换车前行，此处距成［都］40里。

5点双流县，又换车，其换价仅为5元。路上见道旁所建飞机小库房甚多。

8点到成都南门公路站，天已大黑，小雨又来，换洋车往城内骡马市投成都招待所，幸得二大房间，虽在三楼，较路所有旅馆已甚整洁舒适多多矣（每间10元）。

晚饭因天已晚，仅得汤面，各食二碗以当午晚二餐，实则久饿之后，亦不能骤多食也。

10点余睡下，夜雨颇凉。

7月25日　星期五

上午仍阴雨，下午渐晴。

9点30分出门，往邮局晤璠弟（梅贻璠），适宋益清亦在座。午饭因雨与罗、郑即在招待所便餐（5元一位）。饭后小睡。罗仲和（统计处）、唐庆永（上海银行）、沈弗斋、郭子杰、李景清、胡次威先后来访。

6点30分至南打金街99号赴邓敬康、王孟甫饭约，在彼晤佩弦（朱自清，字佩弦）、李幼椿、魏……（原缺）、李秘书长等。

酒颇好，为主人及朱、李、宋等强饮约20杯，微有醉意矣。

9点回寓，苏永煊来谈清华中学事。留莘斋住寓中，在房中加设一床。

7月26日　星期六

天晴不热。10点与莘斋访张岳军（群）主席于其私邸，谈约二时，所涉及者：教育，学而优则仕；川省政治背景；川南之袍哥[1]（成都一市有八百堂口）。

12点佩弦夫妇约在吴抄手食馄饨等面食。座有徐元堃夫妇及其子女，共10人，费80元。

4点30分与沈、罗、郑至华西坝四校拜访陈景唐、张凌高、吴贻芳、刘世传。晚饭在郭家，晤黄督学（教部）、吴金鼎、蒙馆长、刘校长及佩弦。饭后邀佩弦同回寓下榻，借谈国文系问题。

7月27日　星期日

天晴颇热。

7点30分至华西坝郭处食早点：面包、牛油、鸡蛋、咖啡。食后郭以汽车陪往游览：一、武侯祠，昭烈陵。二、草堂寺，草堂内供杜工部及黄山谷、陆放翁；浣花精舍，黄云鹄题字甚多。

10点闻有预报，乃至四家村李幼椿家暂避，约11点有警报，11点45分紧急，后未10分钟而头上飞机声越来越多，旋闻炸弹声，

---

[1]袍哥为四川哥老会的成员，哥老会即袍哥会，为20世纪初川、渝、滇盛行的民间帮会组织。

乃分入室中卧地上，炸声连续至3分左右，最后声益近，其弹落下之咝咝亦甚清楚。

1点30解除，入城，则全城之西半几无不遭波及。往东往北各路多不通，乃回郭家稍息，食西瓜汤面。

3点以后始由新南门进城往昭忠祠42号十弟家午饭，酒菜皆甚好。绍曾及祖成、祖武仅匆匆一见，未得话谈。

6点返招待所，幸未被炸，但四周落弹不少。

7点至焦家巷36号张怡荪家晚饭，饭酒皆不好，盖炸后临时沽来者。张自办一西陲文化院，曾编藏语会话及藏文字典。

10点归，一路及旅馆皆无电灯，以洋烛代之。

7月28日　星期一

7点30分食稀饭未罢又有预报，雍克昌君约往其乡下庄院，出西门由北巷子西行入小道，男女老幼甚为拥挤，道旁尽是稻田，无可疏散，偶有竹堆已为先至者占满。前行一时许汗湿透衣衫，过九里桥又入田间小道里许，始达雍君处。此日无机来。雍留午饭。

3点步行由原路回寓，在招待所洗澡甚便。

5点30分至总府街明湖春。清中陈、苏、刘安义、王载之约，姜春华亦来，伊在航委会政治部。

7点至励志社张主席之约。座中有郭、胡二厅长，张凌高、朱佩弦、李景清，共十四五人，菜尚清新，但无酒，因张近来已屏绝烟酒也。

9点回寓后十弟来，宋益清来。晤郭亮才（警局秘书）。接蒋电，谓25日去渝。光旦7月17日信。

7月29日　星期二

7点30分与沈、罗、郑往望江楼游玩,在吟诗楼上饮茶。未久,有警报,群众皆散。至川大农院王尧臣家闲坐,遂留午饭。

2点30分解除,由小道入大路,坐鸡公车至新南门,再雇洋车回招待所休息。

7点清华同学会聚餐,在涨湫饭店,到者约30人,叶叶栞为唯一女生,来宾尚有郭子杰及郑、罗、沈。饭间为报告最近校事,又用约45分钟矣。

7月30日　星期三

7点30分罗仲和来,陪至茶店子省府办事处,出西门行半时许始到。途中已有警报,处中人员颇张皇,至田间一"避难所",颇无聊。景清来引往金牛坝新村住宅。

午饭食水饺,甚好。座中有罗、刘、吕及刘君(刘恩洪令侄)。王国树饭后来谈。

3点30分解除后与景清至省府访胡厅长,稍谈,为张主席、李秘书长、郭、陈二厅长留片,又访马秘书主任(河南人),搭其汽车进城。

8点莆斋与吴厚长(华西协和高中校长)约在"哥哥传"便饭,璠弟亦被约参加。

饭后有雨,回寓,宋益清来谈颇久始去。

7月31日　星期四

阴雨一日,清早雨尤大。

4点30分起床，暗中摸索，唤醒罗、郑，打点行李。

5点45分十弟命洋车来，又另雇二车赴邮局，因昨晚决计同乘局车赴渝也。十弟及吴股长已均在站，吴约食豆浆油条。

7点10分车开，此卡车系燃酒精者。车前坐者司机之外为余及杨宪益夫人〔戴乃迭，戴乐仁（J. B. Tayler）之女〕，后坐者郑、罗之外为杨及一局员林某、一邮差押车者。

8点30分过龙泉驿，雨仍未止。山道尚不滑。

10点45分简阳县城打尖，雨仍重。

11点30分五里碑，水大，公路为水没，深至二尺许，车不能开过。退至一茅店中避雨吃花生，一间小屋挤至20人，亦只好随遇而安已。

4点30分雨渐小，水渐落，车试前开，不意司机眼迷斜行，前左轮陷路旁沟中，登时泥水奔入车中，急离车下水，返回路头。后探知前方2里许始有旅店，乃再涉水至对面，行李由车上运下，幸无失落者。雇乡下人担行李前行，抵新市铺投住来安旅馆，得二房，与杨等分住，不暇计其他矣。罗一箱全湿，余衣箱湿一角。

晚饭前洗脚，各饮烧酒少许，8点余睡下。

8 月

8月1日　星期五

昨夜复大雨二阵，幸早起已晴。

10点早饭后在店前茶室闲坐，忽报车已拉入村中，不久可开行。盖昨夜以140元雇人拉上者。

12点车开矣。行未久，过一桥，泥坑很深，几又停陷。

1点10分资阳城西长寿桥为水冲坏，桥头公路亦冲去一二丈，又不得开过矣！3点决计携行李入县城再做打算，步行二三里，遇李旭初局长出西门来接，承其代觅紫东旅馆。5点李约在一饭馆晚饭，酒菜颇丰，俨然筵席也。饭后卧床竟睡去。月色颇好，惜未曾领略。

8月2日　星期六

5点30分起，天空尚有浮云，日光不明。8点李局长复约至其家早饭，盛意若此，殊为不安。10点30分托李代雇木船往内江，盖公路二三日内似难通行。船价订妥200元，乘客余等三人，外有杨夫妇、林及其他女客二人，共8人。船行水道颇纡折，时有浅滩，尤费时费力。中午暴雨一阵，船篷漏处甚多，须打伞遮蔽，幸半时后雨止，与罗各扯绳晾湿衣。5点30分过文家渡，天色渐暗，风云集合，大雨随至，船掉头泊岸，约停三刻许，雨稍小再前行。

7点30分到资中西门码头，摸黑上岸，泥水没胫。城内石道颇平整，雨中寻得一清川旅馆投宿焉。房二间，而住者四男二女，只好令杨夫妇分开矣。

9点行李安顿后始出外求食，12小时间尚未得饮食也，在一小馆食花生、白酒、汤面颇甘之。10点30分归床睡。

8月3日　星期日

夜间雨声未停，早起渐止。清早方起，同船曾小姐别去，竟已代付房账矣。9点早饭后，朱局长偕李女士来稍坐，送余等下船。船开时又落雨，尚不大。11点20分大雨又来，泊岸避雨，至12点40分，雨稍小始再前行。1点10分过苏家湾，雨有止意。4点30分到内江西门外码头，勉强凑合清付船资。运行李至街上，雇一洋车拉行李10余件。至南门外觅旅馆，得蜀天别墅，虽房价稍贵（三人一大间15元），较一路所住清洁多矣。未久韩德章、周金台来访。

7点周约在联谊社晚饭，酒肴皆甚满意。

8月4日　星期一

5点起床，人声颇杂，盖皆起行搭车者。早点购豆浆油条。德章携"小四辈"来。9点与郑出访马局长及闫站长，托订车位，但无满意答复（闫未在站）。

后至中国银行访孙祖瑞，知其因病在家，复至其家看视，适已愈。谈半时许，同之至行借款500元回旅馆，否则同人将无所得食已。路上遇鞠秀熙，现任东北中学校长，将赴渝者。

3点王铮如（中行专员）来，陪余往朝阳城垣访刘季陶，季陶适病疟稍瘥，勉强起床。晤其所中刘鸿万及康某。德章忽滑倒，伤颧骨，颇重。

晚饭为刘太太留住，并由余送信邀郑、罗及杨夫妇同来。饭时饮大曲，刘太太兴致颇好，但饭后即呕吐上床，罗亦至院中呕二次。余初代刘太太打牌一圈，后牌停，在堂屋座椅上竟睡去，盖亦有几分酒意者。

10点30分归寓时误着王衣，余未觉，而王亦因醉先归去矣。

8月5日　星期二

天已大晴，热度则更增高。8点始起，5点余起后又睡下也。9点出外早餐，遇李国干（1932级，现任补训总处特别党部书记长），请在一馆食汤面。午前郑再往邮局打听，仍无车位希望。中午困倦，未出午饭，欲睡未成。孙祖瑞来访。决计换房间，与郑、罗分住两间，后窗向南，明朗多矣。因房内通风，再取湿衣吹晾。

6点孙夫妇在中国银行约晚饭，五人同往，外有周金台、李国干、王铮如及袁襄理，刘季陶夫妇皆未能到。菜不甚佳，酒尚好。

饭后至孙寓饮咖啡，月下闲谈，颇为快意。但时感有所失，未令他人知之耳。

8月6日　星期三

昨夜时有雨声，天明已晴。上午郑再往邮局，仍无确息，但杨等决于下午往候。午饭在京山饭店食馒首鲤鱼，为杨等送行。

3点送杨等去登车。4点30分往刘家看季陶，兼看德章伤势，已大痊耳。6点与郑、罗往孙家晚饭，看竹，系借邻家太太处，八圈结果，主人大胜，罗负最多。11点回旅馆见杨在室，始知仅其夫人先行，而明早有车，余等皆可同乘。

8月7日　星期四

3点30分起后唤醒郑、罗，赶即收拾行李。4点30分到邮局门前，天犹未明。5点30分车开，余坐车前，郑、罗在后，杨尚须待下班。6点至河渡，待甚久，食稀饭当早点。9点45分渡河后在槐木关加油（酒精）后始开行。10点45分隆昌未停，距成［都］250里。途经安富镇，甚大。11点30分荣昌，在城外小馆打尖，邀司机等同食。12点30分开行后到永川，有旅行社食堂，司机买米。3点30分经璧山县，然后到青木关镇，距成［都］394里。因须换车，且天热，郑、罗在车后颠晒甚疲惫，遂决在青木关暂停一二日休息。住"第一宾馆"，甚陋隘，而每小间亦取费4元。

5点上山赴教部，访顾（毓琇）、吴（俊升）皆未在部，遇韩裕文君，甚承招待。晚饭韩约在一北方馆食葱油饼，炒菜亦尚好。饭后郑往看蒋养春司长于其家，与罗往益庐访张充和女士，郑慧亦住同房，又晤钱某女士。

后同至民众馆空场上饮茶望月，10点半归。张女士屡称吾所写字甚好，自觉惊异，不知何以答之。

8月8日　星期五

7点30分郑颖孙、杨荫浏来旅馆,约食豆浆油条。食后搬往中央旅社,房间更小,价亦不廉,但取其较为清洁耳。任东伯、洪为溥来谈。

10点上山访余井塘次长,陈部长留渝不常来此。晤陈泮藻参事及高等司科长:一、吴,二、王,三、陈东原,四、任东伯,稍谈别出。

11点30分蒋养春家便饭,蒋病初愈,尚未到部。其夫人蔡女士善画。饭后归来,热极。

1点30分至3点30分警报,上山入教部防空洞,未久留。出洞在音乐教育委员会饮茶,闻远方有炸声。

6点郝更生以滑竿来接至其家(王家湾35号)晚饭,系与清华同学合办者。余次长来,因事先食入城去。一樵适已自城内来,外有吴、王、陈三科长及任东伯、郭舜平、洪为溥、洪宝林。郝新得一子,今已3月矣。

9点30分出,再至民众馆饮茶,张女士与郑父女已在,又晤吴研因。

10点15分移住王家湾顾家,与一樵谈至12点始睡。

8月9日　星期六

7点30分起,早点食豆浆稀饭未完,已有紧急警报,与顾太太及小孩等入附近山洞,未久一樵来,又同返家闲谈。10点解除。

11点30分第二次警报,因陈泮藻之约往中央旅社会晤,候一刻竟无人来,仍返顾家午饭。饭后小睡约一时,出汗甚多,住滇三年，几忘盛暑之经验有如此者。起后着绸衫，坐室中挥扇而已，不思更做他事。

晚饭一樵请客：郝太太、吴太太（会计长之夫人）、葛成慧女士（医师）、王翰仙（顾太太令弟）、任东伯、待一泉（顾毓琼，顾毓琇之弟）、景超竟未至。饭后任、罗各唱二段。

客散后在院中望月纳凉，10点余洗澡后睡。

8月10日　星期日

7点起后赶食早餐方罢，即有紧急警报。至洞口坐些时，郑、罗偕郑及张女士来，10点余解除，郑等别去。

午饭后小睡，仍甚热。一樵进城。2点至4点又警报一次。至益庐会同四人往话雨村、吴研因夫妇之约，戴应观、赵君（中大附中校长）在座。晚饭时又有警报，未久即解除。

8点30分第四次警报。

9点月上，皎洁可爱。听张女士与罗唱昆曲。

10点45分返顾家，张、郑及慧送余到门口，时顾家人均入洞未返，独坐院中望月。11点30分摸黑睡下，警报犹未解除也。

8月11日　星期一

天明被唤醒，谓有警报，未起又睡去，7点起。

午前郑、罗来谈，未久别去。王翰仙来约晚饭。

午饭后小睡，出汗甚多。

2点30分至4点45分第二次警报。

5点15分往山上寻郑、罗未遇，发与光旦、祖彦及珊信。

5点30分至小可食馆，主人为王翰仙、郑颖孙、戴应观、邹树椿，客为余、杨仲子、任东伯、张女士。席间饮大曲，酒杯颇大，5杯之后若不自胜矣，临行竟呕吐，主人以滑竿送归，王君伴行，益感不安也。

8月12日　星期二
7点起床尚无不适。张女士与颖孙来望。早点后有紧急警报，旋闻机声，乃至洞中暂避，较为风凉。旋回室中闲话。10点解除后，张、郑别去，小睡约一时。郑、罗来，因又有警报，留午饭。5点北大旧生何、杨及何之夫人在桃园便饭，酒菜皆不佳，而小室尤闷热，匆匆食罢即别去。8点至益庐饮茶清谈，颇为快意。9点30分郑、罗持烛送余归顾家，洗澡后睡。

8月13日　星期三
此日警报仍为三次：一、早上2点30分被人唤醒后旋复入睡；二、5点30分至8点；三、8点30分至3点。3点解除后即至益庐，张女士犹未归，在门外立候时遇 Hoover（胡佛）及他美国男女三人将往峨眉者。张女士归后为做梅汤、稀饭飨客。

5点30分与张、郑步行往至关口音乐院，应陈嘉夫妇（黄友葵女士）饭约，其自做葡萄酒颇好。

9点借乘音乐院滑竿归顾家，一樵已归来。

8月14日　星期四
晴，热数日以来未有减退。

10点45分至3点警报一次。

午饭后未睡,与一樵闲谈。天夕一泉与景超自北碚来,少停仍进城去。

6点一樵夫妇请客:余次长、张廷休夫妇(蒙藏司)、刘季洪(主任秘书)夫妇、陈□义(协和医师)夫妇,及黎东方。饮大曲数杯,尚未过量。

10点余睡时仍甚热。

8月15日　星期五

半阴,稍风凉。

午前有警报,未久即解除。午饭有孙女士——音乐院教员,朱继圣、张慰慈二君之姨妹也。下午阅稼轩词,未出门。5点30分与一樵步行至袁家沟黎东方家晚饭。座中有余次长、杨仲子(黎太太为其旧生)、张听秋、王星洲(社会长,东北人)。8点30分饭罢再赶至益庐张、钱二女士之约。入门充和出迎,若以吾来为意外之喜。吾曰:"一定是来的。"饮青梅酒又五六杯。座中有王女士,张欲为郑做媒者。饭后饮清茶,试燃香数种。

10点余归。日间发与十弟信,告途中经过。

8月16日　星期六

上午未出门,阅《绝妙好词笺》(查初白、厉樊榭合笺)。

午前有警报,旋即解除。

饭后毅生来信,言报载8月14日联大被炸。发二电,一与蒋校长,一与潘光旦问详情。

3点30分一樵约郑、罗、吴士选及吴会计长饮茶闲谈。

6点30分至杏花酒楼顾荫亭及吴研因之约。顾因病未来，吴夫人（小因）在座。

9点归后与一樵谈及倪事，一樵有愤语，遂未多谈。

8月17日　星期日

天晴更热。清早闻有妇女哭声，后知为郝更生夫人新得其母丧电报。早餐后往吊慰，与更生稍谈兼告别。

9点10分又有警报，试为一樵写字未成。张、郑来，留午饭，食水饺，饭后郑去，张留闲话。一点解除，收拾行李至公路邮站候车。

2点30分搭教部［车］往重庆，与余次长坐车前，顾及郑、罗等皆坐车后。金刚坡停三刻许，经过歌乐山、新开寺、山洞、老鹰岩、新桥、小龙坎、化龙桥。

6点至两路口中央图书馆投宿。

7点在七星岗一小馆吃汤面，至嘉庐看一樵未在。至市民医院与八弟谈移时郑、罗别去，余暂留宿。八弟因事忙，犹显躁急。

8月18日　星期一

天阴，无警报。6点起床，恐妨及局中工作。

6点30分郑、罗来，谓已见过沈肃文。与郑往中航公司商订飞机票，23日可行，深觉快慰。在经济部为翁留片。

12点至张家花园访沈未遇。"成都味"便饭。饭后理发，后至卫生局搬行李至中央图馆。至油市街访王雪艇（世杰）及雷震寰于参政会，皆未遇。

6点15分在冠生园与郑、罗做东道，客为沈肃文、金少英、卢逮曾夫妇、文藻、一樵及八弟。饭价195元，酒五壶占去40元。饭后步至七星岗露天花园饮茶。10点30分回馆。

8月19日　星期二

昨夜有雨，午前犹阴，午后放晴。8点金少英约在一小馆食烧饼、油条、汤面。一樵以破车来接，因等文藻，未即开行。9点45分警报。10分后文藻来，赶开出城，过山洞有紧急，车行更快，颇为担心，怕在途中抛锚。10点到歌乐山吴家，午饭饮泡橘酒。舒舍予有信来，意拟取消昆明之行，急与莘田复信敦劝，托一樵带于途中代投。

午后小睡，食咖啡。沈如瑜来。与郑、罗往对山中央研究院办事处访傅孟真，傅太太有病未得见。杨公达、宝弟先后来。

6点30分回吴家晚饭。与宝弟至工会宿舍投宿。晤杨子厚（燕大，山东人，工合[1]会计长）。11点睡下，床上未挂蚊帐，蚊闻来往，久久始睡去。夜间闻有雨声。

8月20日　星期三

阴雨一日，云气入室。6点起。廊外湿雨连天，数丈之外不能远望。8点食稀饭煎鸡蛋。杨子厚因事冒雨下山去。与宝弟详谈其

---

[1] 工合即中国工合国际委员会，是抗日战争时期建立的支持中国的国际性非政府组织。现代工合于1980年建立。

由兰州来重庆加入工合之经过，及其上月辞工合事对于将来可有之计划。

12点郑、罗偕文藻来午饭。熊德元（燕大，任宝弟秘书有年）［在座］。饭后稍谈，吴等去。小睡未成，起阅宝弟信稿及其近作文稿。

晚饭后雨渐止，有风，山下灯光可见。11点睡。

8月21日　星期四

天晴，无警报。6点太阳由窗射入，晴明之象使人欣然起床。

7点30分吴宗生来接至吴家早点。李现林来谈。

10点与文藻出至国库局办事处访吕著青局长。吕为前保定高等同学，晤谈颇欢畅。约于明日午饭，并允画梅花相赠。

访闻齐未遇。午饭在吴家，饭后小睡一时许。4点回至桂花湾，坐廊上饮茶，甚为快意。5点与宝弟沿山闲步，访杨公兆、薛子良（新任全国委员会委员长，住云顶寺山上）。

6点30分仍返吴家晚饭。舒舍予自石桥厂来，自午前步行40里，黄昏始到山上。饭时与谈，再约其与罗同来昆明。

饭后看竹4周，11点30分与宝弟返寓。

8月22日　星期五

天晴，时有云雾。7点30分早点后薛子良来回拜。张文伯来函约午饭。10点30分到吴家。11点紧急警报，先至吕家，随与著青等同往中央银行防空洞。飞机二批。2点回吕家午饭，晤汪东及吕副局长、蒋仁宇。饭中间又有飞机来，在吕院后山洞暂避。炸沙坪坝，灰烟可见。4点10分解除，吕以汽车送余与郑进城，过山洞时以天晚，张文伯处未得去。至中航公司，知明早须3点半到机场。晚饭八弟约在一川饭店便食，菜味颇好。9点30分已落小雨，至中央图［书］馆投宿，宝弟偕来。

8月23日　星期六

（返昆明）　2点30分起床，宝弟帮同收拾行李，乘滑竿至燕居，黑暗下石磴又沿江边行半里许始上小船，渡至珊瑚坝，检验行李后雨中候机至。

5点15分飞机自香港来，停约半小时后起飞，机大颇平稳。

8点30分五到昆明机场。检验行李等事未办完，忽传有预报，匆忙携行李出场，搭沈天梦汽车进城至玉龙堆25号稍停，至西仓坡见房屋被炸情形，至府甬道宿舍毕正宣处早点。

10点大雨一阵后，与毕出至新校南北区略看被炸各处，然后到梨烟村午饭。下午吴正之来谈；任之恭、赵访熊来。晚睡大床，未得安睡。

8月24日　星期日

上午来客颇多，姜立夫、叶楷夫妇、杨武之、赵忠尧、企孙来谈，留午饭。下午，周荫阿来。正之同出看村北空地，将归家，遇惠老师，又同散步半时始归晚饭。

8月25日　星期一

阴雨。清早徐大夫来约午饭。12点30分与郁文步行至大塘子，途中遇雨，至徐家午饭后，先令老李送郁文归，然后进城。3点30分至新校舍临时办公室。6点随蒋至冈头村晚饭，座中有缪云台、曾养甫、金龙章（中缅访问团团员）及裨德本领事、Lieut. Fames（法米斯中尉）、阎某（机场检查员）。

8月26日　星期二

阴有小雨。早点后，与蒋［谈］联大数事。今甫来谈。

3点进城，到西仓坡。4点清华校务会议，（冯因病未到）余为报告为渝接洽关于留美考试、叙永问题、研究补助费问题等事。5点聘任委员会。

6点查、樊来，留共晚饭。9点散后，未久便睡。

8月27日　星期三

6点起，窗外朝阳可爱。早点后在楼下办公室，邵循正、刘觉民、吴正之来。

下午霍秉权来谈，伊昨日新自叙永来者。5点出门，先至任叔永处稍坐。访李润章谢饭约。步行入城，稍看新炸遗痕。

6点30分至才盛巷开联大常委会，新校舍被炸后似无修复之计议，乃有提议延期开学者，心中大不谓然。决赶快筹备，设法如期开学。10点散归。蒋等明早赴缅。

8月29日　星期五

上午在西仓坡调看旧卷，嫌不清楚，为之整理。

下午2点20分到联大办公，与查、樊、朱商致教部代电，报告被炸损失，并索修理费（90万）。5点访P-B.于北仓坡英领馆。

晚饭一人在寓自食。饭后李谟炽（汉正）来。

8月30日　星期六

7点早点稀饭，彤来为买鸡蛋佐食。午前今甫、一多来谈，留午饭。

4点至蓉园为隆言泉、朱云霞证婚，又在国泰照相。饭时菜甚多而不佳，酒亦劣。

8点30分归途访郑、罗、舒于靛花巷未遇。归寓明月正好，坐廊上，寂对良久，为之凄然。

8月31日　星期日

阴雨。9点乘洋车往梨烟村。吴学周来谈化学研究所拟在普吉造房事。

下午张大煜偕杨业治、吴达元来谈。访范绪筠、杨武之，范病初愈，杨则新病者。约任之恭谈拟约叶楷任电机系主任问题。

晚饭后正之来再谈叙永分校问题。

9 月

9月1日　星期一

午前有雨。

3点到联大,与郑、樊、查谈应赶办事项。

6点30分办事处同人19位做东,宴余及企孙于冠生园。饭后毕约至海关俱乐部饮咖啡,在彼晤一鲍君,系企孙老同学。

9月2日　星期二

下午4点在办事处开研究所委员会,各所所长报告一年来工作状况。

晚饭后,10点半散。

9月3日　星期三

上午在联大。郑婴来谈。

4点与陈通夫至民政厅访李子厚商扩大调查计划，后访龚仲钧于教育厅，访熊迪之（庆来）于云大。

6点30分至10点联大校舍委会在登华街南开办事处。

9月4日　星期四

6点至11点联大常委会，在才盛巷北大办事处；招考用费预算审核委员会：黄、吴、陈。

9月5日　星期五

天夕由联大与今甫步行进北门，一路闲谈颇有意味。杨、郑、樊、章、饶、吴、陈在冠生园宴叶、舒，余作陪，饭后在杨处饮茶、吃石榴。

9月6日　星期六

午前下乡，颇感休息之乐。

9月7日　星期日

晴热。午前同庄（前鼎）往马街子第一飞机场后看地，做航研所迁校准备。

在陈家仁家午饭。饭后……饮酒及咖啡。归途在庄家稍停。

晚约企孙、吴太太、嘉炀夫妇、潘太太、全绍志便饭。

9月8日　星期一

晚在厚德福请舒、叶二君，陪客为联大及研究院三所长、李润章、熊迪之，共二桌，绍酒颇受欢迎。

9月9日　星期二

晚6点叶、任在化学研究所请客，主客为张西林厅长。

9月10日　星期三

6点至10点30分常委会在才盛巷，审核委员会有报告，又加推郑、樊、查继续调查。

9月11日　星期四

阴雨一日，未出门，天夕郑、樊来谈。

晚，周了竞为企孙饯行，因雨未往。

饭后阅 Arnold Zweig's *The Case of Sergeant Grischa*（阿诺德·茨威格的《格里斯查中士之案》），室中已有电灯矣。

9月12日　星期五

阴雨。下午访郑、罗、舒于靛花巷。罗病初愈，不能出门，先余送绍酒三瓶，留饭共饮。

9月13日　星期六

阴未雨。晚陈钟儒、张大煜在中国银行请客，有曾炳钧新自美归国，张昌华新来缅滇路者。

9月14日　星期日

上午9点，赴物理学会及新中国数学会联合年会于师院附校礼堂，正之主席。演说者为赵公望。李、熊及余皆简短。余为讲学术界可以有"不合时宜"的理论及"不切实用"的研究。

午饭在云大联合招待，宾主共4桌。午后在冈头村，晤陈次公、薛葆康于蒋家。

晚饭蒋夫妇请李希尧等。饭后搭金龙章车返寓。

9月15日　星期一

晴。晚，年会会员在聚英楼聚餐。

9月16日　星期二

阴雨。下午在梨烟村请昆明县长、黄日光、惠老师、关颂声、梁衍章、吴、郑、查在家咖啡，为看察造房空地。

晚，沈天梦在金碧别墅请客，系宴 Mr. Prescott（普雷斯科特先生）缅甸警务处长。饭后又至沈家稍坐，饮酒二种。

9月17日　星期三

晚，李处长、裴市长请 P. 于李处，西餐、香槟酒。

9月18日　星期四

晚，联大常委会，在西仓坡食炮牛肉。

9月19日　星期五

晚，省党部公宴曾鼎铭总司令。

9月20日　星期六

午前下乡。

9月22日　星期一

午前11点进城，汽车系借自葛敬中（运成）者。

下午2点与陈雪屏至青年团部监考受训团员。应考者只4人，程度似皆不佳。

9月24日　星期三

晚，常委会，10点散。作信与净珊，此为回昆后第一封，恐伊必更悬念矣。

9月25日　星期四

阴雨，午前与芝生访今甫于才盛巷，谈国文系问题。午饭今甫约在燕市酒家。

9月26日　星期五

下午赴联大，路甚泥泞，方青儒谈甚久。

9月27日　星期六

晴明。下午张惠远、邵可侣先后来谈。

天夕出理发。访 Baker（贝克）、方青儒未遇，访曾养甫稍谈。晚，谭伯英请客于其新寓。

9月28日　星期日
上午与家人同下乡。

下午与郁文往高峣，先访陶王两家、苏国桢家、张豫生家、汤飞凡家、朱友渔家，后至缪云台家，留晚饭。饭后因与黄子衡太太、梁老太太、罗太太打牌，3点散，遂宿缪家。

9月29日　星期一
9点起床，天气晴好。早点后与龙章出外散步，至杨家村，在王天船家稍坐，晤王太太及郑麟。

午饭后与缪进城，至联大办公。

晚，庾晋侯约在云月春吃烧鸭，饭后至李希尧处，未久留，9点返寓。

9月30日　星期二
上午李继侗来，言新丁母忧，借款寄家治丧事。

下午至工学院与李、陶等谈数事，天夕归。

10 月

10月1日　星期三

下午4点常委会，7点开完始晚饭。会中决设聘任委员会。接珊26号电，问"无恙否"。

10月2日　星期四

晚饭后至玉龙堆25号看继侗，适外出，与吴雨僧谈托代撰文稿，又与岱孙、循正诸人谈至10点回寓。睡前作信与珊。

10月3日　星期五

上午芾斋来，渠与家人系昨晚到昆。龚祥瑞来。下午在联大查看汽油20大桶。

10月4日　星期六

上午带沈等下乡看李司长房子，午前归。

下午4点赴圣公会，黄子坚与叶一帆结婚，证婚者为朱友渔，余与蒋任主婚人。

5点30分又至金碧别墅，缪、王、林、蒋、程、吴、朱等茶叙，晤荷印官员，名Mulder（米尔德）者。

10月5日　星期日

中秋节。午前下乡。下午留杉、彦在梨烟村，与郁文至高峣赴缪家之约。饭后听栗成之唱滇剧，顾女士拉提琴。12点回城内。

10月6日　星期一

上午8点联大行始业礼，余为报告，下午上课。

10月7日　星期二

下午至工学院视察各实验室及工厂。

10月8日　星期三

联大教授会下午3点，到30余人。审1940年度毕业生成绩。并推举校务会议代表（12人）。

10月10日　星期五

上午往冈头村，郁文乘洋车先去，与逯羽步行。午饭蒋、杨、郑、樊、章、陈、查、朱为沈夫妇接风。饭后与饶、章、郑、朱打牌，留住未归。

10月11日　星期六
早8点余回寓，稍停，至联大办公。
晚7点罗努生（隆基）夫妇约食炮牛肉。晤一吴君，谈太极拳。9点为陈次公约至南屏看电影，仍住冈头村。

10月12日　星期日
小雨阴冷。午饭前后看竹12圈……天夕返寓。

10月13日　星期一
阴雨。晚曾养甫请客在其办公处（太和坊3号），主客为俞部长，外有蒋夫妇、金夫妇及路局数君。菜味有烤乳猪、海参、鱼翅；酒有Brandy（白兰地）、Whisky（威士忌）；烟有State Express 555（555香烟）。饮食之余，不禁内愧。

10月15日　星期三
连日阴雨，院中因修房，烂泥满布，殊不可耐。
中午何永佶约在其寓所便饭，晤Mr. Owen Lattimore（赖德懋先生）及谢保樵君，与L.自渝同来者，尚有白勤士领事。饭后冒雨回寓。
下午4点在西仓坡开清华校务会议。
6点在西仓坡开联大常委会，郑、樊各有函请辞，讨论许久不得解决。余坚谓常委主席、总务长、事务主任不宜由一校人担任，且总务长若再以沈继任，则常委会竟是清华校务会议矣（岱孙现代序经任法商院长)。

7点半银行21家公宴王晓籁、虞洽卿，余因会未毕未往，请蒋去代致谢。

10月17日　星期五

晴。中午黄仁霖、章楚（黄在渝未来）在农校战地服务团请客，略谈联大同人帮助该团工作情形。西餐颇好，房舍收拾亦甚完整。

晚，龙主席请客L.、虞、王及俞。饭前与谈在滇人口调查事，谓已复周部长函，请政府补助20万。10点半席散始归。

10月18日　星期六

晴。

天夕至玉龙堆访吴之椿新寓。

6点，美领馆茶会。

晚7点半，与蒋在才盛巷约L.及谢、白领事、Well Bone（威尔·博内）副领事、何永佶、林维英及联大同人10余人，共二桌。饭后围长桌闲谈时事，11点余始散。曲园菜殊不佳，而每桌价竟260元。

10月19日　星期日

两星期来未下乡矣。上午舒舍予、罗莘田来谈。下午5点余舒、郑来邀同至冠生园便饭，携酒二瓶往，为查福熙做东，冼冠生来座上谈甚久。

10月21日　星期二

下午4点余至工学院。与郁文在鸿兴楼食锅贴。南屏看

"Intermezzo"（间奏曲，一种歌剧音乐形态）7点场，陈蕙君请客。

10月22日　星期三
下午4点朱友渔夫妇约茶叙，晤 Rev. and Mrs. Robert Baker（罗伯特·贝克牧师及其夫人）新婚者。暴雨一阵。5点至青年会为熊秉信与袁孟仁证婚，来宾致辞者为李石曾，引张静江夫妇不吸烟不食肉故事。晚饭在太平洋。

10月23日　星期四
中午熊迪之在太平洋酬客，菜似昨日所余者。晚6点常委会在登华街，叙永问题仍无办法。

10月24日　星期五
晚李石曾、李润章在金碧别墅请客，龙、俞之外则为省府要人及银行经理，共4桌。

10月25日　星期六
下午吴之椿来访，并送白糖、笋干，皆川产也。晚未出门，为珊作复信。

10月26日　星期日
早有小雨，天夕起风，甚冷。
午前出访方青儒，已赴筑。发与珊信及通夫信。

10月27日　星期一

晚7点熊校长在云南大学请客，吃佛教会素菜，主客为李石曾。

8点半又至金碧别墅赴林维英之约，座中有Lattimore、Perkins、Well Bone、Taylor、林维英、谢保樵、缪云台、林同济，饮Scotch Dimple（苏格兰添宝威士忌）一瓶，乃定明日再聚。

10月28日　星期二

下午至工学院，6点出。"清一色"理发，不很满意。7点在才盛巷与蒋请客：李石曾、李润章、熊迪之、缪培基及昨日诸人，共二桌，饮Whisky（威士忌）二瓶，菜亦颇好。饮后与缪谈考留美生事。

10月29日　星期三

上午9点半至太和街曾养甫处，会同拉提摩、谢保樵及曾、邓往金殿及黑龙潭游览。因有"预行"［警报］，未来联大，午饭亦未得食，仅在复兴公司林君处饮咖啡小食。4点返城内散归。

7点联大常委会，叙永问题仍须再"托"。

10月30日　星期四

上午10点至12点陪拉、谢至工学院及新校舍参观。下午4点与吴、黄至徐敬直处看建筑图，在鸿兴楼食水饺当晚饭。缪约未往。

10月31日　星期五

上午9点为一年级生（到者约300人）训话。下午在办公室，蒋言越北情形又紧。

11 月

11月1日　星期六

9点联大校庆纪念会,请缪云台讲演,黄子坚讲联大4年的回忆。

午后有阵雨。4点访郑毅生未遇,随至任家饮咖啡闲话。6点前步行归。

11月2日　星期日

一日未出门,未下乡(已三星[期])。天夕光旦来谈,渠系前日自重庆归来者。午前朱佩弦来。

11月3日　星期一

上下午皆在联大,郑未复职,樊又辞职,查病尚未愈,只好勉唱独角戏,尚不以为苦也。

晚饭后月色甚好（［阴历］九月十五），携酒一瓶至靛花巷与罗、郑、舒闲谈。11点归来，作信致张充和女士，劝其勿留艺专，不知有效否。

11月4日　星期二

下午在工学院。晚，黄子坚夫妇在冠生园请客，郁文因发烧未往。

11月5日　星期三

下午6点至9点30分常委会在才盛巷开会，蒋病尚未大愈，勉仲昨自医院归，今已勉强到会矣。

11月6日　星期四

上午11点30分至1点警报，未经紧急即解除。
4点至6点一年级课业委员会会谈各问题。
7点至9点15分清华办事处同人共宴潘、沈。

11月7日　星期五

下午5点约冯、黄、杨、罗、朱、闻谈联大国文系问题。6点赴徐述先、茂先饭约于海棠春，稍坐即归。

7点约中文系六君及舒、许、袁、黄太太食炮牛肉，饮酒5瓶。饭后舒、罗、许清唱。

11月8日　星期六

下午3点至10点30分留美考试委员会（周末到）。会散后阅 De Gaulle's "*The Army of the Future*"（戴高乐的《未来的军队》）终卷，书旨颇确当，惜法人未注意。

午饭后黄、陈序经、吴、岱孙同来谈二长（教务长、总务长）问题。

11月9日　星期日

午前往梨烟村正之处午饭，饭后与正之、子坚夫妇及祖彦再往看地，择定造房地段。

晚7点赴裨德本总领事饭约，店中晤 Gen. Denis（丹尼斯将军）、Major Miller（米勒少校）及副领事 Bolts（博尔特）。

11月10日　星期一

上午7时往战地服务团为第二届干部训练班讲话，黄主任仁霖主席。早点西餐颇为难得。

下午3点30分至5点偕查、毕、陈及三教官查看新校北区，与蒋谈二长问题历5分钟。

11月11日　星期二

下午4点30分至5点30分查看工学院教职员及学生宿舍。晚饭与查、毕、严在鸿宾楼食水饺、薄饼。

饭后至蒋宅，适请客，有吴、黄两家，留至10点归。

11月12日　星期三

午前至靛花巷郑毅生处稍坐。下午未出门。天夕大雨一阵，雨后更冷矣。

11月13日　星期四

下午3点联大常委会，蒋因汽车在途被阻未赶到。4点联大校务会议，报告数项外无要事。

5点半再开常委会，通过改聘周枚荪为教务长，杨石先暂代；沈茀斋为总务长。

11月14日　星期五

上午视察师范学院及新昆中之一年级宿舍、教室，后至温德处稍坐。下午接沈辞信，赶再函郑促乃复职。

11月15日　星期六

上午视察昆中南院女生宿舍及北院、文林街、天君殿教职员宿舍。晚，徐行敏夫妇在聚英楼举汤饼会二桌。郁文下午自龙头村归。

11月16日　星期日

一日未出门。接珊11月6日信，衡阳之行颇有趣。

11月17日　星期一

上午石先到教务处，毅生来商须下星期复职。下午4点与裨德本、陈福田商吴可读奖学金简章及本年给予人选（张苏生、李活）。

11月18日　星期二

下午4点至工学院。晚无线电报告日议会通过议案，指斥美国为恶敌，冲突之期殆不远矣。

11月25日　星期二

下午在工学院，见董君，新自德习电机工程归来者。

11月26日　星期三

天夕往任宅，为任叔永夫人话别，将往香港去者。

晚在才盛巷开常委会，教部来电嘱组西康考察团，以做"万一准备"。

11月27日　星期四

下午4时清华校务会议，再审查研究生计划。晚6点半省政府宴党政考察团。

11月29日　星期六

午前自开汽车与陈福田、吴雨僧至小普吉访英领事裨德本君，看吴可读君墓碑，留午饭。

3点返西仓坡，邢寿农夫妇来访，新自缅边归来者。至云南大学参加泰戈尔追悼会。

7点请客：任志清、何季刚、张西林、龚仲钧、张中立、袁蔼耕、冯芝生、查勉仲（未到者李子厚、禄介卿、庚晋侯）。

11月30日　星期日

中午搭蒋汽车至庄前鼎家午饭，晤杜立亭军长、沈立孙局长。返家因觉不适，小睡约二小时。

12 月

12月1日　星期一

早起仍觉不适,遂未赴校。曾万钟总司令在校讲演。下午因与孙、任约往大普吉参观,自驾汽车前往。在大石桥下桥,往来各步行半小时,天气尚好。

晚7点与蒋宴孙洪芬。

12月2日　星期二

下午至工学院。晚饭宴工院教授二桌。

饭后至林文奎家稍坐,有任志清夫妇及蒋等在座。

12月3日　星期三

中午秦大钧在庚庄请客,晤庚婿缪君。

下午3点开联大教授会,讨论生活救济问题。6点开常委会,在西仓坡食涮羊肉。

12月4日　星期四

下午4点滑翔分会在省党部开成立会，余做短讲。7点半韩慎恭（航校工程处长）在冠生园请客。

12月5日　星期五

下午4点在寓与蒋请茶叙，到者孙立人（新38师长）、凌尚忠（第五军高级参谋）、林文奎及校务会议同人十五六人。

晚饭后周枚荪来谈关于教务长周力推光旦继任。

12月6日　星期六

下午6点滑翔分会在省部开理事会。

7点缪云台在李公馆宴McDonald（麦克唐纳），余因在省党部饮异酒五六大杯，席未终竟颓然醉矣，惭愧之至。孟邻送余回家。

12月7日　星期日

午前将出门，适有预报，乃以汽车（老孙初次回校开车）送郁文及杉、芬至小屯，在袁、蔡、曾家各稍坐，然后留郁文等在彼，再往高峣赴云台饭约。

天夕至杨家村黄子衡处稍坐。

晚饭在袁蔼耕、向耕昆仲处，酒饭甚好。

12月8日　星期一

清早闻日本对英美开战消息，在家听无线电报告，未出门。下午至联大办公处，晚请客：Miss Galbraith（加尔布雷思小姐）、Mr. Arnold（阿诺德先生）、钟女士、高仁偶、李宣果（未到）及徐、郑、郑、沈四校医。晚1点始睡。

12月9日　星期二

早6点半起，听罗斯福在国会演词。昨夜雨颇大。下午至工学院（昨日下午3点在天南中学讲演）。

12月10日　星期三

下午4点半清华校务会议。6点至9点联大常委会。

12月11日　星期四

下午2点至6点与光旦、世昌往普吉察看，在潘家饮咖啡。昨晚闻"Prince of Wales"（威尔士亲王号战列舰）及"Repulse"（反击号）被击沉，甚懊丧。今晚闻日舰"Haruna"（榛名号）被美机炸沉，为之稍慰。希特勒与墨索里尼皆对美宣战矣。

12月12日　星期五

下午2点与孟邻同车往太华寺赴龙主席为任志老饯行野餐之约，到者任、罗、张之外，高级军官八九人，皆中将阶级者。6点返城内登华街陈序经饭约，稍坐。7点在西仓坡与蒋合请：任东伯、钟道瓒、贾观仁、魏明初、徐述先、茂先、龚仲钧、郑、查。

12月14日　星期日

午饭后与家人往梨烟村小留，天夕归。

12月15日　星期一

下午访任叔永，又访杨今甫、郑华炽于才盛巷，未遇。晚饭杜光亭（聿明）军长在海棠春请客，晤 Mac Nelly（麦克内利）。

12月16日　星期二

下午访蔡竞平于储金局，后至工学院。

12月17日　星期三

北大周年纪念日，晚在才盛巷聚餐，宾主9桌，送酒40斤。

12月18日　星期四

警报9点30分至2点30分，东门处死伤百余人，联大职员高以信夫妇及小孩被炸死。晚任东伯请客在冠生园。常委会约郑华炽报告叙校结束事。

12月19日　星期五

晚在家请客：Mr. Prideaux-Brune（神德本领事）、Mr. Coates（科茨先生）、蒋夫妇、薛葆康夫妇、沈茀斋。未到者：俞樵峰部长、曾养甫、谭伯英。菜太多，酒颇好。

12月20日　星期六

警报9点30分至2点30分，敌机未入市空，在桂、滇边击落三架。下午4点30分至金碧别墅，缪、孔、王、吴、蒋公请Mr. Fox（福克斯先生）及冀朝鼎茶会。

晚，云南各界慰劳来滇将士大会在西南大戏院。

12月21日　星期日

清早阴，午前晴。8点半下乡，天夕回。在潘家午饭。晚睡前作信与珊。

12月22日　星期一

3点15分至4点45分预行警报。天夕晏升东与任永珍结婚，在圣公会，余被请代表晏家长。

12月23日　星期二

晚，战地服务团黄仁霖、吴泽霖、陈福田请客，联大区党部执监会议，未得到会。

12月24日　星期三

10点15分预报，11点35分警报，2点45分紧急，4点解除。

晚与蒋请宋希濂、杜聿明、侯腾（第五军参谋长），陪客有施、庄、查、曾（他人皆未到）。

12月25日　星期四

上午9点与诸孩下乡,夕5点返。

晚作致琳、璠、宝三弟一信,先寄重庆。

12月26日　星期五

下午3点清华校务会议。4点联大校务会议。

7点与蒋约杨、郑及各处长、组主任聚餐。

12月28日　星期日

阴雨颇冷。原定与郑毅生往龙头村,因雨未果。晚,毕、全在寓备菜一桌宴吾等大小,盖预祝之意。

12月29日　星期一

上午吴正之夫妇来。晚有客来拜寿者,留晚饭:吴夫妇、袁夫妇、查、章、潘、沈、毕。命祖彬作陪。

12月31日　星期三

下午4点吴泽霖与马时芳在中华教会结婚,余被邀做主婚人。7点吴在寓请客。10点又赶至高峣,缪夫妇之约,3点始归。

1942年（9月1日—12月31日）

西南往事：梅贻琦西南联大时期日记

9月

9月1日　星期二
校中自今日起办公改为：8至12点；2至6点。

早8点与蒋（梦麟）赴巫家坝空军军官学校贺其10周年纪念会，留午饭。下午3点赴省党部记者节会，晚7点赴战地服务团黄仁霖饭约，为结束第五届训练班宴请参加各教授。晚10点偕缪云台夫妇再赴航校观平剧。《坐宫》之生角嗓音中途忽哑，听来颇难过。《法门寺》之"拾镯"一段演者颇熟练，邹功甫之赵廉未见特长，觉云馆主之宋巧姣唱来颇好，杜文林云刘瑾海气太重，其余配角甚差，使全场减色。1点归。

9月3日　星期四
晚在寓约请关雨东、王晓籁、奚若夫妇、努生夫妇、梁老太太母女、赵文璧等客。将散时适大雨，11点雨止始去。午前10点余为云台所约偕同 Chennault（陈纳德少将）、Mac Morland（麦克莫兰上校）、Haynes（海恩斯上校）、孟邻、黄仁霖、某往白鱼口，路坏难行，1 点余始至。庾晋侯之"空谷园"饰置颇好。第二车人到齐已 3 点，午饭后将 5 点，步行至村口上车，7 点始返城内。

9 月 6 日　星期日

下午 3 点至建国兴业社，马光宸讲《发展重工业几个条件》，费子坚讲《现教育之矛盾》。晚饭为缪、卢做东，郁文及彬、彤皆在座，饭后与勉仲往欧洲饭店访张道藩，12 点偕家人返寓。

9 月 7 日　星期一

晚禄（介卿）、李（希尧）约宴陈纳德少将等，中美客共二桌。饭后归途至南屏影院与家人会合，步行返家。

9 月 8 日　星期二

下午至工学院，天夕与勉仲至卢处闲谈，留晚饭。

9 月 9 日　星期三

下午 3 点在寓开联大校务会议，讨论房贴办法甚久。晚常委会未参加，王振芳夫妇饭约在金碧别墅。

9 月 10 日　星期四

下午 3 点在寓开联大教务会议。晚约 Gen. Chennault（陈纳德少将），Col. Haynes（海恩斯上校），Col. Scott（斯科特上校），

Dr. Gentry（金特里博士）皆未来，到者为 Col. Mac Morland（麦克莫兰上校）、Lt-Col. Vaughan（沃恩中校）、Capt. Zust（祖斯特上尉）及金龙荪、陈福田、邓灼新夫妇，彬、彤亦命陪坐。

9月11日　星期五

晚陈福田在冠生园请客，晤 Major Delaney（德莱尼少校）、曾处长、吕处［长］、梅国桢及温德、Drummond（德拉蒙德），饭后至云瑞中学温寓茶话，10 点 45 分别归。

9月12日　星期六

上午马约翰来谈，11 点至 1 点在联大办公处。下午发致陈部长（立夫）函。张定华与徐守瑷结婚未得往。休士来谈（午前自重庆归），提及请 Wright（赖特）来校讲学事。

9月13日　星期日

阴有小雨。午前勉仲来报告，迟到学生登记受甄别试验者有 130 余人，恐有冒滥矣。晚饭后与杉、彦做牌戏。

9月14日　星期一

校中旧生开始注册，晚约美领事白勤士为之饯行，座中尚有 Mr. Well Bone（威尔·博内先生）、Mr. Edmund Clubb（柯乐博先生）（在河内为日军俘虏，上月交换至南非后又返中国）、倪葆春、梅国桢、戴士明夫妇、李增德、陈蕙君及祖彤。

9月15日　星期二

上午吴之椿来谈宋薇就事问题。今明两日为迟到学生举行甄别试验，下午至工学院，在施太太（施嘉炀太太，魏文贞）处茶点。归途访蒋未遇，渠将于明日赴渝，晚卢开瑗来谈在印购物问题。

9月16日　星期三

学生注册问题甚多。晚常委会约杨、李、沈参加，携威士忌一小瓶以飨诸君。下午清华校务会议讨论房贴，似计较太过。

9月17日　星期四

天夕访雷伯伦，商欧阳事。晚应白勤士饭约，颇朴素，座中晤新领事 Ludden（勒登）、税务司 Jolly（乔利）及美军官。

9月18日　星期五

午前与郑（天挺）、查（良钊）、黄（钰生）谈校舍问题，颇觉恼丧，但仍须想办法耳。晚王振芳在金碧别墅饭约，晤 Gordon B. Tweedy（戈登·B. 特威迪），Adviser to China Defence Supplies Inc.（国防物资供应公司顾问），及 Capt. Riis（里斯上尉），美空军管会计者。

9月19日　星期六

上午10时 Dr. John K. Fairbank（费正清博士）及 Dr. Hayden（海登博士）〔Mich，Univ.（密歇根州立大学）〕到校访晤，二君新自美来，为推进中美文化合作事业者。晚未出门，稍觉清闲。

9月20日　星期日

午前薛葆康来。天夕勉仲来谈近来校中人事问题，于百忙之中又添一番心事。晚饭F.、H.二君便饭，并约温德、杜乐文、张奚若、钱端升、金龙荪、陈岱孙、潘光旦、雷伯伦、陈福田，谈叙颇畅。

9月21日　星期一

天未明大雨一阵，早起颇凉。8点校中始业集会，告诸生特注重：一、爱惜公物；二、维持团体秩序；三、劳作之可贵；四、自治自动。

9月22日　星期二

下午工学院未得往。晚宴请美空军军官5人……并约张信孚夫妇、王君、勉仲及郁文、祖彬。

9月23日　星期三

下午3点联大教务会议在西仓坡。晚常委会在文化巷，饭时备酒一瓶，略供赏月。

9月24日　星期四

上午半阴，下午放晴。3点余约同陈（岱孙）、李（继侗）、朱（自清）三君自行开车至高峣小住，先到汤（飞凡）寓稍停，然后往龙王庙，汤君代驾车回，停于防疫处。晚饭与培源夫妇（周培源及夫人王蒂澂）等酒肴过节，惜月上即为云掩，未得玩赏耳。与继侗宿于积翠阁楼上之东间，岱孙、佩弦宿西间，中间则主人及三孩所居也。睡时四周静寂，唯湖边水波拍岸，助人入梦耳。

9月25日　星期五

早8点余起，下楼时则诸人召集楼下布置早餐矣。午后与培源等出外散步，在裕滇纱厂新厂参观，又至石壁塌石处流连颇久。归途已渐黄昏，遇龙主席等乘车自观音山来者，承停车邀同进城，谢之。

9月26日　星期六

早点后10点，佩弦须先返昆明，乃闲步送至苏家村，在萧家稍坐后，邀叔玉同返周家。午饭后，打桥牌约二时。天夕叔玉辞去，晚月色甚好。方出东山时最使人神往。

9月27日　星期日

下午3时许步往高峣，蒂澂送至苏家村他去，在汤家稍坐，然后驾车，车轮气稍缺，水箱亦似少水，途中幸未抛锚，5点半到家。晚约美新领事 Mr. Ludden 及缪、龚、叶、李、周、吴、杨、潘、沈饭聚，饭后与L谈甚久始去。

9月28日　星期一

一年级新生起始注册。晚福田约在冠生园便饭，有L及W二君，饭后与L步归闲谈，渠对中国现状颇有批评，但皆属善意者，而吾等亦自认不无危机也。

9月29日　星期二

下午 2 点始返家，3 点饭毕（炒鸡蛋三个、饼二个）。又有客来，将 4 点始午睡，5 点余起，工院遂未得往。晚徐锡良夫妇在大三元请客，盖为其结婚二周年。

9月30日　星期三

晚常委会，陈序经于数日前自渝归。9 点会散，往访缪云台未遇。

10 月

10月1日　星期四

早9点国民月会,并举行全校学生总点名,余为报告数事应令学生注意者。后请冯芝生讲演,为其将讲之伦理学之序言。下午4点半工院月会,自寓将出门,奚若来谈楼邦彦(硕人),致到会稍迟,报告时特将Liberalism(自由主义)之真义及众人对于自由主义之误解加以说明,亦以纠正外间之错误观念也。晚何儒珍君之约,因住址不清,费半时未寻得,废然而返。

10月2日　星期五

新生选课。晚徐君陶(徐佩璜,字君陶)约在普坪村化工材料厂饭聚,因汽车问题竟未得往,急函道歉。

10月3日　星期六

上午9点召集新生在昆北食堂训话，谆以诚、勤二字勖勉，后请郑（天挺）、李（辑祥）、查（良钊）、毛（鸿）各致辞，新生到者已将400，最后或有500，出吾原估之数矣。

10月4日　星期日

上午未出门，亦未有所做。日来殊甚懒倦，盼数日之后或可稍暇也。下午3点至华山小学公祭沈立孙，后至黄子坚处为其夫妇结婚周年，小孩弥月又一帆生辰，是三重喜事可祝也。晚约赵文璧、程树仁、王右家、梁三小姐、奚若夫妇、光旦等食水饺，饮酒4瓶，多有醉意矣。

10月5日　星期一

杉、彦随一年级新生上课矣。下午2点始由校归，倦极，复有人尾至家言校事，几不可耐。3点饭罢就睡，5点始起，未免怠惰，然不如此恐不能应付后半日种种也。

10月6日　星期二

下午与福田、行敏往Drummond处访Dr. Greene，久待未归，乃先出。晚6点半至才盛巷，今甫与雪屏因近日售书画颇有所获，欲使同人稍享口福耳，菜为五福楼所备，颇有福建味，酒为余携去者，较春间所饮有愧色矣。饭后闲谈甚久，因今甫明日飞渝，适张慰慈亦在座。10点始与树人、雪屏、毅生步行归寓。

10月7日　星期三

上午徐来。又黄、冯偕来。11点半始到联大。晚6点常委会。7点半赴大厂村D.君处晚饭，晤G君及汤夫妇、一Porter君，福田亦在座。饭后久谈，11点余与陈步行入小东门，至华山西路始雇车返寓。

10月10日　星期六

国庆纪念日放假，稍得休息。上午之运动会、下午之党部庆祝会皆未往。4点严燮成来谈。晚于广播中听昆曲数段，为云飞君之《刺虎》，罗莘田之《弹词》，崔芝兰之《游园》，张中和之《扫花》。连日阅《徐霞客游记》滇游数节，深佩此公意志之坚，精力之足，观察之细，向往之余，愧弗能及也。

10月11日　星期日

清早6点即起，8点与彬、彤4人赴篆塘，应二陈（或为陈福田、陈岱孙）君之约，乘船往积翠园野餐。船中有美领馆L及W.二君，林同姊妹等共18人。9点船开，12点到抵。餐品主要者为炮牛肉二大锅，饱食之后继以咖啡。在草地上闲坐与L.谈时事颇久。4点15分登船同行，7点余始返篆塘，步行到家已8点矣。

10月12日　星期一

下午5点休士君来访谈颇久始去。晚饭后因祖彤之请往南屏看"Elizabeth and Essex"（《伊丽莎白和埃塞克斯》），较上次在港所看似颇有短缺处。

10月13日　星期二

联大得美红十字会赠药品一大批,值二三十万元。

10月14日　星期三

晚常委会,正之病后首次出席。

10月15日　星期四

上午严文郁因祖母病故函请辞职。晚卢天瑷来谈及渠在印度之经验颇久。

10月17日　星期六

晚6时至海棠春为禄介卿嫁女贺喜。

10月18日　星期日

天夕往焦山桥拜访陈善初未遇,至金碧餐厅贺何衍璿君嫁女。饭后为罗莘田约往省党部看《妙峰山》之演出,座客不多。剧本为丁西林所编,导演为孙毓棠,惜情节不够紧张,而其对话之细巧处或又非普通观客所能领会耳。

10月20日　星期二

下午2点半后午饭方罢,正拟小睡忽传有预报,下床稍做准备竟鸣笛矣,乃与诸孩至校北山坡观望,至3点45分解除。闻系有10架在蒙自投弹后即逸去。晚何衍珞君夫妇饭约。

10月21日　星期三

阴冷。昨夜有雨,今日仍阴,时有阵雨,颇凉。上午李耀慈来,渠新自陆军大学毕业,现任第五军参谋处长。晚常委会,约樊报告。

10月25日　星期日

阴冷。数日来阴冷,颇有冬意。一日未出门,天夕放晴率工人清除园中乱草,留蓖麻一株,视其能过〔冬〕否。

10月27日　星期二

下午6点至工院,嘉炀新自川游归来,谈数事甚久。7点余至卢开瑗处饭聚,系袁艮初君做东,晤茅唐臣(茅以升,字唐臣),言尚在准备修桥事。11点余归。

10月28日　星期三

晚常委会,6点半开会,无多事,随至新村李润章饭约。晤程稚秋及萧、潘、朱四君,新来昆之黔考察专员及黄维军长等。饭后与李再谈联大与南菁商租校舍经过,希中法方面能取互谅互助之态度,但恐无大希望。与正之、立夫同步月归寓。

10月29日　星期四

晚7点半赴美领馆Ludden君之约,座中有温德、杜瑞满、张奚若、金岳霖及一美军官某君。饭后谈时事甚久,11点余始散。

11 月

11月1日　星期日

昨夜有雨，早仍云阴。9点在新校舍举行联大5周年纪念会，先由余略述过去5年之重要变迁，以及将来应更振作推进之任务，以及请茅唐臣讲演。10点半散会，子坚约与茅至其家饮咖啡，后茅去，仍留午饭。饭后未久，与查、黄同往巡津街建社之谈话会，由茅唐臣讲述"工业标准"，到者20余人。晚饭为王松波约在"太平洋"便饭，饭后又返社中闲谈，有女客三人来，似欲跳舞，未成旋去。11点与查、费步归，甚感疲倦矣。

11月4日　星期三

阴雨。晚7时半赴"厚德福"温德、邵可侣饭约，系为裨德本总领事饯行。座中尚有休士、巴都、廖恩达、法飞行员某（由安南飞来者）及瑞满、张（奚若）、雷（海宗）、金（岳霖）、吴（有训）。

9点半至文化巷开常委会。

11月5日　星期四

阴雨。晚请客：宋希渊夫妇未到，黄培我夫人、罗又伦（第五军参谋长）夫妇、汤飞凡夫妇、张印堂夫妇。

11月6日　星期五

阴雨。晚卢开瑗在健社请客，客有茅唐臣、程桦秋、邓健飞等。饭后吴肖园、李崇年谈及附校在南菁教室问题，约与黄（子坚）、查（良钊）详谈后，二君愿出做调人，但结果殊难言耳。

11月7日　星期六

早10点吴李二君偕李润章来约同至南菁，再约集中法之罗院长、张、徐及黄子坚会商实际解决办法。余因有事先出，但自中法诸君态度看来殊少希望。午前程其保、萧弘毅来联大参观。午间与熊校长及中研院周、吴、张三君合请餐叙，并约张西林（未入席）、陈振之（未到）、郑（天挺）、沈（履）、查（良钊）作陪。

11月8日　星期日

阴，午前稍晴，旋复阴，夜有小雨。中午约茅唐臣、恽荫棠、刘晋钰、姒南笙、金龙章及施、庄、李、苏便饭，借谈工程师学会昆分会事务，散后陈通夫、袁希渊（袁复礼，字希渊）先后来谈。晚毕正宣及潘太太同便饭，饭后闲谈颇久。

11 月 10 日　星期二

阴。午前指示事务组员及尹队长清除校园。下午至工学院，拓东路正在翻修，工程极潦草。

11 月 11 日　星期三

阴。晚于广播中闻德军已又占法南部，此盖以应付美军在北非法属登陆（自3日前）者。报载渝中大教授有"未便接受"美人救济之表示，殊耐寻味。晚9点至缪（云台）处谈数事：一、介绍龙纯文等赴美留学；二、联大米之供给问题，渠颇愿帮忙。嗣又提及战后之联大问题，渠愿设法使之继续为西南一学府，此事固当熟思后再定也。

11 月 12 日　星期四

晴。上午9时开总理诞辰纪念会于昆北食堂，请周枚荪讲演《废除不平等条约之时代的意义》。中午区党部执监会议于文化巷30号，午饭食面，饭后闲谈颇久，章辑五适偕卢、沈来访，又谈多时。下午5点约陈善初及户籍示范委会诸君会谈，到者为陈及王子祜、孟立人、高直青、傅科长（警务处）、陈、李、戴、姚，并留晚饭。9点又在美领馆晤 Mr. Steele（*Chicago Daily News*）(斯蒂尔先生，《芝加哥每日新闻》) 谈约二时。

11 月 13 日　星期五

晴。孟邻昨自渝归，午前在办公室稍谈。晚6点常委会，讨论多关于生活问题，对于中大教授之宣言暂不做表示。中午在西仓坡为裨德本总领事饯行。

11月14日　星期六

晴,午前颇暖。晚李德家与陶子固、汤佩松在李宅请客,座中有邓健飞夫妇、潘大逵、徐茂先夫妇、缪云台。台稍坐先去。饮酒为大曲白兰地及老卤升酒,主、客均有几分醉意,归后勉成和佩弦诗4首,明日尚须细斟酌耳。

11月15日　星期日

晴。早8点余徐君来约至小西门食牛肉,早点不惯多食。中午秦大钧约午饭,在其唐家花园新居,始晤唐筱萁夫人,尚有朱家仁夫妇及弗斋夫妇。下午4点在家茶叙,约倪葆春、程维莘、倪征琮、戴士明夫妇、潘沈两家、徐行敏、二郑及金龙章。

11月16日　星期一

中午在缪家便饭,与萨叔铭、施嘉炀等略谈昆明附近开发水利问题。晤顾,视高君及梁君某。

11月17日　星期二

天夕至巡津街42号稍坐,随至厚德福为李润章约食涮羊肉,座中有徐行敏夫妇、查勉仲及陈女士,盖主人用意所在不难知也。饭后步归,约李、陈、查至寓饮普洱茶,闲话至11点始散。

11月18日　星期三

中午云台约在后新街1号，为裨总领事饯行，而裨已于午前起飞矣。晚6点常委会。

11月19日　星期四

中午约正之、光旦赴缪家与缪、龚谈留美预备班事。

11月20日　星期五

天夕至蒋家稍坐，陶曾谷（蒋梦麟夫人）病。晚与梦麟赴饭约二处，一为工矿调整处章辑五与朱鸿炳，一为邮政储金局蔡竞平与金礼模。

11月21日　星期六

上午9点至民政厅参加户籍示范委员会，盖李前数日方自迤西归来，此会则为陈副主任委员到会指示。晚卢开瑗约饭二座，彬彬亦做客。饭后谈笑至11点，余为云台以汽车送归。萨为郑辅华长子议婚，未置可否。

11月22日　星期日

晚约人在家便饭，食炮牛羊肉，既省钱，且可稍变花样：卢、范宝华夫妇、褚兆熙夫妇、王松波、王倬夫妇、沈浩如、娄光后、喻小姐、葛西泉夫妇、章辑五、邓健飞夫妇、陶子固夫妇、潘大逵、朱轶欧、顾钟琳、费二小姐。

11月24日　星期二

晚在文化巷约潘、吴、陈、罗、杨、李谈云南留美预备班计划。

11月25日　星期三

常委会开会，正之对于预备班未肯担任，为之失望。

11月27日　星期五

晚至巡津街卢处便饭，晤陈修和君，聆其在安南研究安南历史及民族来源问题，似尚有待证明之点。

11月28日　星期六

天夕至北门街70号访正之未遇，与福田、岱孙、岳霖、继侗稍谈。步行至巡津街海关俱乐部，应萨充程高之约，客共4桌。晤一 Col. Niel，现任轰炸队领队者。饭后为 Mr. West（海关检查队队长）约至其寓所小饮，将1点始辞出，与徐锡良君步行至翠湖东路，徐已到家，余再前行，途中颇清寂，未尝无戒心也。

11月29日　星期日

一日未出门。天夕在后园稍整花木，子坚夫妇携其女娃来。

12 月

12月1日　星期二

上午9点国民月会。晚饭后与福田赴美国空军招待所俱乐部参加其开幕典礼。

12月2日　星期三

晚6时半常委会，7时半会毕又赴盐务管理局邓健飞家晚饭，座中有李、徐、陶三夫妇，饮茅台酒颇多，大都半醉矣。

12月3日　星期四

一日不适，似缘伤酒。天气复冷，遂未出门。

12月4日　星期五

下午4点校中同人追悼张荫麟君于北门街宿舍，到约30人，致辞者余及冯（友兰）、雷（海宗）、吴春晗、吴雨僧（有兔死狐悲之语），最后其令弟略述在浙大临终情形。至蒋处稍坐。晚6点王正序、张镜辉、熊之孚（仰光中国银行）请客。8点半又偕卢开瑗往"西凤"餐馆参加南开校友会。

12月5日　星期六
英议会访问团延期于明日来昆，晚卢偕周复君来。

12月6日　星期日
早10点起，龙章来约彬、彤、杉往机场献花，11点乘卢车往机场，久待至2点15分团客始到，献花欢迎毕即出，民众团体及学生列队欢迎者由状元楼排至得胜桥，旗帜红绿满街，漪欤盛矣。散后至卢处午饭，时已3点余矣。晚7点半省府宴会，座客共百余人，食后演说，主席外团员4人各有一套，至11点余始散。

12月7日　星期一
天气又转阴冷，日间时有淋雨。晚赴太和街云南招待所罗市长之宴会，英访问团到3人，A君病矣。

12月8日　星期二
因招待日程临时变更，11点T.、W.二君偕顾（维钧）大使等始来校，遂未得参观校舍。在办公室稍坐即赴露天广场演讲，余为3人略做介绍，后请W君讲演，大要系敷陈英人于3年来努力抗战情形，后经学生要求，顾大使略致数语，学生在场二千数百人，有女生二人、男生一人晕倒，盖体力太差而拥挤亦太甚也。午饭由两校两院设宴于云大教室，共5桌，无演说。下午4点至工学院主持钱乙藜（昌照）之演讲，讲了一时半，详述中国工业发展之问题及资委会10年来事业推进之情况。晚7点党部及商会公宴于省党部礼堂，饭后有国乐及平剧，至10点半散。彬、彤、杉亦被邀参加。

12月9日　星期三
访问团改于明日起行，天气仍阴冷。

12月10日　星期四
中午先至蒋家便饭，饭后与孟邻同往机场送行。2点后始起飞，孰知飞机升起天即放晴，亦太巧矣，随与缪、蒋同车至温泉，应龙主席之约，他客为顾少川、魏艮声、沈昌焕、皮宗敢，在胡蕴山家稍坐，在新旅馆试汤浴甚舒畅。晚饭后散归宿室，又与顾谈颇久，将12点电灯忽熄，暗中摸索上床，未解衣，因铺盖不多恐受寒也。卧床久久始得睡去。

12月11日　星期五
早8点醒时蒋君已起床，遂同出外散步，在河边小铺食豆浆油条。10点余云台来，同在卢家汤池入浴，其水较昨日者更热，不敢久留。早点后偕顾、魏等过河，游曹溪寺及珍珠泉，寺中有元梅及昙花各一株，虽甚老，枝叶仍甚整齐。寺殿建筑约为明万历时物。天气晴朗闲行郊外，颇感舒适。午饭在2点、4点主席招待美军官4人……又吃一次，饮红白酒白兰地香槟颇多，客及陪客均有醉意矣。

8点到城内，又至张西林宅邀钱乙藜同往，系为顾等送行者。9点偕赴机场，将10点客起飞后始散。

12月12日　星期六

上午在联大办公至12点半出，以人力车往光旦乡居午饭，饭后至梨烟村视正之病，约系斑疹伤寒，较可放心。归途已过黄昏，幸有月色，反觉别有逸趣。

12月13日　星期日

一日闲居未出门。

12月14日　星期一

接渝电，教部于23日召集"国防科学技术策进会"，商与施（嘉炀）、饶（毓泰）、曾（昭抡）、任（之恭）、庄（前鼎）同往。晚饭后至缪家晤钱乙藜。

12月15日　星期五

天晴，午前后颇暖。天夕出理发，后至建社晚饭，饭后潘光旦讲演《关于中国人才的几个问题》，座中有罗耀春市长、吴肖园，共十五六人，讲后闲谈至11点。罗车送归。中午在缪家与光旦、泽霖及龙章再谈留美班事。

12月16日　星期三

正午约评议会诸君午饭，饭后会议数事，决暂取消留美自费生奖学金办法，而于明春补行招考公费生，到会为潘、沈、冯、陈、萧、任、陈、王信忠、王明之。晚常委会，决推荐金岳霖应美外部之邀赴美讲学。

12月17日　星期四

郑毅生因病未来校，北大校庆送酒4瓶。晚吴肖园夫妇（章述亭）在大观新村寓馆请客：蒋、缪、卢、王、毛、沈。酒初颇好，三五杯后渐呈浑色，便未多饮，而最后一杯竟有烧酒味甚重，不堪问矣。主人不知饮也。

12月18日　星期五

午前赵鸣岐陪鲁高法院长（师曾、省吾）来访，谈颇久。胡前院长似太渎职矣。下午看毅生病，似为副伤寒。

12月21日　星期一

晚在缪家便饭，与云台、潘、沈、金再谈留美预备班事，决于1月4日开班，缪自为班主任，沈、金为副主任。饭后8点半赴机场，饶、曾、施、庄、任及严已先至，9点半起飞，空中颇平稳，12点在珊瑚坝降落，天色阴黑，无人来接，由庄引至南区马路中工实验所顾毓琼君处，挤住一夜，床铺地摊，布置停妥分头安歇，时已2点矣。

12月22日　星期二

早8点余起床，食汤面、稀饭。10点顾一樵来，偕出觅旅馆，看过三处，卒定侨声旅馆三间，余则住教部宿舍。午饭在……（原缺），由一樵约文藻夫妇、毓璟夫妇、毓瑞及同来7人晤谈。饭后至市民医院见八弟（梅贻琳），知已辞卫生局事，在候交代中。因贝谛在午睡，未往视，返教部小睡。晚6点至聚兴村中研院宿舍应叶企孙饭约，饭后闲谈颇久。9点余返教部，因灯暗桌椅不便遂即就寝。

12月23日　星期三

早9点前未及早餐，至两路口中央图书馆，是为"国防科学技术会"开会之第一日，陈（立夫）部长主席、翁（咏霓）、朱（家骅）各有演说，继之以机关负责者报告，最后余以一校长报告大学中关于养成科学人才之问题。午饭陈部长约在嘉陵宾馆。下午3点再开会，续由机关学校报告，有15人往见委［员］长。晚至嘉庐吴处晤舒舍予，小饮后文藻夫妇约在一小馆便饭，颇清静。饭后久谈，11点返宿舍。

12月24日　星期四

早9点开会，1点午饭，仍在嘉陵宾馆委员长之约。饭后训话约半时，后余被推致答词，只言科学在建国程序中之重要，并请当局多予鼓励。下午3点再开会。晚7点至嘉厂为老舍约，先做小饮，所携绍酒甚好，继以烧饼点心。后往一戏园（在"精神堡垒"附近）听胡继谭（女角）之《青风亭》，金玉英、毛燕秋之《坐楼》，似均无特佳处，但在渝已属不可多得也。10点余散后老舍导行不远，至一电影院后台富君（山药蛋）处食酸菜羊肉汤面，晤一张某，系富连成科班，曾在天津演戏者（文丑、老旦），11点半返寓。

12月25日　星期五

休息未开会。早9点与一樵至范庄，值孔不在，留片贺节；至顾一泉处看机场滑翔机百架献机典礼，因留午饭。下午3点小组开会，起草组织大纲。4点半偕顾、吴、舒往歌乐山，黄昏始到，冰心及梁士纯已久待矣。酒饭快谈，后看竹8圈，至1点始睡。山中云雾颇重，较重庆加冷矣。

12月26日　星期六

早8点起，早点后匆匆就道，时阴雨湿冷，渐感咳嗽。9点在青年团开会。午饭在机械化饭店，饭后至一泉处小坐。下午3点再开会，通过章程，选举理事，至7点半散会。晚饭在一泉处，系毓瑞生辰，唔王晓籁（毓瑞岳丈）及黄太太等。饭后听王、黄、周象贤唱京戏，后又由王领至一厂家楼上，有跳舞者，未久留，至嘉厂寄宿。

12月27日　星期日

11点出，闲步至上清寺卡尔登饭店，应魏明初饭约，唔何海秋。饭后至企孙处闲坐，一樵偕沈宗濂来约同［至］沈处看竹，因企孙在座，进行颇慢，而结果渠竟独胜。晚7点半至胜利饭店王晓籁之约。

12月28日　星期一

早10点饶、严来稍坐，同至求精中学访D. W. Edwards（D. W. 爱德华兹）及袁守和（袁同礼，字守和），在聚兴村午饭。饭后与廷黻闲谈。下午3点至牛角沱资委会开理事会，推陈、翁、朱、周、俞为常务理事。散会后至八弟处晚饭，为余祝寿者。

12月29日　星期二

早9点半王亚权（邵光明夫人）来谈。9点杨继曾司长以车来接，与饶、曾、任等往磁器口参观弹道研究所，留午饭。下午2点归途在李子坝中基会访任叔永，稍坐与竺步行返上清寺，至金城别墅访刘驭万。晚为何墨林、潘光迥、王慎名等约在新村潘家饭聚，晤沈士骅夫妇、陈长桐夫妇、王世圻夫妇及交部一翁君。

12月30日　星期三

天微晴。午前10点余有警报，至教部山洞暂避，因无紧急，率未入洞，在洞外与陈部长久谈，彼颇以联大学生秩序为言。解除已午后12点半。鞠秀熙约在一天津馆食薄饼，饭后至U. C. R.救济会（United China Relief，联合中国救济会）访章元善。至八弟处，因外出未遇。晚在中研院参加年宴，因日来咳嗽未愈，未敢多饮。

12月31日　星期四

午前徐敦璋、李惟远、袁守和来谈。12点赴杭立武饭约，在中央文化协会。晚6点途中遇一樵自青木关归，邀至一泉处年宴，座中顾氏三昆仲及亲戚外有韩××（牙医），颇俗气。复宝弟电，谓将设法去蓉。

1943年（1月1日—12月31日）

西南往事：梅贻琦西南联大时期日记

1月

1月1日　星期五

天晴微有日光。午前与竺（可桢）访陈部长未遇，留片贺年。在企孙处午饭，饭后同出散步，至中美文化协会招待所参观，访王亮畴夫妇稍坐。晚至八弟处饭聚，饭后贝谛颇谈教理。

1月2日　星期六

午前傅任敢、旷璧城、司澂先后来访。接孟邻电促归，乃再电宝弟取消去蓉议。中午邵光明夫妇在胜利饭店约便饭，座中有王炳南夫妇及杨长龄。下午3点清华同学会在广东酒家聚餐会，到约百人，以洪深（字伯骏，又字浅哉）为最老，为诸君报告校事，费时约一时。饭后至嘉厂茶话。

1月3日　星期日

阴有小雨。中午联大同学在广东酒家聚餐4桌，田伯苍、杨西崑均在座，晚司澂等组设全华会计师事务所者约在冠生园餐叙，饭后谈颇久，以业务纯正一语鼓励之。

1月4日　星期一

在聚兴村午饭。下午往求精中学访费正清君久谈，遇 Steele（斯蒂尔）及 Reicher（赖歇尔）。天夕章元善约往南区一馆食水饺，往返天黑路坏，颇以为苦。饭后乘滑竿至嘉庐访顾、吴皆未遇，购花生10余两（10元）步行回部。

1月5日　星期二

午前李国干、王靖轩来谈。中午与守和赴澳使馆 Sir Frederick W. Eggleston（弗雷德里克·W. 艾格斯顿爵士）饭后［约］，同座有 Waller（沃勒）书记，其房舍颇幽静，酒饭亦单简适口。饭后围炉闲谈，觉为在渝最舒快之一日也。下午4点罗北辰约至信托局人寿保险处为其处员讲话半小时，晤李鼎芬及刘廷藩太太，晚饭为罗与杨寿标（润玉）约在中法比瑞同学会餐厅，先后到者有翁咏霓、顾季高、刘公芸、吴崿之及张副局长某，便中得与顾、刘稍谈，清华借款事承允帮忙。饭后至嘉厂，则冰心又来城矣。

1月6日　星期三

早电重大张校长（洪沅），告今日不能赴约。午前在部中见陈（立夫）、吴（俊升）二君，递入呈文二件，一为本年借款150万，一为本年续考送留美公费生，两事经说明后似均可无问题。中午与费正清在望龙门会齐，过江至美使馆 Edmund O. Clubb（柯乐博）处午饭，晤 Philip Sprouse（石博思），亦馆员也。饭后3点至高思大使处拜访，谈颇久，茶点后4点半别出。过江后费有汽车来接，得于5点半至嘉厂，然后与顾、吴三人至百龄餐厅，盖为舒舍予预先布置东道，座中尚有（浦逖生）徐宗涑、富氏父女及餐厅杨老板，饭后余兴颇佳：李栋臣戏法，杨老板《吊金龟》，富贵花大鼓《赞梅》，为老舍新编者，富《哭祖庙》，杨某《状元印》（说书），实旅中不可多得者。11点余散后回部，老舍盛意至可感也。

1月7日　星期四

中午偕一樵、文藻夫妇过南岸，赴薛葆康、屠双及周象贤饭约，饭后至慈云寺见虚云法师，庙中颇热闹，似正举行一种法会者。晚新华牙刷公司梁瑞霖君约饭，饭后一樵偕二吴返重庆。与一泉夫人杨叔艺君、毓瑞等看竹至夜半，遂留宿杨君处。

1月8日　星期五

早10点始起，早点后已届中午，乘滑竿沿南岸往洋灰厂，约半时后到厂中经理徐宗涑家时，二顾、二吴已先至。午饭时酒颇好，在渝所饮以此为最。下午4点返城市，在嘉厂稍停，即赴歌乐山。二吴下车后再前往青木关，中途汽车"抛锚"，至7点始达顾家。饭后与一樵谈诗，乃出近作二首，聊以寄意者，非敢言诗也。

1月9日　星期六

天气仍复阴湿。10点后与一樵出，步至立夫家，晤其尊翁，稍谈后至山上部舍，晤余次长、蒋养春司长、戴应观参事、郑颖孙等。午饭在顾家，有郝太太、郑、徐轼游及五顾，张充和女士后至，盖饭后始得消息者。饭罢某君唱朝阳校歌，后张唱《游园》一大段，佐之以舞，第恐其太累耳。一樵因明早有事，须即入城，乃起行。充和送至车站，有"如有需要可来昆明"云语，惜未得多谈。天夕至歌乐山为吴留住，晤端木恺君。饭后围炉闲谈，至12时许始就寝，窗外风声颇大，因畏冷不觉其趣矣。

1月10日　星期日

早8点醒时阳光入户，颇以为异。午前往访吕著青，并晤其令兄剑秋，为留午饭，食饺子。下午吴家约端木及二吕饮咖啡。4点半搭端木车往沙坪坝，先至重大校长张洪沅家，主人未在，女仆引至刘季陶（法学院长）家，晚饭时洪沅来，并晤德章夫妇及徐敦璋（总务长），饭后久谈，宿张家。

1月11日　星期一

9点余始起，室中已有炭盆，颇感舒适，与洪沅夫妇早餐后步至中央大学，晤童冠贤（教务长）、宁嘉风（总务长）、张汇文等。11点为重大一年级生纪念周会讲话半时许，中午至柑园为张与冯简（重工院长）君之约，座中多为工院教授，似为调解某某意见者。下午3点余至南开，先晤塵涧、乃如，伉（乃如）极消瘦，闻患胃病颇剧。后谒伯苓师，稍稍报告联大事，此老精神尚甚健旺，但其病终恐成患耳。访何淬廉，亦因伤风初起床。晚饭在金刚饭店，清华新旧同学到40余人，为报告校事约用半时。饭后在喻家久坐后宿宿舍。

1月12日　星期二

早8点前起，宿处稍嫌空冷。至喻家早餐，王恩东君以车来，至伯苓师处辞行，因寻手套至张家，洪沅因感冒卧床未起。10点返教部，袁随善来。中午雇洋车至李子坝任家，午饭树人亦至，与叔永夫妇盘桓半日。晚顾、吴在百龄为余称寿（因系阴历十二月初七），实觉惭愧，座中有费正清、董彦堂、奚伦、浦逖生。

1月13日　星期三

上午访康兆民于青年团部未遇，又访杭立武稍谈。11点至英大使馆，薛大使因病未得见，与Teichman（台克满）及Blofeld（布罗菲尔德），Hughes（休士）各做短谈，午饭在八弟处。下午4点吕剑秋、著青昆仲来访，兼送冰心入城。6点清中校董会在中国银行商讨筹款建筑校舍问题，会后聚餐二桌，大半为清华老校友，徐广迟做东。

1月14日　星期四

中午在范庄午饭，座客颇杂（有孙立人、孙越琦）。饭后闲谈，孔（祥熙）有清华以后借款不必提庚款，因新约成立后庚款即已取消矣。晚端木恺在久华源请食火腿面包等，菜颇好。同座为顾、二吴及一张小姐，邻座晤王国华、夏彦儒夫妇、马彦章夫妇、张乔啬及王书林夫人。饭后至国泰看《安魂曲》，[作曲者]英名为"Mozart"（莫扎特），万家宝（曹禺）任主角，张骏祥导演，演来颇好。在后台得见万等化妆情景,亦颇有趣。

1月15日　星期五

中午至英使馆便饭,先与 Robert Payne(白英)稍谈,饭时薛大使与 T.、B. 均在座,饭菜极简单,应系战时规式。以视吾国人之奢靡,殊有愧尔。饭后至八弟处稍坐,至嘉厂视顾、吴等下乡去。晚先赴卡尔登,为吴新炳、沈浩、曹铭先、汤武杰、王祖廉之约。7点余至中美文化协会招待所,系孔会长招待,共五六十人。饭后报告为该所修建捐募情形。

1月16日　星期六

午饭后与企孙久谈:一、清华生物、化学二系须补充生物系,将来宜分三组;二、长沙可设理工分校;三、庚款如断绝,清华应以美金收入维持留美事业,大学应向政府请款;四、特种研究所将来并入各系;五、企孙明秋可返校。天夕韩鸣来谈,送毛布一幅,其诚意甚可感也。晚何孟吾在物资局请客,吕、周、翁与余之外,为渝中纱厂厂主潘世经、舒某等4人,为清中捐款者。散时宾主皆有醉意矣。

1月17日　星期日

8点余往飞来寺9号访孟邻,伊系昨日飞来者。11点遴生来约至戴家巷法比瑞食堂午饭,饭后往某书场观剧,胡继谭之《洪羊洞》,尚属勉强;金毛云《天雨花》则海派太重,使人生厌矣。至遴生宿舍小饮。晚徐国懋饭约,在金城别墅12号,晤翟克恭夫妇、沈熙、麦佐衡、郑南生、徐承熙、刘驭万夫妇、吴华甫夫妇。

1月18日　星期一

午前来客二三起，室中愈坐愈冷。韩鸣、陈嘉、朱元邀至中美招待所午饭。下午访费正清久谈，晤 Dir. Stevens（史蒂文斯主席，洛克菲勒基金会主席），新来中国之组织专家。天夕觉有微烧，行路亦感酸懒，遂回部上床休息，服 Sulpha（磺胺类抗菌药）二三片，未进食物。庄、傅先后来。

1月19日　星期二

早任敢携来牛乳、饼干，各食少许，承其看视，至中午始去。孟邻、一樵、养春来谈。下午3点起床，室中始置炭盆，颇有生气。晚5点半与一樵至广东酒家，为1923级聚餐，周校长亦来。饭后至歌剧学院礼堂清华同乐会，一樵主席，先介绍周、蒋、温与余及孙立人，各致短辞后，由校友演京剧二：王国华、王书林夫人之《坐宫》，夏彦儒、戚长诚夫人（郎女士）及王泊生之《奇双会》，演来皆颇认真。王泊生之小生稍嫌海派耳。

1月20日　星期三

早8点任敢来，同往访张静愚，商为清中借款事。一樵往南温泉入医院割痔。午前至张禹九家访寄梅久谈，后同往土湾裕丰纱厂赴潘世经饭约，伯苓师、吕参军长、孟吾、广迟均在座，饭后搭吕车回城，因上坡困难耽误颇久。晚6点半陈部长在部中请客，7点余再赴朱骝先饭约。饭后与孟邻步行返寓。

1月21日　星期四

中午至中国银行午饭，寄梅与余在客座，余为广迟、宪儒、庸孙、曾华等，皆该行之要角也。黄送余"非卖品"纸烟50包，甚感甚感。晚饭在八弟处，告决于后日返昆矣。

1月22日　星期五

午饭与任敢及袁随善在一湖南馆小食，饭后至聚兴村与廷黻、企孙等话别。回部收拾行李后至八弟处晚饭。

1月23日　星期六

（返回昆明）夜3点余起，唤醒工友，再令往唤轿夫。4点前赴珊瑚坝机场，行李手续办完后又待甚久，至6点起飞，途中颇平稳，唯至9点15分始抵巫家坝机场，将离站卢开瑷偕郁文来接。昆明天气虽属半晴亦颇风冷，到家后遂未出门，自渝带来咳嗽尚须小心将养也。

1月24日　星期日

起颇迟，天色阴冷，室中生小炉火，盖在渝1月，感患咳嗽久久未愈，返昆后盼得早痊可耳。晚赴罗耀春市长饭约，同座为南开同学会干事等。

1月25日　星期一

上午到校视事。因郑总务长痊后未大痊愈，尚未到校，多事未能进行。下午会客数起，未出门。

1月26日　星期二

早10点至校，介绍Prof. Dodds（多兹教授）讲演，题为"Silent Revolution of Education in England"（《英国教育的无声革命》），时在露天颇晴朗，微有风，讲未久余因咳作，只得下台至办公室稍息，讲毕约D.、H.二君及查、陈、黄、杨吸烟闲谈。晚约D.、H.及英总副领事在西仓坡宴会，陪客为文法院教授10余人。

1月27日　星期三

下午3点在西仓坡召集清华教授会，报告在渝接洽事项，无多讨论。晚赴李希尧夫妇饭约，主客为美国各部高级武官，男女客共四五十人，酒肴均甚丰盛，或太费矣。10点余客散后为缪、李邀至戏剧改进社观《琼林宴》，夜半始归。

1月28日　星期四

上午在校，精神仍觉不振。下午4点在西仓坡约D教授与文法院教授谈话，到者十五六人，大家提出问题颇多，而特注重者为思想自由等问题。晚联大常委会。

1月29日　星期五

阴雨颇冷，日间未出门。晚6点余D.、H.二君来邀同往李润章饭约者，不得已偕与同去，往返步行皆冒小雨，幸着皮袍，尚未再受寒耳。

1月30日　星期六

中午约留美考试委员会，商谈今春恢复考试应重行规定各问题。下午3点云南留美预备班举行开幕礼，缪主任报告后，龙主席有训词，然后余与润章被推为来宾演说，茶点后摄影始散。晚8点美军招待所之军官组织舞会，为庆祝罗总统（罗斯福）寿日者，因余夫妇被推为赞助人，乃携三女同去。11点归。

1月31日　星期日

天晴。一日在室中休息未出门。毅生来谈。下午3点再约D教授谈话，到者10余人，此次D提出问题数则欲吾人解答者。散后为雨僧所约至厚德福便饭。

2 月

2月1日　星期一

午前阴雨，下午稍晴。晚，英总领鄂克复请客，D教授之外中、英、美客10余人，青云街因修路益泥泞难行。

2月3日　星期三

晚，常委会因无事遂未举行，夜半有人偷车轮，未遂。

2月4日　星期四

微晴，益冷。为旧历除夕晚，略备牛羊肉食及饺子若干，约集陶、冯、虞、沈诸家子女及同人，无他约者，会食聊以应景耳。夜半1时许入睡，无与守夜者。

2月5日　星期五

下午有客数起拜年者。

2月6日　星期六

午前往温泉，与 Gen. Waters（沃特斯将军），Col. Coverdale（科弗代尔上校）及卢、蒋等同车。下午3点温泉宾馆开幕，龙到场主持，余复被拉作来宾演说，为讲趣话二则，以缓和太严肃之空气。摄影后4点余始进食，则午饭而兼晚饭矣。饭后电影、跳舞，至10点余始归。

2月7日　星期日

阴冷。下午5点与家人步行至农校，为王叔铭教育长茶会之约，因陈纳德少将新得美国奖章，为之祝贺者。7点余承华德斯以其汽车送归。

2月8日　星期一

下午3点徐毓枬与姚谷音女士在办事处结婚，约予证婚，宾朋四五十人，礼成后茶点闲话，颇为欢畅。晚6时吴春晗令妹浦月与宋汝纪结婚，仍由余证婚，喜筵坐客共六七十人，恐须费万元左右，实则可以省也。

2月9日　星期二

午饭为徐行敏夫妇约新村，往返与彤、彦步行，颇有趣。

2月10日 星期三

下午出门访何敬之（应钦）部长于金碧别墅，至则门庭寂静，盖已于前日赴印度矣。便至武成路理发，因畏冷，且时间已晚，只令理发，不刮脸不洗头不加油，出费15元，另给2元，似尚便宜也。5点半在文化巷开常委会，7点聚餐。

2月11日 星期四

晚，徐茂先饭约辞未赴。5点赴隔邻吴春晗之约，系宴其新亲回门者，座中有张鞠斯夫妇、朱元等，与饮10余杯酒，尚好。7点在家请客：Col. Sutherland（萨瑟兰上校），Drummond，Well Bone，Col. Gentry，朱友渔夫人、陈福田、顾钟琳，后又加Col. Borreft（博勒夫特上校）及Jack Young（杰克·扬），彬、彤亦入座，盖前日为S.生辰，借以为祝者。

2月12日 星期五

晚7点赴美领馆卢登与魏尔彬饭约，座客均中国人，张、陆、缪之外有王禹枚、李希尧、孙副局长、周子竞、陈公宪，菜为乐乡出，堂酒亦尚好。9点余别出，又与张、缪至巡津街卢开瑗处，为光后、娴令预祝者，稍留席散，闲话至11点，搭缪车归家。

2月13日 星期六

天气稍晴和，连日阴冷，殊于患咳者有不利也。下午4点约美炮兵团军官10余人茶叙，到者Brig. Gen. Waters，Col. Coverdale，Col. Cole（科尔上校），Maj. Russell（拉塞尔少校）等共12人，陪客为蒋太太、陈福田、陈序经、杨石先夫妇、王赣愚夫妇、施嘉炀夫妇、戴昭然与董绍基，则中国军官担任与美国联络者，茶点尚好，亦未太多，佐以绍酒10斤，似更欢洽也。

2月14日　星期日
天色颇好，一日未出门。晚6点与家人往云南招待所贺娄、喻结婚，余代廛润为娴令主婚，证婚者为缪云台，礼场颇整齐，饭时为西餐，共130余份，又非1.5万元不办矣。饭后家人有往看新房者，余因觉不适，与祖彦乘马祝三车便先归。

2月15日　星期一
校中开始注册。中午赴熊迪之夫妇饭约，熊太太自烹调，颇好。饭后至邵可侣家稍坐。

2月16日　星期二
中午冯柳漪家饭约，为娄、喻贺喜者。冯太太做菜甚适口，惜主人不善饮，备酒稍少耳。下午3点半在西仓坡开联大教务会议。晚又为卢邀至巡津街食烤羊肉。饭后至新房茶话颇久。

2月17日　星期三
晚饭后至靛花巷访莘田、毅生。

2月18日　星期四
天夕在后园种菖莲，将完，适云阴小雨，旋复停止。美军俱乐部有 St. Valentine（圣瓦伦丁节，即情人节）跳舞会，郁文及三女又女生四五人同往，余则留家休息矣。

2月19日　星期五
下午汤佩松来谈，亦久病新愈者。晚请客：罗耀春夫妇、冯柳漪夫妇、黄子坚夫妇、卢开瑗、娄光后新夫妇、祝宋岭，出李希尧所赠陈绍飨之，惜善饮者不多耳。

2月20日　星期六
上午因周先庚来谈约二时，竟未赴校。下午4点伍启元与黄顺美在教堂结婚，不收贺礼。晚6点高等法院鲁师曾院长、朱观检察长在商务酒店请客，稍坐未入席先辞出。7点余注册组同人朱、王、唐等十七八人在西仓坡餐聚，约余夫妇参加，颇欢洽，亦有酒兴不差者，菜为厨役做广东品味，材料丰足，色样稍差，恐主人所费不赀矣。

2月21日　星期日
阴。午前黄杰军长来访。晚饭后光旦自乡来详谈大理鸡足之游。10点余落雨，有雷声甚洪，半时后雷雨俱止。

2月22日　星期一
中夜复落雨颇盛，至早稍停，更冷。下午复落雪一阵，遂未出门。晚至篆塘伍启元家，喜宴二桌，皆联大同人及眷属，唯雨后泥泞，伍家门前一段尤为难走。

2月23日　星期二

上午至校办公。下午毅生来，商定职员改发薪额。晚在舍约黄达云（杰）军长及校中同人潘、沈、黄、罗、蔡、陶、钱、查及王赐与殷达夫妇餐叙，饭后久谈，至11点始散。

2月24日　星期三

早10点半方欲出门，顾一樵偕吴俊升、吴文藻、沈宗濂、顾毓瑞来访，盖赴印飞机因前方有警报在昆停留五六时，借得一谈。郑、查、潘、沈、黄、陈、杨等来晤聚，为煮咖啡、买包子，略作点心。12点半别往机场。小睡后正之来谈半时许，6点往才盛巷蒋太太茶会，中美宾客与11日所约十九相同。7点归家。

2月25日　星期四

上午在办公处，刚如病已五六日，约为斑疹伤寒，恐尚须半月方能痊愈，办公室益感忙迫矣。晚6点在文化巷常委会，正之出席而序经又病矣。夜中为徐行敏题短幅"医术仁术"四字，贺其开业，初次作大字，颇怀疑惧，结果尚不太劣，幸未糟蹋纸耳。

2月26日　星期五

中午1点余由校回家，匆匆午饭毕，葛君已以汽车来接，与郁文同往小住。3点余到乾沟尾运成住所，房舍为新式小洋房，颇舒适，唯地点太低，虽近水边，不能多赏湖山胜景耳。入门即被拉看竹，盖光旦夫妇已于前日来此室中消遣，唯借此趣耳。晚徐……（原缺）君备馔甚丰。晤周君梅夫妇、常宗会夫妇（常与葛为连襟），周近为印度政府所邀,往办一新丝厂,唯渠在昆所经营者如不得相当替人,拂袖竟去,实无以对缪公耳。

2月27日　星期六

早7点余起,因有驾汽船游湖之议,惜天阴有风,为之踌躇。早点后约10时上船,葛君兴致特好,预备食饮亦甚精美,惜驶出草海风波较大,小船摇簸特甚,卒于龙王堂登岸,至周家稍息后,步行至倒石头处游视一周,然后上船午餐,3点顺风开回,未及5点已返沟尾。晚饭为葛家设宴,更好,余所带去之绍酒颇为众人欢迎,惜无善饮者共尽数杯耳。饭后继竹战,1点余始睡。

2月28日　星期日

9点起,天气晴明,尤感舒快。午前应君梅夫妇之约,其住所即在近邻,午饭菜馔亦好,唯酒不佳(香花之类)。饭后看竹,有两桌之多。汪心渠偕……(原缺)来。6点回城寓。晚约伍启元夫妇、徐毓枬夫妇、龚祥瑞夫妇、邵循正、王信忠、奚若夫妇宴聚。伍、徐皆最近之新人也。酒尽七八斤,客多有辞意矣。

3月

3月1日　星期一

上午10点国民月会,请Dr. Joseph Needham(李约瑟博士)讲演,题为《科学在大战中之地位》。中午在西仓坡宴N君及英领事休士,经利彬、张尔玉、崔之兰、吴、杨、李、汤、曾、高、张及将赴英之学生4人袁随善、沈元、张自存……(原缺)共二桌。下午4点余至青年会为孙绍先与马春浦证婚,喜宴在曲园,郁文去较迟,食罢已9点余矣。

3月2日　星期二

晚,地学系孙、冯、袁及地质调查所卢焕云君在西仓坡请客,客有张西林、李宗黄、米西等。

3月3日　星期三

晚Col. Sutherland & Col. Kohloss（萨瑟兰上校和科洛斯上校）在美领馆请客，主客为宋总司令希濂，他客有卢永衡、刘师尚、马祝三、缪云台、张信孚、女客七八人、美军官五六人、巴杜夫妇、朗嘉拉维夫妇。饭后仍为跳舞，陪坐至11点余，搭缪车归家。

3月4日　星期四

八弟处始有确息，老母竟于1月5日长逝矣！年已八旬，可谓高寿，临终似亦无大痛苦。唯五年忧烦，当为致疾之由，倘非兵祸，或能更享遐龄。唯目前战局如此，今后之一二年，其艰苦必更加甚，于今解脱，未始非老人之福，所深憾者，吾兄弟四人皆远在川、滇，未能亲侍左右，易箦之时，逝者亦难瞑目耳，哀哉！十弟（梅贻璠）有登报代讣之提议，吾复谓无须，盖当兹乱离之世，人多救生之不暇，何暇哀死者，故近亲挚友之外，皆不必通知。况处今日之境况，难言礼制，故吾于校事亦不拟请假，唯冀以工作之努力邀吾亲之灵鉴，而以告慰耳。下午5点开联大常委会，会前诸君上楼致唁，有提议会可不开者，吾因有要事待商，仍下楼主持，不敢以吾之戚戚，影响众人问题也。

3月5日　星期五

上午莘斋、佩弦先后来吊唁，10点余仍至校办公。中午有光旦邀宋希濂餐叙之约，以柬谢之。

3月6日　星期六

上午在校办公，诸事益感松弛，办事人之怠忽，为之焦急，然亦无可如何耳。

3月7日　星期日

天气晴朗，午前11点在余住室为先母设灵位，略陈花果，率家人致祭，聊寄哀思，时袁希渊夫妇及李润章来，欲与祭，却之不可，殊愧太简单耳。午饭前孟邻夫妇来，孟系昨日由渝飞回，略谈别去。上午今甫来办公室，谈及其去年9月丁外艰，亦久久始得家报，哀痛之余别无可为。吾等处境正复相同也。

3月11日　星期四

连日晴明加暖，丝绵袍已觉微燥矣。午前云台来慰问，谈一时许始去，彼又言及欲出洋之打算，吾乃谓以今日地方之情形言，倘彼离去，将更无好转之希望，彼因述及目前处境之难，欲暂离去亦正为此，可慨也。下午4点孟邻来，先商谈数事，5点开常委会。

3月12日　星期五

上午陈省身、王信忠先后来谈赴美研究计划。午后贺自昭（贺麟，字自昭）来谈其在渝讲学情形。4点约Mr. Hauser（豪泽先生），*Reader's Digest*（《读者文摘》）访员来舍茶叙，并约序经、正之、岱孙、龙荪、继侗、雨僧与晤谈。晚饭后电灯更昏暗，11点始渐明亮，方得工作，如此更难早睡矣。

3月13日　星期六

晚，龙主席请客，闻为宴陈司令长官辞修（陈诚）者，不得不往，无黑布马褂，改穿深色西装、黑领结，孝服在今日殊不易讲究也。座中并晤黄副长官琪翔，柳秘书长克述。

3月14日　星期日

天气晴和。因章矛尘（廷谦）便饭之约往冈头村小聚，出门已中午，幸得W君小汽车送往，未一刻钟即到矣。饭时有饶树人、吴大酋及路三泰在座，食饮极欢洽。饭后与饶、路、章看竹，因留宿焉。今甫因痔疾出血太多，适于昨日住医院，未得见。

3月15日　星期一

早8点起，矛尘留早点后，9点半步回，由莲花池沿铁道入联大校舍后门，只须一时一刻，亦谓快矣。孟邻来校商请陈辞修茶会客单。午后1点返家，天热益觉疲倦。晚杜光亭总司令在其翠湖防守司令部宴请美军官10余人，约往作陪，是亦不好辞却者。9点余萨上校以车送余归，而萨儿醉矣。

3月16日　星期二

晚蒋家约Gen. Stilwell（史迪威将军），Gen. Chennault及陈、黄二长官，杜、关二总司令，Maj. Enslow（恩斯洛少校）及缪与余作陪。客散后云台挽余与孟邻久谈，对于目前地方状况，为数小人从中播弄，几致坏事，殊深惋惜。12点归。

3月17日　星期五

下午5点清华评议会通过李、陈、吴三教授休假研究（照国内待遇）；又教员7人于下年休假赴美研究，亦给以国内休假待遇。饭时与诸君提起联合解决生计问题意思，同人颇表同意。饭后又与校务会议诸君详谈，决先研究各部分可能生产事业，再定办法。

3月18日　星期四

下午5点联大常委会在文化巷。7点半与蒋及郁文步至农校赴Gen. Waters饭约，座客30余人，饭后演电影片"*Mrs. Miniver*"（《忠勇之家》），1点余始归。

3月19日　星期五

中午黄、杨、陈三君在南开办事处请便饭，为黄、杨二位太太下厨自做，颇精美。3点赴商务酒店宋希濂茶会之约，到者30余人，皆联大、云大同人，晤尹萍宇君，前在Johns Hopkins（约翰·霍普金斯大学）留学，现任陈部参谋。5点在才盛巷与蒋约茶会，欢迎陈长官，中外军政各界到者七八十人，情况甚盛，二女人外只约施太太帮同招待，7点与饶树人、章矛尘至崇仁街（13号）路三泰处便饭，有龚仲钧及张……（原缺）工院旧生三人在座，饮酒谈话颇欢洽自由。别时某生送美烟10包，不得不受，然受之殊不安耳。

3月20日　星期六

中午约集吴、李、沈、高、戴、汤、沈便饭，借谈生产合作问题，此事渐可具体化矣，下午4点半赴王振芳在金碧别墅茶会之约，为招待美籍军官者。饭后7点赴云南留美预备班游艺会稍坐，9点往南屏影戏院为龙主席之约，演映 Chaplin—"*Great Dictator*"（卓别林《大独裁者》）。此人心思极灵敏。

3月21日　星期六

中午陈诚、黄琪翔二司令在温泉宴请当地官绅及两校同人共数十人，偕郁文及三女同往。谈聚颇欢畅，天夕始归。

3月26日　星期五

（去重庆）午饭后赴机场，1点45分起飞。

6月

6月10日 星期四

（回昆明）4点起，天尚未明，由中研院以滑竿赴机场，7点始起飞，10点到昆明。抵家后查、郑来谈。下午缪云台约至沈铭盘处，谈招待美军官事。归途至富滇银行稍坐返寓。

6月11日 星期五

中午约联大常委会，谈述渝行经历，并决定对于外界补助同人生活者本校应取之态度。

6月12日 星期六

上午到校办公。

6月14日　星期一

晚7点缪云台以国民外交协会昆明分会会长（名义）在云南纺织厂招待外宾晚餐及跳舞会，1点始归。

6月16日　星期三

下午4点约校中10余人与刘健群茶叙。晚8点中英文化协会在英语专科学校请 Prof. Dodds 讲演。在小院中凉月之下，颇有意趣。

6月17日　星期四

下午3点教务会议商定关于招考事项。晚6点常委会在西仓坡，近得一广西厨师，菜尚可口，但每桌便饭亦须八九百元。

6月18日　星期五

下午6点在昆北教室请 D. 教授做末次讲演，7点半在西仓坡为 D. 君饯行，渠于明早赴印返英矣。

6月19日　星期六

中午在缪家午饭。3点余至军政部办事处为刘健群之约，到者校中10余人，谈罢便餐。当晚尚有章辑五、毛毅可饭约，因系商办铁工厂事，特辞谢。

6月20日　星期日

中午赴冈头村杨、饶、吴、章饭约，座中有查夫妇、陈省身、霍秉权，饭后看竹，遂留宿。

6月21日　星期一
阴雨未归。

6月22日　星期二
早点后步行赴联大，途中天开日出，颇热。下午约清华服务社委员会诸君商谈进行计划。

6月25日　星期五
战地服务团训练班杨帝泽及樊逵羽约西餐。

6月26日　星期六
下午4时许，张克忠以车接往化工材料厂，晚饭后为该厂同人讲话半时许，为葛运成夫妇接往住宿。

6月27日　星期日
午前偕葛夫妇至高峣汤家，留午饭，饭后葛去。下午往萧叔玉、黄子衡处各稍坐，晚留住汤家。

6月28日　星期一
中午黄子衡约便饭，饭后与徐、秦二太太等看竹。晚饭后适大雨方停，提灯步行返汤处。

6月29日　星期二

因天阴时雨，仍留住汤处。

6月30日　星期三

早8点搭飞凡车返城内，到校办公。

7月

7月7日　星期三

下午在省党部开"七七纪念会",讲演者为杜光亭与余二人,杜讲时适大风雨,会场落雨颇乱。

7月8日　星期四

晚6时徐行敏在曲园请客,系与天生药房主人某君合请,遇庾晋侯,饭后至大光明看电影。

7月9日　星期五

晚万国宾君在薛家巷24号请客,同座多非熟识(卢君之外)。酒初饮颇好,数杯之后便不同矣。

7月15日　星期四

晚关麟征与潘佑强请客，因常委会会议未完，遂未往，请蒋代致谢意。

7月18日　星期日

中午与卢开瑗、张大煜为缪云台饯行，在西仓坡二桌，缪夫妇之外，请者为龚仲钧、张西林、萨少铭、万国宾、潘光旦、查勉仲、施嘉炀数夫妇及庚晋侯、袁希渊。

7月23日　星期五

四行经理黄秀峰、王振芳、吴任沧、蒋震扬在止园请茶会。

7月24日　星期六

中午请英国驻华新闻处主任 Lain Lang（兰朗）及 Martin（马丁）在舍午饭，约校中数人作陪。

7月26日　星期一

天夕赴海棠溪为华秀升嫁女贺喜，后又赴谢明山饭约，系宴张洪沅。

7月30日　星期五

Gen. Waters 在乾海子炮兵训练所请晚饭，参观新舍。饭后，有跳舞，稍看先归。

8月

8月2日　星期一

金、沈二君在留美预备班为缪君饯行请客，30余人，饭后有演说。

8月3日　星期二

与蒋在西仓坡约茶会，为 Prof. Dodds 送行。

8月8日　星期日

晚，刘志寰在商务酒店请客。

8月11日　星期三

晚周绍溱在云南合作金库请客，二桌，饮升酒数杯后又赴 Drummond 饭约，晤 Mr. & Mrs. R. S. Parker（帕克夫妇），未多饮，已觉微醉矣。

8月15日　星期日
陈诚、黄琪翔两司令在温泉宴白健生（崇禧）副总长。

8月16日　星期一
晚毕国桢夫妇在厚德福请客，系毕太太生辰，客有二桌，但多素不相识者。

8月17日　星期二
在寓约白、陈及校中同人八九人便饭谈话。

8月21日　星期六
晚在 D. 处便饭，与 P. 夫妇再晤，同座有汤夫妇。是晚先赴龚在连云巷 1 号之约。

8月23日　星期一
下午约白健生部长在西仓坡茶叙，兼与同人晤谈。晚，白部长在军政部办事处约军政长官宴聚。

8月24日　星期二
晚约美红十字会 Mr. & Mrs. Parker、Mr. Scofield（斯科菲尔德先生）、Mr. Drummond、汤飞凡夫妇、张友铭、潘光旦及祖彬便饭。

8月25日　星期三

晚约 Gen. Waters、Sgt. Waters（沃特斯中士）、Col. Cole、Mr. Ludden、蒋孟邻夫妇、陈嘉夫妇、赵诏熊夫妇便饭，席散觉有醉意，未及送客上楼竟睡。徐述先昆仲晚饭之约谢未往。

8月27日　星期五

中午陈辞修约在官舍便饭，同座有蒋、虞、王诸君。

8月28日　星期六

黄子衡夫妇在杨家村饭约因雨未往。

晚，步兵训练学校美军官在美领馆约便饭跳舞。

8月29日　星期日

晚庄前鼎在寓约 Prof. Brown（布朗教授）（Aero Eng., Notre Dame Univ., 即诺特丹大学航空工程专业）便饭。

中午偕杜君及 P. 夫妇至梨烟村访光旦家，便饭。

8月30日　星期一

中午至工学院施家便饭，B 教授之外有工院同人数人，饭后请 B 君为工程师学会讲航工在美国之发展情形。

9 月

9月5日　星期日

王松波、张大煜在新村27号约饭,同座皆校中同人。

9月8日　星期三

张西林夫妇饭约,同座有晏玉琮夫妇及毛邦伟夫妇等。

9月9日　星期四

体育节省党部有集会,邀余讲演,勉述体育于养成国民群德之重要,但自觉无大意趣。

晚唐庆永(上海银行)在商务酒店饭约。

9月11日　星期六

下午3时缪云台夫人约留美预备班同人茶叙。5时陈席山嫁女,与张书年于云南招待所，光旦代任证婚。

9月16日　星期四
晚在寓请客，食牛肉。刘寿民（崇鋐）、罗莘田、叶企孙、伍启元、徐毓枬、陈序经、通夫、岱孙及 Drummond, W. Holland（霍兰）, Lt. Bornatt（博尔纳中尉）, Schoyer（斯科耶尔）, Hughes。

9月19日　星期日
晚请客便饭：卢开瑗、刘瑷子、张奚若夫妇、罗努生、潘光旦、王松坡、张慰慈。

9月23日　星期四
罗耀春市长在寓请客，座中多体育界人。

9月24日　星期五
晚在寓请客：卢总司令、陆、李、龚、杨四厅长及张西林，系为清华服务社请帮忙，陪客为金、沈、施等。

9月25日　星期六
龚仲钧夫妇请客。

9月28日　星期一
晚在寓请客便饭，系为约集中美关系人商谈为美军官兵讲演事。

9月30日　星期四

晚陈辞修在金碧别墅请客，因常委会有要件待商，未往，托孟邻代谢。

10 月

10 月 2 日　星期六

中午因 Robert Payne 君新到，为约吴雨僧、张奚若夫妇等便饭晤谈。

10 月 3 日　星期日

晚黄仁霖在巡津街团部请客，系为训练班事，菜颇好，惜无酒耳。

10 月 4 日　星期一

晚袁丕佑、王占祺、罗佩荣请客，为宴英国女议员艾伦华德女士。因家中约宴美军官八九人，辞未往。

10月5日　星期二

下午华德女士来校参观，4点在寓备茶点请与同人10余人晤谈。晚省党部宴聚，亦为招待华者。

10月6日　星期三

英领馆 Mr. A. G. N. Ogden（奥格登先生）于4时至6时约茶叙，晤 W. 女士。

10月7日　星期四

刘广济与沈昌焕在金碧别墅约饭，亦为欢迎 W. 女士者。因在寓开联大校务会议，辞未往。

10月9日　星期六

云南各界慰劳中美空军大会于晚7时在省党部举行，饭时众推余以英语致辞。

10月10日　星期日

双十节上午有青年团检阅及体育会，皆未往。

10月12日　星期二

晚卢开瑗在巡津街42号请客，客多为美军官。

10月14日　星期三

在寓请客，为当地新到鲁院长、会计长诸君。

10月17日　星期六

南开校友会为母校39纪念在愉园开会聚餐、游艺，惜学生来者太多，饭食几无以飨客。饭后节目，余以老校友略述南开初办情形。

10月21日　星期四

晚为清华服务社请S. O. S.（世界救援组织）Col. Jordan（乔丹上校）诸君食牛肉便饭，彼等似甚快意。

10月25日　星期一

晚刘太太淑清在其大厂村2号住宅请美军官六七人餐叙，约为陪坐。

10月27日　星期三

下午3时学生生活指导委员会开会，审查公费及贷金给予事宜。5时常委会。

10月30日　星期二

陈序经在巡津街24号请客，其寓主为吴文肥，安南人，现任职于税关者。

10月31日　星期三

周君梅、延鼎夫妇约1918级在乾沟尾蚕丝公司午饭，并以船来接，乃破一日工夫参加快聚，周夫妇新自印度归来者。

11月

11月2日　星期二

晚龙主席在其威远街官舍约饭，系宴林团长。

11月3日　星期三

晚常委会后赴冠生园 Mr. James C. Burke（詹姆士·C. 伯克先生）饭约，晤新自美国来之 Prof. Linebarger（莱恩巴格教授），Mr. Sloone（斯隆先生），Mr. Winfield（温菲尔德先生）。

11月6日　星期六

午前S君等来联大参观，午饭约 B.、L.、S.、W. 诸君及校中同人数位便饭。下午5时王振芳在金碧别墅招待盟军茶会。

11月12日　星期五

清华第五级餐聚于巡津街卢处。

11月16日　星期二

晚英领馆鄂克登请客，稍坐。弗斋夫妇亦请客，未得往。在寓请倪葆春、应元岳（苏医生）、张孝骞、刘绍光夫妇（倪征琮）、王守竞、汤飞凡夫妇（未到），亦以为钱端升谢医也。

11月17日　星期三

中午邓健飞在盐管局约旧清华校友与孙立人晤聚。

11月18日　星期四

晚，扫荡报李诚毅约在东来顺吃羊肉锅，有正之夫妇在座。闻访英团诸君过昆赴印。

11月20日　星期六

中午约卫立煌及黄琪翔夫妇、马晋三、萧君、光旦、杨武之、张印堂、陈惠君女士午饭。晚陈、卫两长官在军政部办事处请客，食炮牛肉，究不知外客欣赏如何耳。

12 月

12 月 16 日　星期四
晚 6 点黄仁霖为训练班之约。祖彦已入班 1 月矣。
7 点余再至金碧王振芳夫妇饭约。

12 月 19 日　星期日
晚同盟联欢社开幕于愉园南楼。

12 月 20 日　星期一
美国十四空军五一驱逐机队餐会。

12 月 23 日　星期四
晚陈、萧、周、钱、杨、张、陈、王在寓请客。

12月24日　星期五

晚刘牧群与晏玉琮在兴文银行请客，未得往。7点余赴美领馆Ringwalt（林沃尔特）及Drummond餐会。

12月25日　星期六

中午，联大区党部及青年团分团部在寓聚餐。晚杜光亭、邱雨盦（清泉）两夫妇在新村马公馆请客，饭后适有地方龙灯、高跷等游艺来。

12月26日　星期日

晚约Major Wright（赖特少校），Capt. Kruger（克鲁格上校），Lt. Wright（赖特中尉）等数人及庄前鼎、吴正之、李筱韩、宁榥诸夫妇食牛〔肉〕，W.中尉似因着冷不适，为之憾惜。

12月27日　星期一

晚Captain Albert W. Bloom（艾伯特·W.布卢姆上校）约与郁文、祖彤在第一招待所便饭，饭后看电影。

12月28日　星期二

晚吴雨僧约在厚德福便饭，系请Renwyck教授[1]。

---

[1] 疑为Van Wyck教授（范怀克教授）。

12月29日　星期三

此日为余五四初度，中午开清华评议会，晚，联大校务会议在附中开会，会后返寓与袁、毕诸人小酌，非敢言寿也。

12月30日　星期四

晚英领馆B.、H.、B.三君请客。李崇年处稍坐。下午4时清华服务社开会。

12月31日　星期五

中午土木系同学阎君等在乐乡饭聚。夕与光旦夫妇赴葛家小住。

1944年（1月1日—9月22日）

1月

1月1日　星期六

下午返城,晚赴省党部宴聚,为慰劳中美英陆空军者。

1月2日　星期日

晚张西林夫妇请客。

1月3日　星期一

早10点偕郁文及泽霖夫妇出发往泸州。

2 月

2月18日　星期四

晚7点由东站到家,留泽霖夫妇便饭。

2月19日　星期五

上午勉仲、石先、毅生诸君来。夕,祖彦来家。

2月21日　星期日

到校办公。石先负责教务,可稍清闲矣(中午李德家饭约)。

2月22日　星期一

晚 Gen. Dorn(多恩准将)请客,饭后看电影。

2月23日　星期二

下午5时常委会，因事多散较迟。萨少铭及夫人（商娀生）饭约，未得往。

2月24日　星期三

晚周翻蘋（新闻检查处）、陈叔同（中央社）、施邦藩夫妇在马晋三公馆请客，为刘教育长饯行。座中美军官八九人，饭后跳舞。

2月27日　星期六

下午4时与孟邻在寓招待美国军官茶叙。晚徐述先昆仲在铁局巷茂先宅约饭，有胡筱石等。

3 月

3月1日　星期二

下午5时联大校务会议，会后便饭。

3月2日　星期三

晚在寓请客：金龙章夫妇、卢开瑗夫妇、刘淑清夫人、缪太太、庾晋侯夫妇（未到）、张慰慈、王松波、沈茀斋夫妇。

3月5日　星期六

上午9点译员训练班开学典礼，联大四年级男生征调入班者约300人。闻孔（祥熙）院长一行今午到昆。

下午顾一樵、冀朝鼎来谈，皆随孔到昆者。

3月7日　星期二

下午5时与孟邻至金碧别墅拜访孔院长，借谈救济同人生活办法。

晚7点省政府宴聚，孔之外宋部长昆仲三人（指宋子文、宋蔼龄、宋美龄）皆在客位。

3月9日　星期四

晚张西林请客（下午4时借军政部办事处，由联大教授会招待孔院长、龙主席茶会，会间有讲话，情形颇欢畅）。

3月10日　星期五

美十四空军成立一周年纪念，在航校大礼堂宴会。

3月11日　星期六

上午9点半请孔院长为两校学生训话，在云大至公堂，来听者甚多。堂小拥挤，秩序稍乱，幸不久即平静，此场得圆满结束，非初料所及也。下午Ringwalt来访。

3月12日　星期日

晚先至才盛巷为蒋夫妇请华德士将军等。7点余再与孟邻至海源寺灵源别墅，龙主席请食全羊席，借与孔、宋二君再晤谈。

3月13日　星期一

午饭杨武之约在文化巷27号，晤王炳章君。下午4点孔院长请茶会。晚金龙章请客，皆为清华校友，欢宴顾、冀二君。

3月14日　星期二
下午3点半校务会议临时会，商讨请孔救济问题。

3月15日　星期三
下午3点在寓开学生生活指导委员会，审定本学期公费及贷金学生名单。晚5点常委会。

3月16日　星期四
晚张大煜在工业协会请客。下午4点孔约10余人谈经济问题，以后周、杨、郑往见。

3月17日　星期五
早一樵来接往大河埂访光旦家，稍坐游筇竹寺，观罗汉像，不若初次之感觉兴味矣。正午回金碧别墅，始知渝来一行即将飞返，乃同至机场，待至2时，孔、宋及二夫人始至，旋即上机飞去矣。晚迟镜海、陈长济、朱宝镇、陈钟儒、刘天宏在中国银行请吃饭，为萧叔玉饯行；稍坐又至Robert Drummond处便饭，晤其令弟，为新自美到此之空军中尉。

3月18日　星期六
晚卫立煌司令长官在兴文大楼请客，百余人，多为中美军官。散后约卫至家稍坐。

3月19日　星期日
晚卢开瑗夫妇请客，钱端升、李复初之约未得往。

3月20日　星期一
中午苏国桢在恒通酒精厂约饭，下午3时参加校阅典礼，为邀向军官讲话，晚卢永衡在寓请客，座中有 Maj. Gen. Chennault, Brig. Gen. Glenn（格伦准将），Brig. Gen. Wessels（韦塞尔斯准将），Brig. Gen. Dorn（多恩准将）。

3月21日　星期二
上午9点余偕卫、邵、卢、蒋、梁诸君至炮兵训练班参观，留午饭。晚赵世昌夫妇在寓府甬道寓所请客。

3月22日　星期三
下午5时常委会。

3月23日　星期四
晚北门街71号同人在寓约饭，为请唐筱蓂夫妇兼约余等及潘、庄诸家，余又为代约赵辰伯参加。

中午应庚晋侯之约在五家堆午饭。

3月24日　星期五
下午5时龙主席约在其临江里新馆茶叙。

3月27日 星期一

（赴重庆）一日忙于布置校事及收拾行李，下午7点赴机场，9点起飞，为一运输机，尚不甚坏。

4 月

4 月 23 日　星期六

（回昆明）由渝飞回，5 点始到，下机顿觉清新。毕、赵二君及祖彦来接，因昨晚未睡好，晚饭后 9 点余彦去后即睡矣。

4 月 24 日　星期一

上午未赴校办公。中午马家约饭，系为佩伦新夫妇回门。

4 月 25 日　星期二

晚蒋、王在金碧别墅请饭，晤 Col. Milner（米尔纳上校）。

4 月 26 日　星期三

下午 5 时常委会。

4月27日　星期四

下午4时出至张西林处（其夫人于旬日前逝世）吊慰，未遇，5点赴巡津街52号中美文化协会昆明分会筹备会。6点半赴冠生园吴、樊、戴、鲍四君饭约，有戴昭然在座，饭后同至泽霖新居稍坐，晤 Maj. Makepeace & Mr. Barton（梅克皮斯少校和巴尔敦先生）。

4月28日　星期五

上午10时译员训练班第二期结业典礼，晤 Col. Spengler（斯彭格勒上校）。中午在寓约李润章夫妇、严慕光夫妇、吴化予夫妇、熊迪之、吴正之夫妇便饭，饭后审查医药补助申请者。晚在才盛巷约各厅厅长及粮政局长饭叙，系由陈葆泰发起，客到者甚少，酒食一顿竟无结果耳。

4月29日　星期六

中午清华校务会议，会后便饭。晚杨石先饭约。

4月30日　星期日

中午清华校友会，假云南纺纱厂开聚餐会，到者竟有500余人，共60余桌（每8人），情况甚热闹，当此时期，稍嫌铺张耳。饮酒尚不太多，散后至程树仁（杏邨）寓稍坐。下午4时"盟军之友社"开幕，社址亦在巡津街52号。

5月

5月2日　星期二

晚刘振寰（中苏文化协会会长）、阿哥爱夫（苏驻华商务代表）在商务酒店请客，客10余人，为阿任翻译者为×某，极讨厌，而竟为联大教员，将来必应纠正也。

5月3日　星期三

下午5时联大校务会议。

5月4日　星期四

早8点举行本月月会，兼以纪念"五四"之25周年，因昨夜有雨，天色仍阴，乃改在图书馆开会，请周枚荪讲演。会后举行运动会，停课一日。晚李润章夫妇饭约。

5月5日　星期五

中午约沈宗瀚及农研所诸君、叶、沈在寓便饭。下午3点往新村网球场看马启伟、凌志扬、马、梁决赛及美人撑竿跳表演。后至庾晋侯家便饭。

5月8日　星期一

晚为服务社约 S.O.S. Col. Jordan 等10人，及滇越路局萨少铭夫妇等五六人，程树仁夫妇，卢开瑗夫妇便饭，饮酒20余斤，客多有醉者，客散余亦即睡矣。

5月9日　星期二

下午4点至工院，适嘉炀自大理归来。5点余赴粮政局段克昌饭约，席将半先辞归。7点在寓约今甫、序经、莘田、毅生、光旦、佩弦、枚荪、奚若夫妇小酌，以利用昨晚剩菜一桌，借为杨、陈二君饯行。

5月10日　星期三

下午5点常委会。

5月13日　星期六

晚张大煜在苗天宝公馆请客。

5月14日　星期六

下午3点附中校舍修建落成典礼，来客20余人，仪式简单，来客有李子厚、杜光亭致辞，会后尚摄影，恐太费矣。晚王倬夫妇饭约（石桥铺同春里6号），有龚、庾、卢、毛诸人。

5月15日　星期一
晚陶愉生新自文山归来，将转滇西者，约来便饭一谈。

5月16日　星期二
下午暴雨颇大，工院未得往。晚赴英领馆饭约。

5月17日　星期三
下午3点三校院系主任讨论招考研究生问题，5时常委会。

5月18日　星期四
中午印度哲学家 Dr. Sir S. Radhakrishnan, Vice-Chancellor, Benares Hindu University（拉达克里希南博士，贝拿勒斯印度教大学副校长）由渝来昆，为设榻于文化巷南开办事处，下午3点来寓稍谈。晚赴王力夫妇饭约于粤秀中学，饮桂圆酒颇好，刘振寰君与周、钱、张大谈时事。

5月19日　星期五
午饭宴 R. 君于南开办事处，备素席，无酒。下午3点在昆北教室讲演，题为 "*Is Science Enough？*"（《有"科学"就够了吗？》）。4点半在寓茶会，校中同人10余人外，兼约张纯鸥次长、李、熊、英领馆毕、贺二君、休士等。晚赴军分校唐建侯、王炳章、张禄饭约于思沐园。

5月20日　星期六

天夕种花二小时，久不为此，别感闲趣。晚饭后适大雨，尤觉欣快。昨今两日战事消息颇好，洛阳未失，平汉路上已收复三四县，而密支那机场已为盟军占领，密城旦夕可下。怒江西岸亦日有进展，两方相距仅80里，雨季前或能打通乎？

5月21日　星期日

天阴未雨。下午开瑗偕四美空军小军官来坐，谈时许，后陪同至黄子坚处及唐家花园小游。7点至第一招待所与逵羽、光旦会晤Col. Thomson（汤姆森上校），Maj. Packer（帕克少校）便饭，借谈由联大教授协助美军官兵通讯研读办法。

5月22日　星期一

阴雨。晚龚仲钧饭约，晤李一平，谈及省参会"尊师重道"表示及办法。

5月23日　星期二

下午至工学院。晚饭为刘振寰之约，在新村26号某医师家，有召亭、端升、枚荪、奚若、了一及褚慧老同座。

5月24日　星期三

中午清华校务会议。下午4时与郁文及光旦夫妇同往乾龙沟尾葛家小住，运成夫妇盛意至可感也。

5月27日　星期六

下午返城，4点赴民政厅讲演之约，为略讲科学在中国发达之历史及今日科学精神之亟应提倡。晚9时仍回葛家。25日晚范秉哲夫妇之约；26日马崇六、左叔平之约均谢未赴。

5月28日　星期日

阴，午后小雨。中午葛君约一坦克队 Lt. Col. Andrews（安德鲁中校）便饭。

5月29日　星期一

天晴。早8点半同潘、葛二家回城。祖彬昨早由渝飞来。晚约杨耿光（杰）便饭，兼约努生、奚若、枚荪、端升、毅生、伯伦、之椿、光旦、岱孙及陈勋仲、朱健飞会谈，谈后使人对于国内战局益觉无把握耳。

5月30日　星期二

上午11时在留美预备班讲演，仍取中国科学为题。午饭在弗斋处，有仲钧、光旦、勉仲同座。饭后与龚至黑土洼公祭美空军阵亡将士墓。4点至工学院，5点看正之病，6点返寓。晚饭后移植花木数株。

5月31日　星期三

下午5点常委会。

6月

6月1日　星期四
早晚有阵雨。晚饭后邵光明来。

6月2日　星期五
中午陈保泰在工业协会请客,有褚慧老、何衍璿、经利彬、王振芳及纺织厂三四位,菜颇佳,酒甚烈,席后何大呕吐,主人亦醉矣。归家小睡,晚为彬彬约小友十数人在家便饭。晚饭后邵再来商致檀岛电。

6月3日　星期六
晴闷热,午前祖彬飞往印度。晚袁蔼耕饭约,座中有龚、马、萧、何、赵诸君,似皆能饮者,粳米烧酒颇适口,饭后闲谈,11点始归。

6月4日　星期日

昨夜有雨，早雨止，浮云尚多，盖已入雨季矣。午后与郁文、祖彤往看盟军运动会，后至施、李、陶、王诸家稍坐。晚在牟作云[处]便饭，约翰酒兴颇好，惜酒不甚佳，未与多饮，亦恐其不胜多量也。

6月5日　星期一

夜雨早晴。10点月会，请恽荫棠讲演。天夕刘天宏来谈由信托局借款建造住宅事。晚希渊与苏良赫来。

6月6日　星期二

早始得英美在欧西登陆消息，而长沙战事却更紧张，则远胜难解近忧耳。下午未出门。

6月7日　星期三

下午5点联大校务会议，饭后闲谈，涉及时局问题颇有争论：有谓政府之不当应自由批评，庶有改革可望（张、周）；有谓目前空气不靖，且有倡国防政府之议者，吾辈言论宜多小心，勿为政客所利用（吴、梅）。实则并无衡突，只是激烈者与慎重者之别耳。

6月8日　星期四

中午清华聘委会，饭后5点始散。李一平偕勉仲来访。

6月9日　星期五

连日天阴，常有阵雨，花木滋长颇快，年成应是好兆也。

6月10日　星期六

晚美空年运输队 Gen. Hood（胡德上将）及其他军官约晚饭、跳舞，郁文及祖彤同往，未久留即归，似不甚感兴趣也。

6月12日　星期一

晚吴肖园在大观新村3号寓所约饭。

6月14日　星期三

下午5点常委会。晚与郁文、祖彤赴 5308th Air Service Command（第5308空军勤务司令部）饭约。

6月16日　星期五

中午约留美考试委员会潘、吴、施、李润章、吴化予、经利彬、张景钺及沈、冯、陈、叶便饭，饭后开会审核成绩，录取22名。晚美领馆请客 Langdon（兰登），Rutherford（拉瑟福德）主人之外有 Mr. & Mrs. Parker（帕克夫妇），Col. Williams（威廉斯上校），Groffsmith（格罗夫史密斯），Hayes（海斯）及荷领事。

6月17日　星期六

校中同人30余人欲做银婚之祝，婉谢。

6月19日　星期一

晚刘、杜、晏、马四夫妇在马家饭约，与祖彤往赴，在彼晤美军部 U. S. Armed Forces Institute（美国武装部队研究所）副主任 Col. Hewitt（休伊特上校）谈颇久。中午赴大普吉任君等约 Prof. MacMillan（麦克米兰教授）参观，陪同午饭，饭后 M. 君讲演关于高压线 Corana（电晕）于无线电之影响，4点余归。晚饭后视毅生病，并与莘田谈一时许。

6月21日　星期三

昨夜大雨颇久，屋顶有渗漏数处。晚常委会。

6月23日　星期五

午前访张西林久谈，留午饭，晤其令弟西平，饮茅台数杯，返寓大睡。下午4点余偕毅生、嘉炀、明之往黄土坡看锯木厂房屋。

6月24日　星期六

昨夜复大雷雨更烈。早10点半偕熊迪之往飞机场候接美副总统华莱士，久待不至，与龙主席及由、杜、邱等在航校接待室闲谈，至1时许华君始到，机场颇泥泞，人多拥挤，遂未挤进握手。夕吴士选来访，今早初由渝到昆者。

6月25日　星期日

天微阴无雨。中午赴美领馆餐会，系为与华副总统会谈，座中有光旦、努生、奚若、岱孙、伯伦、寿民、叔伟、泮芹、佩松、贡予、子坚，美国者为 L 总领事及华君之外为 Maj. Gen. Chennault（陈纳德少将），Bg-Gen. Glenn（格伦准将），Col. Murphy（墨菲上校），Lattimore（赖德懋），Hazard（哈泽德），Vincent（文森特），Davis（戴维斯），Rutherford（拉瑟福德），Hayes（海斯），饭时谈话不多，饭后不久因华须休息，众客遂散，余被留至一旁室与二 L. 君闲谈，彼二人语气似以苏联为将来太平洋问题之难解决者，故深恐中国境内战局转坏，而将来有要求苏联参加之必要，则其困难将更多矣。3 点半陪华至联大校舍参观，仅在图书馆及生物系稍停留，随至云大在至公堂为两校学生讲演，到者约 3000 人，大半在堂外伫听，华约讲 25 分，略述东西接近之必要，并鼓励国人努力抗战工作。讲后原定为两校教授招待茶会，因熊强之参观，观毕遂辞出，再赴唐家花园十团体之欢迎会。7 点省政府欢迎餐会，龙主席因牙未修好，于饭前后招待外未入席。华君演说涉及屈原，有劝今后有志之士勿效其投江之语，颇有意味也。

6 月 26 日　星期一

早 10 点西林与龙章约同往长坡帮忙招待华君，至彼参观，此公对于农事特感兴趣。饭时有新玉黍及鲜菜数种，冰激凌美而且多，甚饱口福。3 点余散归。晚，龚厅长及金、沈饭约，为欢迎吴司长者，饭后与金至缪宅，未多留，竟小呕吐，恐系在龚处饮酒太杂之故。归家即睡。

6 月 27 日　星期二

昨夜大雨。晚裴存藩饭约，为《民国日报》做东道，共三桌，在昆明银行二楼。

6月28日　星期三
晚常委会，会后约吴司长便饭会谈。

6月29日　星期四
晚徐绍谷饭约，在其柿花新村新寓，见其大公子及儿妇。

6月30日　星期五
下午3点半雨颇大，赴才盛巷中英文化协会新会所，收拾大致就绪，初次集会到者14人，中英各半，休士君讲演，会后因雨湿，范承枢君在商务酒店饭约，未赴即归。

7月

7月1日　星期六

仍阴有雨。晚，高天策与徐穆清在云南招待所结婚，约为证婚。吴、庄、范、冯、李诸先生均在座，仪式简单，可喜也。

7月2日　星期日

午前后未出门，收拾小花园颇觉疲倦。晚赴王公弢饭约，座中有吴士选、范承枢、裴存藩诸君。而王之新夫人似颇能酒，或亦能唱者欤？

7月3日　星期一

早7点起，至新门招呼同人往作战人员训练班参观者。8点至留美预备班考场监试。10点再返校参加"无线电探空测候训练班"开学式。11点仍回留美班。下午5点始散归。晚约Mr. Langdon，

Mr. Sprouse，Mr. And Mrs. Parker 及奚若夫妇、端升、岱孙、光旦，郁文因尚不适，未入座，祖彤代陪。

7月4日　星期二
晚吴士选借地请客，系为酬谢帮忙考试者。

7月5日　星期三
下午3时常委会，5时校务会议。

7月6日　星期四
晚约陆军训练班美军官4人及赵家骧夫妇、芝生、奚若诸君饭聚。

7月7日　星期五
中午正之约便饭，有吴士选、吴化予及校中同人五六人，而正之因病未能入座，吴太太出所泡酒劝饮，饮遂稍多。4点余归家小睡，6时余赴冯、汤、贺饭约，在文化巷30号，亦为宴吴者，携酒以去，自饮未有数茶杯，乃竟醉矣，坐椅稍睡，然后以车回寓。夜复大雨。

7月9日　星期日
上午10时为龙章约与吴士选及龚、李、沈、熊往游温泉，饭后入浴，颇畅快。4点小雨稍止，返城。晚在龙章处饭聚。

7月10日　星期一

下午3点吴司长约各大学文法科（明日理科，后日工科）教授10余人讨论文史各系课程标准。晚饭聚二桌。

7月12日　星期三

下午2时赴昆华医院参观血库开幕典礼。

7月14日　星期五

晚张西林约饭，亦系宴吴士选。

7月15日　星期六

晚杜聿明总司令宴 Col. Jordan（乔丹上校），Col. Nylan（尼兰上校），Lt. Col. Smith（史密斯中校），Lt. Col. Shean（谢安中校），同座有邱雨庵、王泽民、李耀慈等。

7月18日　星期二

下午3时联大教授会在北门街71号开会，通过毕业生170余人。

7月19日　星期三

下午5时常委会，会后赴程树仁处之约，为1909、1919、1929、1939各级会餐，惜到者仅20余人。

7月20日　星期四

上午10时在西站会同陈雪屏及冯、曾、查搭五三兵工厂汽车往龙王庙，待约一时，再搭汽船于下午5时到海口，晚在湖滨村与青年团夏令营师生及厂长周自新诸君会餐，备有升酒，青年有饮多致醉者。10点至观海村招待所，与冯、查、曾同住，极舒适。

7月21日　星期五

早起阴雨弥漫，与昨日景象大不同矣。原拟往石龙坝参观之议，只得作罢。至火柴原料厂参观。中午至村南云丰造纸厂午饭。晤徐厂长昧生。天夕返招待所，晚饭在一食社，菜样不多，颇精美，其厨师为一川人，殊具艺术意味也。睡时小雨仍未止。

7月22日　星期六

上午在室内休息。早间开出之汽船，因风雨太大，又复开回。下午阅报，知东条内阁已倒，继任者为小矶。睡一时许，醒来天已放晴，与冯、查出至村中三桥散步，将夕雇小舟划至厂码头，甚有趣。晚夏令营请各厂诸君饭聚，饭后游艺，尚不太长，10点返招待所，轮流洗澡。周自新君来谈甚久始去。

7月23日　星期日

早仍有小雨。8点半为周君约向厂中同人讲演，取题为《中国工业化的问题》。以后曾叔伟讲此次大战中的新武器。午饭在周宅食水饺，为女团员八九人帮同包做者，30余人会食，极欢畅。饭后小睡，后雨止天未晴。5点与诸人会合，赴昆明水泥厂与云丰厂饭约，初乘卡车，因泥途太滑，中途下车，跋涉泥水中又里许始到。晚饭时又复落雨，诸人咸有戒心，未能畅饮。饭后匆匆别去，余与芝生为陈作新君留宿，实亦甚以归程为畏途也。

7月24日　星期一

早起仍有小雨。早点后陈君以马车送归，但至中途因汽车陷泥中阻住去路，仍须步行，及至码头，则查、曾、沈已上船，吾等行李亦已运来，周自新、王毅伯、雪屏及团员多人诸君来送。9点半船开，互相招手，不胜依依。未几天晴，1点到龙王庙。2点抵寓。

7月25日　星期二

晚饭后7点半赴巡津街"盟军之友"社，为昆市之罗佩荣市长、刘镇宇书记长、陈铸参议长（镕生）、周润苍商会理事长招待美陆空军军官之茶会。

7月26日　星期三

晚5时常委会，孟邻已于数日前返校。

7月27日　星期四

晚赴董楚生夫妇饭约，同座有黄、查、卢三家及刘天宏夫妇。饭后复至莫泮芹家稍坐。

7月28日　星期五

晚饭后至中英文协会听西乐唱片，贺复君管理甚辛苦，唱片为前英总领事P.B.君所留赠者。

7月29日　星期六

晚禄介卿请客，系为商量筹办一长城中学者，晤二东北人：一为高军长某，一为冯占海，似皆富饶，而×尤俗气。

7月30日　星期日

连日无雨，天晴甚热。晚詹寿山为干部学校招考事在东月楼请客二桌，无酒，7点即散。再至巡津街卢处，有美空军军官Capt. Wilcox（威尔科克斯上校）等三人及他客四五人便饭。12点始归。

7月31日　星期一

晚未出门，饭后大雨，一夜连绵，天晓始晴。

8 月

8月1日　星期二

清早天晴。7点至昆华中学,为中央干部学校专修部招考监试,在各室看视一周后赴联大办公。此日为云南省政府成立15周年纪念,地方机关均放假一日。晚省府请客、演戏,有栗成之《八义图》,惜配角太差,未能尽其所长;其余京戏海派气太重,无足道也。美空军37周年纪念会未得往贺。

8月2日　星期三

晚联大校务会议。

8月3日　星期四

晚黄仁霖在巡津街盟军之友社宴请译训班各教师同人及美军部官长共40余人,饭后演电影,片名为"The Battle of China"(《中国战役》),尚好。

8月4日　星期五

晚约恽荫棠、张钟俊、章名涛、詹寿山、龚仲钧、高云裳、鲁冀参、陈雪屏等便饭。

8月5日　星期六

下午3时红十字会医药补助委员会开会,所能支配之款额几已用罄矣。晚泽霖、世光、觉民携酒过访,欢谈一晚。将10点逵羽、雪屏来,又一时始散。睡时落雨颇大。

8月6日　星期日

早雨止。在院中整理花草,近为毛虫侵蚀,甚可惜也。晚赴黄人杰夫妇饭约,系为祝邵可侣夫妇结婚5周年。

8月8日　星期二

晚路春舫约便酌,座中晤张左丞及王书堂,方自可保村赶来者。饭时有暴雨,到家后未久又大雨一阵。

8月9日　星期三

晚常委会,到人颇少。

8月10日　星期四

晚李德家饭约,有徐星楠、秦大钧、徐茂先、岱孙诸君在座,主人备玫瑰酒颇烈，饮稍多，归途竟睡去，为工役扶上床。

8月11日　星期五

下午4点 Mr. Langdon & Mr. Sprouse 来访，提及"十教授被解聘"之谣传，不知何人如此恶作剧也。晚吴、戴、杨（葆昌）在译训班约与汪世铭晤谈便饭，饭后再至张西林处稍坐，晤一俄人，经理俄国影片者。

8月12日　星期六

下午剪除花草，因误用杀虫油喷射，致大部萎枯，甚悔粗心。晚裕滇经理骆仰止与安钟瑞二君请客，晤李熙谋（振武），前数日自渝来昆者。

8月13日　星期日

天夕往访 Mr. & Mrs. Parker 于美红十字会，谈良久，为留晚饭，P.夫人因牙疾早去休息，与P君谈至10点始归。

8月14日　星期一

早8点半赴北校场第五军军部纪念周会，为讲中国军队科学化的问题。晚施、陶二君来报告社款被盗事，乃陪同访李处长，请帮忙。承李找孙局长来共商寻缉窃手方法。11点余始散归。

8月15日　星期二

午间得施信，谓窃犯张××已于昨晚寻获，下午往工院询问详情，知款已大部有着，为之深慰，但今后更应小心矣。

8月16日　星期三

常委会未开会。天夕王明之与查、黄来商添建宿舍事。王留晚饭。

8月17日　星期四

晚在寓约李熙谋、骆仰止、安钟瑞、费福焘、桂迺黄、沈良骅、施嘉炀、章名涛、马大猷、任之恭、叶企孙、沈茀斋便饭。

8月18日　星期五

晚约海口53厂周自新厂长及王毅伯等8人、陈修和处长及查、沈、陈便饭，邀陈共做主人，以谢诸君在海口招待盛情。席间饮谈颇畅快，10点余始散。

8月19日　星期六

下午4点余赴王振芳茶会，晤美财部代表Freedman（弗里德曼）君，谈吐尚好。往南岳庙华秀升处久寻不得，乃改往棕树营周子竞处，李、骆诸君在座，又晤美空军5人，系由周太太招待者。

8月20日　星期日

晚在寓请客：邵可侣夫妇、黄仁杰夫妇、秦大钧夫妇、胡毅、Mr. Groffsmith、Mr. Burke，郁文稍好亦能入座，唯晚间无电灯，又因执事疏忽，饭菜未早备办，临时向小馆叫来，颇觉潦草，甚为抱歉。客散后为校中整理薪册，2点半始睡。

8月21日　星期一
下午有阵雨，未10分钟即止。晚饭后光旦来谈。补足日记。

8月22日　星期二
仍干热。下午联大教务会议，决定新生、转学生、研究生录取事。晚约美财部代表 Mr. Irving S. Friedman（欧文·S.弗里德曼先生）及 L.、S.二领事，潘光旦、张奚若、陈岱孙、伍启元、沈苇斋、张慰慈、华秀升、钱端升、徐锡良便饭会谈。

8月23日　星期三
下午阵雨颇大。晚常委会后赴化学研究所吴化予饭约，晤李约瑟、李大斐二博士。归后打英文信三件，1点余睡。

8月24日　星期四
午前后雨甚大。中午清华校务会议，讨论倘中基会组织有变更本校基金保管办法，并决定主张原则三点。下午3点教授会，通过上学年应准毕业之研究生6人，本科生7人；推选评议员：张奚若、朱自清、陈福田、刘仙洲、雷海宗、刘崇鋐、黄子卿、赵访熊、金岳霖。晚赴马晋三饭约，晤英军官4人及陈勋仲、王湄午及李君。

8月25日　星期五
晚约 Donald V. Shuhart（唐纳德·V.舒哈特）便饭（S君系水

土保持专家，由政府聘来者），并约光旦、希渊、淮西、印堂、树青、佩松、觉民晤谈。

8月26日　星期六
晚，大雨。清早郁文携祖芬往海口，校中同人往者尚10余人，余欲在家稍得清闲未去。天夕至靛花巷，毅生未在，与莘田谈约半时归寓。

8月27日　星期日
黎明拟往文庙祀孔，为钟所误，3点半即闹起，4点余到场，则员役尚未布置；5时始有人来，6时始行礼。主祭代表为丁又秋，陪祭似为陆、杜，余则群立后方。场外陈列古乐器数种，似非完备，而作乐时则中乐小吹，与西乐队竟为喧吵，了无静肃之意味。今而后拟不再矣。归家又睡至11时起，午饭约工程师学会新旧职员及工协会长徐君陶会谈，到者为徐、庄、苏及金龙章、袁丕烈（萨少铭、张大煜未到）。下午3点至南开办事处听李约瑟讲《科学在中国之地位与展望》，值大雨一阵，雨止散归。彤、杉与友人往西山亦未归。

8月28日　星期一
中午至留美预备班午饭，晤 Prof. Hughes, Mr. Sprouse……饭后至北门街看龙荪久谈，霍重衡（秉权）亦来。晚饭时归寓。晚饭食面，彤、杉已归，并约希渊同食，因是日为郁文生辰也。

8月29日　星期二

下午4时开清华服务社委员会，会后聚餐。

8月30日　星期三

晚联大常委会，会后约霍（金因病未来）饭聚。

8月31日　星期四

下午3时清华聘委会。连日航研所问题与叶、潘各久谈，尚未能决定也。

9 月

9月1日　星期五
晚约水泥厂厂长陈作新夫妇及弗斋夫妇、正宣、勉仲、雪屏、毓棠便饭，陈君颇善饮，共消10余斤，畅快之至。

9月2日　星期六
下午雨一阵。天夕移植花木未出门。

9月3日　星期日
晴颇热。下午有阵雨。中午至黄家吃弥月酒，查之外冯、李两家在焉。下午回家小睡。晚约李约瑟、李大斐、Prof. E. H. Hayes、Prof. Robert Payne，及叶企孙、吴正之、冯芝生、金龙荪、霍重衡、吴化予诸君便餐。

9月5日　星期二

下午4时余赴金碧别墅龚学遂君茶会,为督运会在昆成立办事处邀各界晤叙者。

9月6日　星期三

晚联大校务会议。宿舍修建地址仍未能定。

9月7日　星期四

下午3时清华评议会,讨论如中基会组织变更清华基金保管问题。天夕访张道藩于端士街寓处,未遇,留片致唁。

9月8日　星期五

光旦夫妇赴渝,托其探询关于庚款机关取消情形。晚饭约龚学遂、缪经田、沈锡麟(未到)、程中石、徐君陶、秦慧伽、郑家觉、吴正之、王遵明、徐厚甫(未到)。中石将于明日赴印转美者。

9月9日　星期六

午前有雨。天夕至巡津街盟军之友社为程家礼、王德芳证婚。

9月10日　星期日

午前有雨。晚与郁文赴李希尧夫妇饭约,同座蒋夫妇之外有黄、关、杜、袁、裴诸夫妇及龚学遂等,饭前后均以赌具助兴,旁观亦颇有趣也。

9月11日　星期一

近数日来午前后必有雨，似犹雨季未完，颇补月前之干燥也。晚约银行界诸君便餐，借示希望帮忙之意，到者为黄、刘（信托局）、章云保（储汇局）及徐绍谷、吴肖园，王、徐等因他约未来。菜因传达延误，未能早备，临时措办，颇为潦草，甚抱歉矣。

9月12日　星期二

午前小雨，2点后大雨，历一时始止。天夕张有谷夫妇来访，张君现任昆明防空副司令。晚约 Col. Carl Dutte（卡尔·达特上校）、Maj. W. H. Makepeace（W.H.梅克皮斯少将）、Lt. Yavelack（亚夫拉克中尉）、戴昭然、吴泽霖、杨葆昌、戴世光、杨石先、查勉仲、沈茀斋、汪世铭（未到）。

9月13日　星期三

阴雨一日。下午开联大教授会，由余报告数事，后请蒋校长讲述湘桂视察（为红十字会）观感。后举行选举，结果书记为闻一多，校务会议代表为闻一多、叶企孙、陈岱孙、张奚若、钱端升、燕召亭、潘光旦、刘仙洲、陈雪屏。晚开常委会，通过研究生奖助金暂行办法、教职员眷属宿舍管理委员会及管理原则及各部分职员裁减原则。

9月14日　星期四

中午饭时奚若来谈。晚发复 Pres. Wilkins, Oberlin Coll.（威廉金斯校长，奥伯林学院）关于雷伯伦不就聘事，又复 Mr. Edwards（爱德华兹先生）关于 U.C.R. 补助事，睡时已2点余矣。一日仍阴，上午雨势颇大。

9月15日　星期五

天阴时有小雨，似雨季之尾声尤强烈也。午后2点半赴北教场军队党务训练班，为班员（六七十人）讲演，为略述中国2000余年科学不发达之原因及近五六十年科学渐进之概况，该班主任楼兆元未在，晤副主任周霁光。5点余返寓，与王明之商定添建宿舍计划。晚约莫泮芹夫妇、陈梦家夫妇（将赴美者）、吴雨僧（将休假赴川）、冯芝生夫妇、王了一夫妇、闻一多、吴辰伯便饭，郁文因患疟疾未能陪坐。晚幸未雨，客去时尚少安也。

9月16日　星期六

天阴未雨。晚应黄琪翔、刘耀扬、关、杜、梁华盛之约，与彤彤搭马晋三车往，所约系美军步兵科将校，至12时返寓。

9月17日　星期日

日间未出门。晚赴彭勿奴夫妇（梅笑樱）饭约（巡津街21号），座中有蔡牧师夫妇及美国北美飞机制造公司经理某君。

9月18日　星期一

昨夜雨颇大，清早仍阴。10点联大始业集会，在新改之大会堂（原系学生东食堂）举行，会后王书堂、路春舫来商订赴52厂日期（下星期六）。

9月19日　星期二

雨一日。中午与各校、院在云大合请粮政当局，到者为段局长小峰及于处长。散后至工学院与施、章二君至玉川巷看新租宿舍。

9月20日　星期三

上午9时半 General Staff School（参谋学校）总教官 Col. McNeil（麦克尼尔上校）以车来接，到该校后适粮食部长徐可亭为班员讲话。徐去后与 M 及 Col. Martin（马丁上校）闲谈，午饭后一时为班员做简单讲演：一、近代军事研究需要科学知识。二、中美合作之重要。3点出至李忍济营长家，晤忍涛夫人。4点返寓。晚联大常委会。

9月21日　星期四

下午渐晴。午后1点余为 Col. McN. 所约同其班员至飞机场参观……5点返寓，因立观三小时颇感疲惫矣。晚7点约 Maj. Covington（科温顿少校）、Maj. Prettie（普莱第少校）、周子竞夫妇、卢开瑗夫妇、施嘉炀、刘觉民、赵鸣岐、毕正宣便饭。

9月22日　星期五

天已放晴，于稻田颇有益也。中午约徐可亭便饭，客如陆子安、李子厚、王振芳、黄秀峰、杨易志，到者徐之外为关吉玉，龚、杨二厅长，熊校长及杨、查、郑三君。晚饭后8点至中英文化协会听 Father D. Donnelly（D. 唐纳利神父）讲 *The Making of a Jesuit*（演讲题目大意为：《成为耶稣会会士的必要条件》）。9点半归，卢夫妇偕 Lt. Commander Theo. George（中尉指挥官西奥·乔治）和 Maj. Lee（李华杰）来谈，12点余别去。

1945年（2月19日—12月31日）

西南往事：梅贻琦西南联大时期日记

2 月

2月19日　星期一

（赴重庆）早6点余到机场，12点半起飞，2点50分到珊瑚坝，兴文街银行杨君送至金汤街，理发。教部晤朱部长稍谈。求精中学寻朱家晚饭。

2月20日　星期二

午饭与顾、张便食。访何孟吾未遇，访沈兼士病，与沈尹默稍谈。至朱处稍坐。开会3点至6点。晚饭在朱处。

2月21日　星期三

10点开会。午饭与顾、张至周象贤处，急饮致醉。6点半余返寓即睡。

2月22日　星期四

早，赵文璧、李树青来。至中研院送梁物，午饭。3点与润章至中基会。晚饭在朱处。

2月23日　星期五

晚饭罗卓英约在渝舍。下午至朱宅。

2月24日　星期六

晚饭陈、余、马请在组织部。张文伯约在桂园。下午3点朱部长约会谈。晚饭张厉生约在行政院。

2月25日　星期日

午饭在中央院。下午至朱宅。早韩鸣、唐宝鑫来。

2月26日　星期一

午珊与晓峰来约食饼面，购物。公共车返求精。

2月27日　星期二

午饭杭立武约在教部，往谢。陈诚约在渝舍。晚饭董守义约在体育协进会，有田伯苍、郑。

2月28日　星期三

午饭韩、唐、吴长赋、杨胜惠等约在宝元渝晤蔡可选。发与祖彤及郑毅生信。晚饭蒋慰堂约在中图馆。8点中英文协招待英大使（六十寿辰）。

3月

3月1日　星期四

早9点教部校长会议。晚饭后散步,买手杖归。

3月2日　星期五

续开会一日。午饭Paxton（帕克斯顿）约在华侨协会。朱部长约谢。晚散会后至朱宅晤沈宇充。

3月3日　星期六

早7点半出门,9点由中党部出发与竺、王、李、刘、廖及随行数人往璧山访问207师青年远征军。8点赶回中英科学合作社,Mrs. Needham（李大斐,即李约瑟夫人）饭约,晤Dr. Sanda（珊达博士）、胡乾善、邱女士及一Mr. Asquith（阿斯奎思先生）、De Cardy（德卡迪）,10点半归。甚倦。

3月4日　星期日

午前傅任敢来，同出早点。下午在朱家。

3月5日　星期一

早10点四联总处纪念周。午饭在蒋介石官邸。晚饭康兆民之约，晤潘公璧、蔡市长（兰州）。

3月6日　星期二

阴雨。午饭在英大使馆，同座有Mr. & Mrs. Wallinger（沃林格夫妇）及沈士华。3点在教部讨论招生问题。晚饭经农约在湖南省银行，经理为陈慎微。

3月7日　星期三

又晴暖。午前朱等来。午饭在美新闻处Hawkins（霍金斯）之约，晤Holland（霍兰），Dorlington（多灵顿），Fishe（费希尔）。饭后至生产局晤吴景超，为翁留片；［至］行政院为宋、张留片；［至］国府为吴、吕留片。

3月8日　星期四

下午购糕饼数种，往朱宅为杨老太爷贺寿。

3月9日　星期五

夕送经农往青木关，10点余始归。晚饭后回寓已12点。

3月10日 星期六

早任敢来，净珊来。午在吕汉群处合请清中董事及有关校友、长官等。为张仲仁证婚。因牙痛加剧往戴志强牙医初诊视。4点余赴清华同学会茶会，会长为陈长桐，周寄梅、蒋廷黻及余各做短演词，余则报告校中数事而已。夕至朱宅。

3月11日 星期日

牙肿更甚。午前由朱处至中基会与任、翁、周晤谈，留午饭，只食汤面。下午3点余仍返朱宅。

3月12日 星期一

昨夜牙肿处因得热蒸有破口，血水渐流出，肿渐消。午前至戴牙医处，9点回寓。梁思成来谈。下午至朱宅，晚饭后回寓，途遇寄梅，挽至某处久谈始归。

3月13日 星期二

9点后唐宝鑫、韩鸣、周……（原缺）先后来，久谈始去。至戴牙医处诊视。午食汤面。夕至朱宅。

3月14日 星期三

早傅任敢来。因戴牙医他往未治牙。夕至朱宅。因珊至青木关，留与文衡做伴。

3月15日　星期四

早起湿冷,幸无雨。午前病牙拔去矣。晚至中央［研］院与润章夫人稍谈。赴张伯谨饭约,晤孙连仲、王芸生、孔君等。10点余归。

3月16日　星期五

早虞谨庸偕唐来谈清中问题。至戴牙医处结束治牙事。下午4点往青年团听顾少川大使讲演。后搭一樵车往沙坪坝,先至高昌岩中央医院,然后又往歌乐山冰心处。晚饭［后］看竹消遣,12点始至中大农场,即宿顾家。发与三妹信,附致毅生信。

3月17日　星期六

10点始起。午饭李云亭来,并晤艾伟诸君,饭后听李讲演。后至南开,晤麈润、乃如,在伯苓师处久谈,留晚饭,饭后访何淬廉,并昭张纯明,又回伯师处听广播,谭富英之《乌盆记》甚好。晚宿6号招待所。

3月18日　星期日

在喻家早饭,晤张志清君及孟芹香,在淬廉处午饭,有徐国懋及刘君等在座。饭后访洪沅未遇,至刘家,季陶未在,为刘太太留与秦太太及康君看竹,10点散,宿中大招待所。

3月19日　星期一

早10点在中大纪念周［讲演］《中国科学之今昔》,11点又至重大（重庆大学）再讲一次。午饭在洪沅处，有顾一樵、马杰、王书林及郑涵清。3点返重庆至中央研〔究〕院晤陶孟和、傅孟真未遇，至朱宅稍坐。陈长桐饭约在同学会晤1919级同学30余人及林暐、戴志骞、蒋廷黻、王酌清、王德郅、沈天梦等。饭后邀寄梅谈至10点余别去。

3月20日　星期二

阴冷，晚有小雨。10时出门，无公共汽车，缓步至求精中学朱宅。夕访Drummond于美红十字会。在朱宅晚饭，因小雨8点余雇车归。

3月21日　星期三

早9点令中大汽车来接，又接李济之、乔大壮、童寯等同往。午后晤中大三长唐培经、郭克以、王昌林及孙光远、王书林诸君。下午4点中大、重大之清华同学茶会，到者30余人，为报告校中近况。晚因雨在招待所便饭，饭后听乔大壮、卢冀野（前）与一樵谈作诗词。12点始睡。

3月22日　星期四

阴雨。早9点余起，午后秦大钧夫妇约。饭后至刘宅看竹，所负较上次为多矣。11点余回招待所。

3月23日　星期五

早仍有小雨。9点半返寓所，张子婴来谈。午前至朱宅。晚因雨未归。

3月24日　星期六

中午张子婴夫妇饭约，于百龄餐厅。饭后在寓休息，夕转晴明，闲步至保安路同学会赵文璧之约，陈、潘、吴、戴来赴社会部会议者，皆在焉，并晤李泰华、龙观海、李……（原缺）诸君。归途月色颇好。

3月25日　星期日

早李树青来，清中杨君来。午前至中央研〔究〕院为润章留饭，饭后与李及唐擘黄访周寄梅于待帆庐未遇。访杭立武稍坐。返至朱处。晚饭后因雨留宿。

3月26日　星期一

一日未雨。午后3点至中央党部访狄君武，托代订飞机票。偕李、唐至李子坝叔永处坐时许。又至《大公报》馆访胡政之，未在馆，与王芸生稍谈。晚云照坤饭约于广东省银行，饭后月色颇好，搭寄梅车返寓。

3月27日　星期二

晴暖。午前出门往国府访吴、周，均未到，理发。至朱宅午饭。晚至同学会1921级聚餐，晤十六七人，如李庆善、陈鸿宾、高长庚等皆多年未见者。归寓后廊外月明如洗，伫视不忍离去，8年前景物如在目前。

3月28日　星期三

晴，燥热。早傅任敢、韩鸣来。9点半赴青年团干监联席谈话会。午随藕舫（竺可桢，字藕舫）至中研院便饭。下午在朱宅，10点归。

3月29日　星期四

阴稍凉。午前八弟来，同在一天津馆食炸酱面。午后小睡。发与企孙信，又与刚如及毅生各一信。晚罗北辰饭约，晤李肃然（安宁银联）、王又民（裕国）、王冠英（和丰）及其他四五君皆系保险业经理。

3月30日　星期五

晴热。连日接校中学生会电报。勉仲来信。10点赴部洽商，适学术审议会开会，为邀列席。午饭后与朱部长谈，允加学生副食费500元，与毅生一电，俾大家心稍安也。下午在朱宅。晚饭后至中研院，访正之、孟真，并遇骝先，谈至10点归。明月又当头矣。

3月31日　星期六

午前赵文璧来。发与郑、查信，三妹及彬彬信，任信、傅信。访狄君武未遇。在教部午饭（学术委员会公宴）。下午在朱宅。晚饭光旦、光迥昆仲饭约。1点世坯以车送归。

4月

4月1日　星期日

晴，更热。11时寄梅偕Drummond及……（原缺）来访。客去后随出门，着长衫，更无他衣可着矣。在朱宅晤陆慎仪女士。珊伤风颇重。晚8点余归。

4月2日　星期一

晴，甚热。午前至行政院为张厉生秘书长留条。在朱宅午饭。饭后4点再至行政院与张谈昆明生活救济办法。至中研院晤傅、竺、陶、张及李夫妇，留晚饭。8点余返寓与八弟久谈，11点余睡时仍甚热。发与祖彦信。

4月3日　星期二

天微阴，闷热。早陈益来谈北平近况，张石城来谈茶叶公司问题。中午赴银联公司李肃然约，下午至朱宅。晚饭沈熙瑞之约，10点余返。宝弟自蓉飞来。

4月4日　星期三

昨夜落雨，转凉，午前雨仍大。午前与宝弟在一小馆同食。饭后至朱宅，宝弟稍坐先去。晚饭趁雨止雇车归寓。

4月5日　星期四

午前与季洪往南开为伯苓师祝寿，汽车上之拥挤者无以复加。归途乘小牛汽车则松快多矣。3点半至朱宅，珊终未赴青木关。5点半至中研院正之处谈有顷。至保安路社交会堂张福良处晚饭，晤Coole（库尔）君。8点余归。全城电灯皆熄矣。与两弟谈至11点睡。

4月6日　星期五

早严慕光来，李安宅来，与季洪往教部晤廖茂如，与杭（立武）谈增加昆校生活费事，后访数人皆未遇，留片以了心愿。美使馆A. R. Ringwalt约午饭，晤Achison（艾奇逊）及新来参事Briggs（布里格斯）。饭后至朱宅。10点归。

4月7日　星期六

下午4点偕正之至教部访朱部长，催询生活费增加事。后至朱宅又与经农详谈，晚饭后归。发与郑、杨、查信，与祖彦信。

4月8日　星期日

早冯芝生来，鞠秀熙、卫深甫来。午饭卫约在国民外交协会。饭后与冯及季洪访俞大维未遇。至朱宅晚饭后归。午前发与企孙、莆斋信。

4月9日　星期一

午前至朱宅，为送珊等回青木关竟未成行，因车故，改于明早往。晚饭后9点作别归寓。

4月10日　星期二

早卢开瑗来约至华茂大楼稍坐，与卢、施、王松坡、娄裕后、熊、冯夫妇在久华园便饭。天夕至教部，闻行政院未开会，为之懊丧。至中研院与正之、立夫谈。晚饭后归，开瑗来稍坐。下午接祖彦信，谓将于月半赴美。

4月11日　星期三

（回昆明）在4点天未明乘轿赴飞机场，6点起飞，将9点到昆。至西仓坡，彤女已赴曲靖月余。彦谓约一周后即飞美矣。

6月

6月6日　星期三

（由重庆回昆明）早4点（新时），天尚未明，乘滑竿赴飞机场，慰堂起送行，约6点10分起飞，时日光初露，即已觉蒸热矣。9点降于巫家坝，飞机绕行约10分钟始停下，此场扩充之大可想见矣。下机后顿觉凉爽，至文化巷30号寓所，则权妹已于10日前来昆，婚期且已定本月16日。

9月

9月10日　星期一

（再赴重庆）上午11点赴巫家坝机场，待至12点半，始悉飞机迟到。返家午饭休息，1点再往，适接傅孟真航快信。赵、沈二君送余行。2点15分起飞，同座为萨少铭，闻潘宜之自杀事颇惨。4点半降落九龙坡机场，天阴似已落雨者。搭萨车至两□支路投住中央图书馆，与郑毅生同屋。晚饭与郑及邵心恒、李晓宇在爵禄饭店小酌，惜酒甚劣。饭后返寓，细雨淋漓，道途滑泞。因衣箱未取来，勉强就寝。

9月11日　星期二

仍阴雨。午前与毅生至中研院晤本栋、思成及萨太太，留午饭。饭后至求精中学访经农未遇。至教部，适开筹备会议，被邀参加。晤朱、朱、杭三长及任、段、傅、臧臧诸君、赵司长太侔、贺师俊、黄品今、顾荫亭诸司长。在部中晚饭。饭后至重庆村21号，孟邻未在，与蒋太太及陈石珍谈至9点余返寓。

9月12日　星期三

午前雨颇大，中午渐止，与郑出在潇湘便饭。饭后买伞归，小睡。晚7点半赴教部杭次长饭约，晤 Mrs. Fairbank、Mr. Winfield（O.W.I.，陆军情报所）、吴正之、臧启芳、刘季洪、张廷休、萨本栋及陶因（武汉教务长）。饭后与吴、萨至中研院，晤朱兰成君及之恭，谈颇久。11点半返寓。

9月13日　星期四

午前思成来谈清华设建筑系问题。中午与毅生访孟真略谈北平接收后两校合作等问题。午饭有傅太太、本栋、思成在座，饭后晤王仲楫、吴化予二君（为中研院赴京、沪接收者），二君初不肯往，余亦加入劝驾。与毅生访沈兼士，渠似急欲去平者。在尹默处看写字，承赠书小条，至足纪念也。夕又至中研院，与本栋谈，听其对于中研院办法之主张，极以为是，盖亦即10年前余曾向丁在君建议大旨相合矣。至朱寓，主人皆未在，食汤面，又坐至9时归寓。

9月14日　星期五

上午客来颇多。午饭后李桐甫偕邵仲和来，邵赠香烟一条，甚感慰。夕至金汤街与八弟、桐甫及八弟旧同事三君小聚。11点归，半月西斜可爱，惜市中尘氛未消，清光难见耳。

9月15日　星期六

午前心恒来谓明日返昆。中午与郑、邵为李卓敏邀至廷黻处午饭，饭后至李新居，见李太太，稍坐。后至戴家巷，为Fenn君（芳威廉）约至彼会谈者，乃该处竟无人照顾，亦不知开会究在何处。待至3点15分始离去。炎日下步行至七星岗，搭公共汽车，甚挤甚热。至求精中学，见文曼、文光来家，而净珊仍留青木关未归。晚饭晓岚买酒小饮，唯谈及介绍新事，吾未敢多应承。归途至天坛新村访周寄梅未遇。

9月16日　星期日

今日更晴热。中午蒋太太约至家便饭，晤程沧波、沈肃文。2时半与郑赴联大校友会茶会，待颇久，到者共五六十人，为报告联大近状及将来计划，并致勖勉之意，而到会者似只注意个人学籍问题。4点余出，分段步行、乘洋车，5点余到求精。经农约往沙坪坝兼送文曼返附中。伯苓师又便血卧床二日矣。留晚饭，饭后与仲述（张彭春，字仲述，张伯苓之弟）至廛涧处饮咖啡闲谈，9点归。

9月17日　星期一

晴热有加。午前与毅生至附近"第一泉"洗澡，尚清静，搓背、捏脚、捶腿等全套，二人共费2200余元，其太贵乎！

下午3点余赴教部筹备会议，晚饭后偕正之至寓稍谈。子坚新自昆明来，暂宿馆中。

9月18日　星期二

仍晴热。上午9点余经农来邀往戴家巷参加教会学校战后设计委员会，会在陈会督住宅。到者尚有Cressey（克雷西）、Finn（芬）及Winfield共6人，计划中有将来教会大学，应使非教徒学生对于教徒学生勿越过2∶1比例一点，私意以为不甚妥当。中午周（诒春）、朱（家骅）、翁（文灏）三部长宴司徒（雷登）校长。晤廷黻、孟真、孟邻诸君。下午小睡后在寓看书未出门，晚饭令馆役买汤面，食后开瑷偕某君来，拟约往某家小饮，辞未往。

9月19日　星期三

晴热。中午与毅生出，在小馆食水饺。饭后至求精中学饮茶、看书。5点，珊自青木关来，意谓曾待吾或于前数日前往关上者。吾亦曾有此意，惜未得便耳。晚饭后10点余归。

9月20日　星期四

中秋节，晴热。上午9点，"全国教育善后复员会议"开会，朱部长外，有翁、戴、陈、李（石曾）演说及黄季陆代表会员答词，午饭后预备会议，余被推任副议长。晚王酌清请客，稍坐后至朱家小酌赏月。

9月21日　星期五

晴热。上下午开第一组审查会，上午余任主席，下午主席者为经农，会后至朱处晚饭，借舒一日间之劳顿也。

9月22日　星期六

晴甚热。上午审查会余又被推为主席,讨论中等学校复员案,与昨日讨论专科以上学校复员案同样,只通过原则,办法未讨论。下午开大会,朱部长主席。

9月23日　星期日

阴闷热。中午至李子坝中基会(中华教育文化基金董事会)与该会董事午饭,任、蒋二位太太外,晤周、翁、蒋、蒋、傅、孙及叔永、伯遵。饭后回寓小睡。晚7点赴英使馆便饭、电影之约,英大使因事未在场,晤Roxby(罗士培)教授及其夫人,及新闻处之Smith(史密斯)先生。影片描述英人战时生活情况,无特佳处。10点半散归,天边闪电颇重。睡时有暴雨,一霹雳似甚近。

9月24日　星期一

晴仍甚热。上下午开大会,上午主席为议长,下午为余代。

9月25日　星期二

晴甚热。上下午大会。晚8点,蒋介石在军委大礼堂召宴,余被排坐在主人之左,得与谈话。饭罢蒋致辞,大旨为:一、迁移应在明年课业结束之后;二、西北西南各校除少数外,宜留设原处;三、战后建设应农、工并重;四、学校应质、量并重。周鲠生致答词,注重大学自由研究之重要,措辞颇好。

9月26日　星期三

晴热。上午大会结束，下午4点闭幕式，议长致辞外，有戴、翁演说。臧启芳代表致答词，无甚警语。晚7点，戴、宋、翁三院长在中央党部礼堂请客，去时主人竟皆未到，留10余分钟出。7点半赴中英科学合作馆 Roxby 饭约，晤 Rankin（兰金）小姐及 Cates（凯茨）先生等，饭后闲话。10点与迪之为C以车送归。

9月27日　星期四

晴热。上午9点半偕经农至戴家巷开会。午饭与 Finn, Cressey, Winfield 在冠生园便餐，饭后续开会。经农因事他往，有陈文渊会督加入。4点余散，乘公共汽车往求精，甚热甚倦。晚7点张文伯在青年团请客，饭颇好。饭后演战事影片，有日本投降（代表在芷江）等节目。10点余散时已有阵雨方停，仍淅沥未止。抵寓后雨势复大矣。

9月28日　星期五

阴湿闷热。中午卢冀忱（逮曾）与其夫人刘宗怡女士请客，座中有郑、陈、傅及狄君武、陶……（原缺），酒尚不差。晚6点段书诒与何联奎在训练委员会，客中尚有周鲠生、王抚五。席半辞出，又与郑、陈至储汇大楼汪一鹤之约，酒肴皆颇好。

9月29日　星期六

阴小雨。上午客来仍多，中午在蒋宅便饭。饭后至朱宅，适杨志恩自昆抵渝。下午雨止仍热。晚赴新村2号光旦昆仲之约，郑、陈外有叔玉及英国男女某某三人。饭后落大雨一阵，雨后缓步返寓。

9月30日　星期日

一夜连雨，午前始晴。天未明郑、陈赴机场，衣履尽湿。9点复归来，则竟未成行。子坚于10点始由沙坪坝来，否则将被遗失矣。10点余林伯遵来促过北岸小聚，乃与邀同寄梅、通夫过江，幸雨已止，泥涂仍甚难行，以滑竿至其香国寺寓所，晤吴任之先生，寄梅在圣约翰时之业师也。又晤文化之沈校长，饭时食鱼三种之多，皆林家自养者。4点余过江还，至朱宅晚饭。

10 月

10月1日　星期一

雨湿。一日颇凉。郑、陈、黄清早赴机场。中午至组织部陈立夫、余井塘二部长之约，饭后回寓小睡未成。八弟原约于下午在金汤街晤聚，因天雨道滑卒未往。晚7点Drummond以车来约与光旦及Wilma Fairbank（费慰梅，费正清夫人）至国民外交协会晚饭。原为会晤Horace Jayne（Vice Director of N. Y. Metropolitan Museum）（指纽约大都会艺术博物馆东方部副主任霍拉斯·翟荫），彼因事未来。饭后又与D.至美大使馆访之，饮酒闲谈至12点始散，D.已有醉意。

光旦言回家后吐一次，余则入室便睡耳。

10月2日　星期二

阴凉。早10点始起，客来甚多。中午至朱宅。晚赴何孟吾饭约，座客萨太太、王女士及余之外，皆为美国人：Mrs. Fairbank，Mr. Robertson（罗伯逊）（代办），Gen. Middleton（米德尔顿将军），Capt. Dean（迪恩上校）等。饮酒三种，虽稍多尚未醉。11点返寓。

10月3日　星期三

阴凉。上午10时至美大使馆访Fairbank太太，吊其新遭父丧，兼打听留美学生搭船赴美能否设法使早日成行。又在Robertson先生室谈半时许，中午在国民外交协会请何芸樵（何键，字芸樵）主席、朱经农、蒋廷黻、何孟吾（翁、周未到）及光旦、任敢商谈在长沙办清华中学问题，依诸君所表示似宜再加考虑。西菜太多，为任敢所订，忘于事前询过矣。饭后至中研院访施汝为，并晤其夫人及其令弟，晤守和稍谈。

晚在朱处，饭后颇静，与珊得闲话。回忆9年结识，经许多变动，情景一一如在目前。今后经历如何，尤难测度。但彼此所想颇多，可领悟于不言中也。

10月4日　星期四

阴凉。午前访傅孟真谈久，为留食包面，遇昭抢夫妇，与本栋谈又一时许。至李子坝拟访叔永夫妇，适遇于途中，乃同至邹海滨家，邹未在，见其夫人，稍坐。又与叔永访李石曾于刘湘旧园，李适病未得见。返至任家晚饭，食G.I.之面包、牛油、乳酪、bacon（培根）、coffee（咖啡）等，大似西餐。9点前归至重庆村21号与孟邻谈云南局面等。10点半返寓。近来图书馆熄灯提早于11时，故欲贪晚不可得也。

10月5日　星期五

阴凉，昨夜复落雨也。午前在寓写数信与八弟、Roxby 及 Menon（梅农）。午饭在一小馆食汤面，饭后至朱处小息。晚饭后珊竟自青木关归来，初闻其须下星期一方能运物归者，经归家甚讶，如此巧遇，似以为必有前约者，可笑哉！

10月6日　星期六

阴凉。上午赶将清华院系充实草案写出，11点半携赴部与部长商谈，彼未言可否，但谓将来须做全盘合理的调整。彼一再谈及光旦，余允相机，但告必可勿虑也。又与立武谈接收平中农工医三校事，彼意欲使清华接农校，而谓北大殊欲舍医而取农，尚须与孟真商量。在一小馆自食，竟费1400元。午后在朱处。

10月7日　星期日

阴凉。9点余至朱处约同赴沙坪坝吊范序东之丧，然后同往青木关者。因出发稍迟、沙坪坝未停，至歌乐山小停，食汤面一碗。2时到青，上次来时，景物犹昔，天气忽晴，尤觉畅快。4时偕志恩至街市闲步，食点心，买烧鸭、糖果归。晚饮枸杞酒，系去春泡者，味甚佳。珊仍患呕吐，不能多进食。饭后闲谈，至9时睡。

10月8日　星期一

晴和。7点起，山间空气清新，使人留恋。商定改于下午返渝。早点后帮珊收拾书报装箱。中午至晓岚处小酌，其居正在丁家湾10号对门。下午4点40分登车起行。途中幸无意外耽搁。6点半到上清寺，与诸人别，回图馆。飞机票教部仅来通知未代购票，则明日不能行矣。赶赴金汤街，则八弟等已出外晚饭。就近处"三六九"食馆馄一碗，返去又待半时始遇八弟、桐甫及曹君归来，在寓谈至10时许返图馆。

10月9日　星期二

晴热。午前仍多客来，王抚五来稍坐。11点往中研院应杭立武之约会谈伦敦教育会议之关于组织方案问题，到者10余人，罗、程、李诸君皆在焉。另有Fairbank太太、Roxby、Blofeld、Hawkins、萨、傅、任、吴等。中午至中美文化协会与寄梅午饭，借与新由沪来之叶良辅君稍谈。饭后至朱处未他往，待家具运来久不至。室空人静，殊得闲谈。珊病似仍未愈，但兴致甚好。10点返寓。

10月10日　星期三

晴热。国庆日街市颇热闹，报上结婚者特多。午前将出门有电话来，谓主席约于官邸午饭。12点至孟真处约同前往。到后始知更无他客，饭前后谈及者为教育复员问题及共产党问题。将2时辞出，至朱处，告飞机〔票〕已购得，明早返昆矣。晚饭与志恩小饮、珊则以茶代酒。10点别归。

10月11日　星期四

（返昆明）晴。早5点到机场，7点15分始起飞，7点55分降于泸州机场，停20分再飞，10点15分到巫家坝。遇某君以其汽车送归寓。昆明天气虽晴明，然较重庆凉多矣。中午，叶、沈约周明衡等便饭，午前晤冯柳漪、周枚荪，午后勉仲来，又之恭、正宣先后来。夕小睡，起时觉颇凉，着毛衣、驼绒夹袍犹不甚暖。晚指示工役糊窗，清理琐事。12点睡。

10月12日　星期五

晴。上午11点到校办公，过去1月联大方面系托周枚荪代理，渠初未允，后经常委会同人敦促始就者。下午3点医药服务委员会议决补助40人，共170万。此为末次会。夕至才盛巷访枚荪久谈，兼晤端升及其夫人。久病初愈尚甚弱也。

10月13日　星期六

晴。中午由校至云大，合请物理学会诸君午饭。下午3点半联大校务会议，为报告重庆开会及接洽各事。夕庾晋侯来访，晚饭后觉甚疲倦，但辗转许久，睡时仍为12点。

10月14日　星期日

晴。上午10时清华评议会，会后聚餐，共11人。杨今甫昨日返昆，午前来舍，因开会未得见。下午小睡后赴庾约至新村三合居40号，后往东月楼食烧鸭，又接郁文与杉、芬同去，食时饮"罗丝钉"酒甚烈，又连饮过猛，五六杯后竟醉矣，为人送归家。以后应力戒，少饮。

10月15日　星期一

晴。上午在校见师院专修科代表10余人，为说明不能并归文理各系之原因。午饭由逯羽代约美军官4人便饭，并约岱孙、莘斋作陪。夕访今甫谈一时许归。

10月16日　星期二

晴。上午遣赵世昌持片往省府候李代主席（宗黄字伯英），缘昨日拟往访，先以电话约，嗣得秘书处第四科函谓："奉主席谕请台席于16日上午9时……"，遂决暂不往矣。晚，黄琪翔夫妇约在王振宇家（复兴新村88号）饭聚，系为Gen. Aurand（奥兰德将军）饯行者。中餐3桌，座间晤Col. Law（劳上校），Col. Hibbert（希伯特上校）等，饭后跳舞至11点归。

10月17日　星期三

夕小雨。下午3点至南开办事处参加南开41周年茶会。查主席、余被邀讲话10余分，继有序经报告，食汤面后归。联大常委会决聘莘斋代总务长。晚饭时已落雨，甚冷。约今甫来餐叙，惜到颇迟，未得多饮，酒则甚好，绍志4年前保留之佳酿也。

10月18日　星期四

阴冷夕晴。下午3点半清华教授会，到约60人，为报告上月重庆开会要点及联大将来、本校复员各问题。占约一小时，以后无大讨论。唯仲明、访熊各有所问，似皆不得体。此二君尚未大成长也！晚6点半省政府、省党部与省参议会在省府大礼堂请客，为欢送杜而欢迎关者。中餐6桌，非复当日之堂皇矣。8点余席终散归。

10月19日　星期五

晴加冷矣。下午无事,将堂屋稍加布置、挂字画数事,使不太显冷落耳。夕许浈阳夫人来谈颇久,并赠用品多件。晚,嘉炀以车来接,途中先至杜光亭处留片送行。在工院与施家大小便饭后,与筱韩、德荣、明之、青莲、振兴、葆楷(晚到)谈将来复员问题,诸君颇有意见陈述,皆于将来计划有助益也。10点半返寓。

10月20日　星期六

晴。上午在校。下午未出门,在院中移植花木菜蔬,为时虽迟,但觉了却一番心事,即9月间搬来后欲做而因赴渝未得做者。今后院场亦较见整洁。明年花开时或不及赏玩,但后来居此屋者,必不辜负此花耳。

10月21日　星期日

晴,昨夜甚冷。上午种花,周明衡偕苇斋来,留午饭。下午未睡,3点余出访张西林、胡□山、龚仲钧皆未遇。至李希尧处久谈,为留晚饭,系约宴赵家骧参谋长、防部及第五军各官长,惜来者只赵、邱,外有彭高参、刘某、彭团长(宪兵十三团)、孙局长陪坐,饭后又久谈。10点余李希尧以车送归。

10月22日　星期一

阴冷。上午10点孟真偕枚荪来访,系昨来昆者,谈约时许始别去。晚与郁文、权妹赴李希尧夫妇饭约,系为饯蒋太太,座中有黄子衡太太、缪太太、张邦珍校长、龚仲钧,皆昆明旧友也。余携去好绍酒数斤，客人似颇知欣赏。归时有小雨。

10月23日　星期二

阴。中午在寓请蒋太太、傅孟真、杨今甫、钱端升夫妇、樊逵羽夫妇、周枚荪、查勉仲、沈弗斋、章矛尘、毕正宣，菜为罗厨所做，颇受称奖。酒则甚佳，客人多欲一醉，惜午间不宜多饮耳。晚至南开办事处与张志铨，章、毕、姚三家，全绍志便酌，余等与樊太太包尹辅被邀居客席者。

10月24日　星期三

阴。中午蒋太太约在榕园午饭，同座尚有傅、周、杨、汤、章、沈、查、郑，余为备酒4瓶，仅罄其二。晚，常委会，饭后久谈，10点始散。

10月25日　星期四

阴。午前与弗斋至译训班会同泽霖、世光察看班内房屋，为借作联大同人家属住舍。午饭为傅孟真之约，仍在榕园。饭后至才盛巷稍坐，与傅太太道别。回寓无事，颇觉清闲。晚俊如、权妹来食炸酱面，饭后闲话时事，至9点别去。

10月26日　星期五

阴雨终日。上午未至联大办公，在家写呈部关于米代金文稿。下午审核夏间联合招考用费账据，为分析后算清两校应摊数目，至黄昏后始弄清。晚，邱清泉夫妇饭约，与俊如夫妇同往。席三桌，多为第五军将校。席间为惩治盗匪问题，关雨东有枭首及暴尸之主张，余等力劝之。

10月27日　星期六

阴。下午4时约联大教授会各位茶叙，借以欢迎傅孟真到校。傅有演词，述及迁移困难及可能之时间为春夏间。晚6时李主席（李宗黄，当时为云南省政府代主席）为欢宴S.O.S.将校之约，与孟真同往。孟真席次为执事者列在下级，余以为不当，即向李指出，后孟又以字条向李抗议，李则一再道歉。客散时坚留谈话，乃与傅、熊又留半时，李提出省府建设5年计划，谓将聘校中专家协同设计。约9点散归。

10月28日　星期日

晴。上午10时半清华服务社委员会讨论结束事项，会后聚餐，为谢诸君努力，饮酒约20杯。散后大睡，至6点始起。盖数日来恒2点始睡，借以补足之也。晚赴章矛尘之约，同座为傅、杨、樊、钱、周、汤，皆北大同人。食螃蟹，为汉口带来者，余菜亦颇精美。食后谈及时局及学校将来问题，颇兴奋。盖倘国共问题不得解决，则校内师生意见更将分歧，而负责者欲于此情况中维持局面，实大难事。民主自由果将如何解释？学术自由又将如何保持？使人忧惶！深盼短期内得有解决，否则非但数月之内，数年之内将无真正教育可言也！

10月29日　星期一

晴。中午与卫夫妇至复兴新村吴君（腾冲商人）便饭，为杨杰大使代约，吴太太自做菜颇精。晚 Col. Howard（霍华德上校），A.S.C. 在陈纳德旧寓约便饭，与逑羽、茀斋同往。绍酒颇好，H 谓系数日前自上海携归者。9点出，再至裴存藩太太宅，座客大部已散，稍坐，搭袁仲虎车归。

10月30日　星期二

晴。午饭后卫俊如约往温泉，因起行太迟，来去匆匆。3点半出门，4点45分到，稍坐往宾馆洗浴，又稍坐，6点15分返，7点半到寓，适 Parker 以车来接，至其寓便饭。P. 夫妇将于二三日内赴沪，座中高仲明、Winter 之外，有凌志扬夫妇、张某夫妇……饭后谈话无大趣味，10点归。

10月31日　星期三

晴。下午在常委会之前约孟真来谈关于两校复员问题。7点前会散，赴段克昌（晓峰）饭约，因其请帖未书"夫人"，故余自往。他客为卫夫妇、梁华盛夫妇、关太太、邱太太。菜甚好，金钱鱼、北风菌、鹿筋、熊掌等罗列满前，惜太多，不能尽赏耳。

11月

11月1日　星期四

下午阴,有小雨。早7点起,8点余以车往才盛巷接孟真往拓东体育场贺关雨东就警备总司令职。未待礼成先归。10点在东会堂举行"联大8周年纪念会",余与孟真致辞,11点半散,步归甚感疲倦。饭后睡一时许,3点45分与郁文往图书馆招待来宾及校友茶会,共到三四百人,茶点后余致欢迎辞,然后请李代主席(伯英)讲话,5点半散。在家晚饭,不欲更出门矣(校中学生有营火、聚会,未往)。

11月2日　星期五

阴有小雨。晚序经饭约,座客尚有孟真、今甫、枚荪、端升夫妇及贡予夫妇、朱小姐。归后为彬、彤、彦作长信。

11月3日　星期六

阴。午后4点访萧叔玉，其喘病已大见好；又访关雨东于其私寓未遇；随至兴仁街赴鸣岐夫妇饭约。9点余归。

11月4日　星期日

阴，下午有雨。午前干洗旧衣数件，午饭后Dr. F. L. Wattendorf（华敦德博士）偕美国政府科学考察团7人（Prof. Fritz Zwicky，茨威格教授；W. H. Pickering，皮克林；Col. D. R. Lovelace，洛夫莱斯上校等），早间始由印来昆，今夜即起行赴沪转日本者。来谈颇久，复邀庄前鼎、赵忠尧陪至校内参观；晚约诸君在冠生园便饭，菜颇好，诸客均甚满意。唯客人坚欲付饭账，其盛情可感，但究非主人所能接受耳。归后雨势又复加大，丝绵袍已上身，犹不觉太暖也。

11月5日　星期一

阴雨，下午停。上午未往联大，来客颇多。下午在寓批阅公事。晚6点余应一多、家骅昆仲（即闻一多、闻家骅兄弟）及叔伟、辰伯饭约于昆南宿舍潘家，他客只孟真、今甫，饮酒据报有9斤之多。饭后谈政局及校局问题颇久，至12点始散。余对政治无深研究，于共产主义亦无大认识，但颇怀疑；对于校局则以为应追随蔡子民（蔡元培，字鹤卿，又字子民）先生兼容并包之态度，以克尽学术自由之使命。昔日之所谓新旧，今日之所谓左右，其在学校应均予以自由探讨之机会，情况正同。此昔日北大之所以为北大，而将来清华之为清华，正应于此注意也。

11月6日　星期二

昨夜雨颇大，至早始止，下午放晴。上午仍未赴联大，作与福田、子高信及教部朱、杭两次长信。晚约卫、关、邱、袁诸将官及夫人便饭，权华未来，关雨东亦因事未到，勉仲、莩斋两夫妇作陪，菜为天香楼所备，颇好，惜无人能饮者。饭后要勉仲、莩斋打太极拳。吾酷爱勉仲打太极拳之姿势，盖其身体之雄伟与其意志之纯一，兼于此中表现也。

11月26日[1]　星期一

夜2点半起，3点半偕陈（岱孙）、施（嘉炀）、毕（正宣）出发，本栋夫妇起来送行，自卫处借得吉普车，司机为梅副官（黄梅人），途中云阴无雨。经歌乐山、蓝家桥，至5点15分始达白市驿机场。中航公司无人照应，亦无候机处所，待至6点天明，渐落雨，将8点始得登机（C46），共上42人，分坐行李上，又待甚久，9点15分始起飞。11点45分到汉口机场加油，因太晚，决于明早飞平。在一旅馆觅屋两间，食汤面一碗，然后出至街上江边散步，略看炸后情状。夕，落雨一阵。晚在春生饭店晚饭，食鱼虾，惜虾不甚新鲜。饭后因街上无灯，即回旅馆。7点半各上床，未久即入睡矣。

11月27日　星期二

晴。早5点起，6点乘洋车至中航公司，6点半乘卡车至机场，8点15分起飞，天气晴朗，甚平稳。12点，在颐和园南之新机场

---

[1] 11月7日至25日间，梅贻琦抵重庆，预备转赴北平。

降落。重到北平快慰可知。在机场又待一时许，公司始有人来。大家取行李分乘木炭卡车三辆进城，在骑河楼遇福田，引往中央饭店（现为WASC招待所），得房二间，分住焉。稍息进咖啡点心后，出访张子高，适于中途遇见。又至前毛家湾晤陈雪屏等稍谈，随至全聚德食烧鸭，福田携好Whisky一瓶，不觉瓶之罄矣。叔存亦在座，其精神颇好，甚慰。8点余返寓，与诸人略谈接收情形。10点余睡。

11月28日　星期三

雪。7点余起床。窗外一片银白，可喜可爱。早点后9点出城至清华园，下车在工字厅稍坐。日152兵站病院院长公冈率其他院长二人来见，表示暂容留住之意。随至各处查看一过，房舍外观仍旧，内部损毁甚重，至器物书仪之损失则一时尚难详查也。12点余返城内在东兴楼（帅府园）约郑、陈、张、邓、陈、陈、施、毕诸君便饭，借谈。下午4时余往韩宅晤诵裳夫人及李、傅二夫妇。晚福田在东来顺约食涮羊肉，座有张伯谨、孙锡三、孙瑞芹、关、孟、凌、杨、萨、俞、陈、施、毕诸君。饭后至关家闲谈，10点返寓。

11月29日　星期四

晴。上午与福田、岱孙拜访熊、张两市长未遇，行营李主任未在，见王参谋长，为萧一山秘书长留片；十一战区司令部见吕文珍参谋长、蒯女士；教育局与英千里局长谈一刻许。午饭在翠华楼便食，颇好。饭后至教部特派员办公处（东昌胡同）访沈兼士，谈半小时。晚至齐化门大街凌其峻家便饭，晤林太太弟妹各一位，及汤飞凡。

11 月 30 日　星期五

上午访 Brig. Gen. Jones，U.S 5th Marines（美军第五陆战队，琼斯准将）。

午饭诵裳[1]约在泰丰楼，晤王绍贤、袁守和、张伯驹诸人。饭后至韩宅在大嫂处及李家各坐半时许。至铃铛胡同邝宅。晚饭子高、叔存约在同和居，菜非甚好，座中有沈、郑、陈及余等 5 人。

---

[1] 韩振华，字诵裳，梅贻琦夫人韩咏华之长兄。

12月

12月1日　星期六

晴。上午六弟（梅贻瑞）与宝仁、锡纯来看，范濂卿来。理发，误与500法币。午饭王裕泽君（明之令弟）约在东兴楼，晤徐惠甫、李（邮局长）等。下午4点清华同学会欢迎会。晚福田约在九爷府招待所，晤Col. Gavan（加万上校），Mr. Sovik（索维克先生）等，菜颇好，饮日本清酒，亦佳，闻系前日人所存之陈者。

12月2日　星期日

晴。因来客颇多，10点始出，再往清华园一看。至燕京访晤陆、蔡、洪诸君。又至徐献瑜家与徐及德常稍谈。至颐和园外伪土木工程学院内绕行一周。饭后陈、陈、施、毕分路查看，余留西客厅与何汝楫略谈。5点前返城内，晚饭。

12月3日　星期一

晴。上午偕福田、岱孙访美领事Stevens。

午饭张伯谨约在市府西花厅，晤最高法院□院长等。晚饭寿堃夫妇约食涮牛肉，有陈枣酒，颇醇和。晤梦赉夫妇、关、孟。与六妹计议购衣料及添做袍子等。

12月4日　星期二

晴。午饭郑、陈饭约在毛家湾5号，即蒋家。先于上午往北大理学院及祖家街工学院参观。饭后参观医学院。晚饭孙锡三（晋方）约，酒肴皆佳。饭后张伯谨至寓谈青年团职员舞弊事。

12月5日　星期三

晴。午饭至烂熳胡同六弟处小聚，锡纯、宝仁夫妇、祖慧夫妇皆在。下午至下斜街长寿寺视老太太灵柩，访雪屏久谈。4点在翠明庄约陈、陈、张、邓、施、毕开第一次保管委员会议。晚，先至翠华楼应大陆银行俞、吕、郝、查四君之约；8点再往东松树胡同7号黎度公之约，系招待美军官者，男女客50余人，同座有Brig. Gen. King（金准将），Brig. Gen. Morgan（摩根准将）等。11点先归。

12月6日　星期四

晴。午前访沈兼士托复部电："待机即返。"访袁守和。晚饭何其巩、傅佩青约在同和居，到客不多，晤侯司令、唐嗣尧、萧一山，饭后萧约在其家谈时许，下午又接部电促归。

12月7日　星期五

晴冷。午前六弟偕锡纯，宝仁来看，送八弟购零物。午饭Parker夫妇之约（大阮府胡同33号）。饭后小睡，为难得之机。下午4点余兼士、雪屏、毅生同时来谈补习班教员问题甚久。晚饭至韩宅为韩、李、傅、邝四家之约，客则守和与余，饭后谈甚久始散。

12月8日　星期六

晴。午前子高来谈。至新开路冯诊所为关太太送款。午饭行营李主任之约，座中有许孝炎、潘公璧、萧、王、王捷三处长、董少良、王光圻。席半辞，出与萧、许又至故宫博物院应袁守和、张廷济之约，座中有吕、张伯谨、Maj. Meslin（梅斯林少校）、何海秋。下午至东皇城根9号访王叔铭，久待始得见，允为定机赴渝。又访严季约于第五补给区部，因赴津未遇。晚沈兼士饭约在撷英，菜不甚佳。托沈再电部，告10日返渝。

12月9日　星期日

晴有风。午前至邝宅谈时许。午饭在韩宅食"鸡素烧"，晤周支山、韩大钿、傅大东，皆大学生矣。毕同往，饮陈Red Label（尊尼获加红方威士忌）颇好，饭［后］与诵裳夫妇闲话甚久。4点余至六弟处坐时许，祖荫适自沙河归来，得一见。因他约未得久留，别时依依之情。晚饭与陈、陈、毕再至邝家食烧鸭，饭后久谈，携衣物一大包，10点余返寓。汪、何、毕三君来送行，实则明早尚不能行也。

12月10日　星期一

晴。午前收拾行李甚困难，卒于装满二箱后，将自用衣物留若干件待返平时取用，否则实太多矣。中午偕正宣访王叔铭，承允明早必有机赴渝，并留午饭。下午小睡未成眠，起补写日记。晚岱孙、正宣（福田因他约未能去）同至韩宅食锅贴，再晤仰白夫妇及六妹。9点返寓，11点睡下。

12月11日　星期二

晴。早6点起，7点起行赴南苑机场，陈、陈、毕送余行，7点半到机场，手续颇简便，无须购票，行李30余公斤未加限制，喜过望矣。8点半起飞，（C47）同机有黄宇人等三人，货箱八九个，盖载重不及其常量五分之一也。机师为夏荣庆（Philip Hsia），甚和气。1点半（渝时）降九龙坡，承航会职员派车送至上清寺，即仍住中研院宿舍。食面一碗，与济之、本栋、辑斋谈。未久，正之亦来谈，5点至教部托订赴昆飞机，与骝先部长谈半时许，晤任东伯，即将返筑奔其父丧者。返中研院晤思成夫妇，徽因甚瘦弱，但精神犹甚足。7点与正之、本栋、辑斋、济之、思成赴朱部长饭约，骝公似甚紧张，余告倘本周末不能安定复课，则与其经政府解散，毋宁自请停办耳。9点归后又谈甚久，始睡。

12月12日　星期三

晴。早7点余起，8点半至珊处早点，谈至11点返中研院。至教部取飞机票，再与部长晤谈。后至卫公馆午饭，张溥泉夫妇及二女卢佐夫妇皆在座。饭后2点半至机场，周司长鸿经来送行。5点公司人通知登一货机，盖本日下午将无客机赴昆，故将余特送入货机，为得早到昆耳。承机师招待在机室加座，得不感孤苦亦不觉冷。8点到昆，搭公司车至才盛巷，晤孟真、今甫、枚荪、廉澄，以汤面一碗作晚餐，且食且谈，乃详知半月以来之经过。12点后始返寓，家人惊起开门，略话北平情形，一点半睡。

12月13日　星期四

晴（前二日曾连雨，昨晚始晴）。早7点起，8点以后约端升、企孙来谈。芝生、莆斋、鸣岐先后来。10点至才盛巷与孟真、经农晤谈。经方自卢主席（卢汉）处归，述及重庆密电告卢，有15日以后如不复课即准备举动之语。午饭同在厚生福食涮羊肉。饭后至商务酒店访霍揆彰总司令，又在李文初令兄室稍坐。下午4点出与查、沈至云大医院慰问受伤未瘥之学生4人。至叔玉家稍坐。拜访卢主席于其青莲街公馆，谈半时许，承以车送至张西林处，张所约朱次长外皆为联大同人，似有为李宗黄说项之意。饭后9点余出，与潘、冯、查访缪云台，知其明日将赴渝者，谈至11点归寓。

12月14日　星期五

晴。上午9点约常委会诸君谈话，商定布告17日复课，并于明日召学生会各代表训话。中午在才盛巷与孟真宴朱、霍及龚、王、萧、熊等，共两桌。下午5点约一多来谈一时许。一多实一理想革命家，其见解、言论可以煽动，未必切实际，难免为阴谋者利用耳。晚饭邱清泉军长之约，座中有卢、霍、李、倪文亚、熊、史、朱秘书长等（经农后到，孟真先去）。邱意似为罢课问题谈商，但座中很少谈及，因实不便多谈也。9点余散，未得他往。12时睡。

12月15日　星期六

晴。上午9点与常委会全体召集学生代表在办事处谈话，先由［余］说明学校规定17日上课之缘由，及届时不上课之后果之严重；继由孟真、芝生、光旦、序经、枚荪发言，大旨皆于劝告之外指出此举关系学校前途之重大。11点余等先出，令诸生自行慎重考虑。中午与傅、查、冯、潘至机场送朱次长返渝，2点始起飞。后至厚德福午饭，饭后至才盛巷今甫处饮茶闲话。夕归寓，未再出门。

12月16日　星期日

晴。上午10点学生代表8人来送一书面答复，谓昨晚代表大会议决"在条件未圆满解决前不能复课"，接受该函后未与多谈。至新校巡视，情形甚乱，至图馆向死者4人[1]致祭后即出。中午约常委会诸君餐叙。下午未出门，约端升、奚若来谈。晚饭约同人10余人餐叙，饭后4点光旦偕一多来，一多告学生方面可有转机，甚喜，即走书告孟真。

12月17日　星期一

阴雨。上午10点孟真来，同往新校舍察看，竟无上课者。中午常委会聚餐，下午3点约教授会诸君茶话，报告最近数日经过及本人（与傅）感觉无望，不能不退避贤路之意。4点余先退出，诸

---

[1]指在"一二·一"运动中牺牲的4位烈士。

君随改开教授会，议决请缓辞，并于明日上午由各系主任联合召集学生代表，劝告并听取意见。下午分系由各教授向本系学生劝告，如无效，将总辞职。晚饭与傅、周在家便食，时已9点，会方散也。

12月18日　星期二

阴无雨。上午未出门。中午赴霍总司令在第一招待所饭约，卢主席在座。下午小睡、弄花，颇觉清闲矣。夕各系诸君有来报告谈话情形者，似无大把握。晚饭后至联华招待所访倪文亚未遇。至才盛巷。周鸿经又自渝来，与傅、杨、周、姚、毛、郑诸君谈将来处理办法甚久。11点归。

12月19日　星期三

晴。下午2点召常委会与各系主任会谈昨日劝告结果。3点余教授会，系闻据20余人提议召集者，余与傅仍被请出席，并请余仍任主席。先考虑提议之事由，为昨晚学生代表开会提出条件请予考虑，但因无正式报告，至究如何说法亦难断定，会中遂未予考虑。讨论甚久后，决即以书面劝告诸生，并推代表（冯、周、赵）访卢、霍，请对于取消禁止自由开会之前令。在寓晚饭后文告拟就，即付印贴出。随访卢，允即作声明，访霍未遇。

12月20日　星期四

晴。上午未出门，闻今早上课情形颇不整齐，但未有阻挠情事。下午3时再开教授会，先由上课各教授报告各班情形，适学生自治会来呈函，附修改条件，会中因函中说法不妥，且条件经修改之后更多枝节，请余召学生代表面告之，并嘱其务遵教授会劝告，早日复课；再对于自愿上课之同学不得拦阻或压制。晚6点半赴卢主席饭约，晤第二军王军长凌云。归寓后9点半，查、潘、沈偕学生理事王瑞沅、王世堂来，将教授会意思面告后再加规劝，如自治会不能负责，应自承认，否则倘有事故发生，该代表理事等则不能辞其咎。二生答词仍甚闪烁。明日情恐仍不可乐观也。

12月21日　星期五

晴。上午8点至新校，继佩、枚荪诸君特来巡视各班上课秩序，似不如昨日之安静。学生张贴颇乱，有涉及师长个人者，傅、查等为撕去。孟真午饭后去，定明日召集教授会，发表向学生会代表（二王）谈话内容及附件，以免误传。

12月22日　星期六

晴。上午有数教授来报告，上课情形仍未大好转。下午3点教授会，学生会又有函，报告"罢联会"对于复课条件再加修改，其意似欲得早日结束者。闻未到会，派寿民暂代。孟真颇示焦躁，盖已决于明日返渝，校事不欲过问矣。会散后留周、冯、赵晚饭，草"谈话"之二。饭后又随周、赵访傅，劝其稍缓返渝，未得谅允。以后只好仍自支撑耳。

12月23日　星期日

晴。上午10点余至才盛巷稍坐，送孟真至飞机场，待到1点始知改明日飞渝，与傅、杨、周、赵、汤、查至厚德福食涮羊肉。

下午小睡，起后光旦来告，教授会声明文告登报未洽妥。赶赴才盛巷与周、杨商量后急函卢请设法登出。晚饭在Payne家，同座有龙荪、奚若、Sprouse、Winter，谈颇久。10点半归，得卢信谓宜先有上课声明始好登其他文件。与熊、朱打电话，学生已拟有启事，可一同登出，但朱谓天晚恐不及办矣。

12月24日 星期一

晴。上课情形大致仍如前二天，午前杨、冯、戴、许等来商定将教授会改于26日召集。随之芝生至工院，适教授20余人已有辞职意，当即劝慰稍耐至后天再看。晤魏菊峰（毓贤），新自美归国者。下午4点约新闻界10余人茶叙，略及登报事，诸人表示为难，即广告亦似不欲照登。晚饭为熊迪之约，座中有卢、霍、王子政、倪文亚；饭后9点为朱景瑄约至省府与新闻界诸君再商谈，初仍表示困难，最后由钱沧硕提议以谈话方式发表，允与同人考虑。11点归。周枚荪下午有辞职信颇坚决，急作复恳留。3点始睡。

12月25日 星期二

阴甚冷，天明时有雪，余睡时（9点半）已尽融化矣。10点余约冯、冯、汤、朱、潘、查、沈、赵（杨、周、赵因送信迟到未来）共商《谈话》文稿，于下午油印送去。午饭留魏菊峰、施太太等共饮，亦以小庆佳节耳。下午小睡后接枚荪信，谓暂可不辞矣。夕至才盛巷闲坐，留晚饭。9点余偕汤、贺归，二君亦往劝枚荪者。李宗黄昨赴渝。

12月26日　星期三

晴。早见报《谈话》悉照原文登山，"罢联会"亦有即日复课之启事。校中学生已大部上课，工院全体上课，师院专修科则全未上课。下午3时教授会大家似认满意，但对数日来自行上课为学生会剥夺权利者请当局警告立予纠正，并劝告学生之间相互容忍。

12月27日　星期四

晴。上午全体学生上课矣。作与朱部长及傅孟真各一信。下午王炳南、陈久征来。

12月28日　星期五

晴。上午复卢、霍询学生上课情形信。下午5时余访端升久谈，留晚饭，11点始归。端升亦认［为］一多17日在会中之言辞已有使校中当局不能忽视者，唯屡言"正之主张"，乃告吾殊不觉其有若何主张。不过正之爱清华之切，言语间或不无过甚之词耳。在钱处饮咖啡二杯，似太浓，上床久不成寐，或以此乎。

12月29日　星期六

晴。仍未赴联大。午饭约宴卢、霍及朱秘书长丽东、赵康节、王军长仙峰、张副军长、吴参谋长丽川（王、张已返大理，吴因事未到），陪客为冯、杨、周、叶、查。晚姚、毕、全、沈四家来贺寿并送席一桌，同家人及素斐、松龄共聚，亦颇欢乐已。

12月30日　星期日

晴。上午9点余始起，督率工役种花，来夏即不能自赏玩，可留与后人看也。中午徐行敏夫妇在新村庄69号新居请客，菜太丰富。晚庄前鼎夫妇饭约，系为其结婚10周年者，共为梅、潘、赵、雷、张五家。下午冯柳漪来言，明日将偕序经、广喆赴渝往见张校长。

12月31日　星期一

晴。上午仍未到联大，审阅关于校产损失报部文卷。下午联大常委会。晚饭食炮牛肉，加邀今甫、寿民、仲明、沈同、福堂，聊做除夕小聚。9点余散去。

1946年（1月1日—10月12日）

1月

1月1日　星期二

晴和。上午有多客来拜年。下午3点在办事处约联大及三校教职员及眷属举行新年茶叙,到者老幼约200人,因天气晴和均在院中茶话。将5点,日色西沉渐渐散去。有10余位至寓中飨以好酒,聊以点缀年景耳。晚6点至吴泽霖处晚饭,客为樊、鲍、华、沈、戴之外复代约今甫同往。饭后分批赴广播电台听京戏,大部为票友扮演,《二进宫》颇好,《小放牛》无甚精彩,《群英会》之周瑜火气稍重,孔明又嫌太呆板,鲁肃尚好,蒋干则太似小丑矣。又加《华容道》一段,然无甚可取。12点半至蔡文侯家又稍坐始归寓。

1月2日　星期三

晴。中午至战地服务团樊、吴饭约,再晤霍嵩山总司令。下午3点中英文化协会在工业协会开会,请Joseph Needham博士讲"原子能"，尼君春间将回国矣。晚，陈荫生饭约，5年旧居，经主人大加改造，几不复认识矣。座中龚仲钧外皆校中同事，主人酒量颇好。饭后龚话多矣。

1月3日　星期四

阴冷。下午3点清华教授会，为大家报告北平情形及清华园接收经过及现状，历时一点一刻，后又茶话，至5点散。晚约李润章夫人、张奚若夫人、刘淑清夫人、杨石先夫人、徐行敏夫人、戴士明夫妇、马佩伦、马启勋便饭，菜系自做，尚好，仍嫌稍多耳。

1月4日　星期五

晴。晚饭后至今甫处闲话，商定于7日往凤鸣村小住。

1月5日　星期六

晴。晚霍总司令饭约，晤鲁荡平、卢永衡、高军长等。

1月6日　星期日

晴。午前鲁荡平来访，又有多客来。晚约鲁及甘介侯、陈勋仲、陈久征、王炳南（未到）、熊迪之、朱驭欧、芝生、今甫、嘉炀。

1月7日　星期一

晴暖。午饭后1时章矛尘来，稍收拾零物后，同车往才盛巷接杨今甫出发，2点余至桃源村沈从文家与从文夫人谈半时许。再前行，5点许抵凤鸣村53厂，计全程共用2小时15分钟，与杨、章住招待所三屋。晚饭晤书堂夫妇、老太太、Ningning（宁宁）、王源璋夫妇及小孩、文衡全家，谈笑甚欢，顿忘月来之疲倦。饭后看竹至12点始睡。

今晚卢主席饭约、龚仲钧饭约均辞谢。

1月8日　星期二

晴暖。早9点余始起。早点后与今甫、矛尘、孟宜及N.、蘅江出外散步，原拟往后山一古庙看茶花，因小路难识，误上另一山头，隔涧东望，只见庙门，未见茶花，然已不愿再绕道前进矣。在山坡草地上卧半时许，阳光和煦，吸烟闲话，实已可谓畅游也。下山仍甚崎岖，一点余始到王家，因包饺子至2点余始午饭，携酒快饮，颇饶逸趣，韭菜包饺尤为适口，任性吞食，总在二三十之间矣。饭后看竹，获三千有零。晚王仍之厂长约饭，饭后与章、王及……（原缺）（秘书长）竹战，日间所赢，晚间尽输去矣。2点散。

1月9日　星期三

晴暖。早起更晚（10点）。早点后访戴练江夫妇、侯宝璇夫妇。午饭在文衡家，看杨家老幼"滑拳"，颇有趣味。饭后看竹8圈稍负。晚饭邓君之约，其夫人为湖南籍，颇善烹饪，但稍嫌太丰耳。饭后与章及书堂、源璋等看竹，未有出入，章则负在万元左右。1点余睡。

1月10日　星期四

半阴。早8点余起，早点后照相数张，10点后与诸人握别登车归去，王厂长等另乘一卡车随后行，恐吾等车又出毛病也。12点15分到桃源村，为从文夫妇留午饭，饭后邀沈太太同车进城至北院看房子。3点余到家，沈太太等稍坐别去。小睡。晚约周之再处长（军政部管理处）、黄处长（军部第七会计分处）及樊、吴、查、沈等便饭，为译训班借拨物品事也。饭后与嘉炀、福田等谈平校问题颇久，福田将于明早再去北平。

1月11日　星期五

晴。中午周子竞为蔡子民先生生忌约午饭，同座为熊、叶、殷、陈席山等，均科学家也。下午3点访卢主席于省政府。晚约王源璋及53厂二位及路春舫、卢焕文、杨、章在厚德福便饭。

1月12日　星期六

晴。中午黄宪儒、陈复光、吴少默、张天放（木棉公司）请客，晤甘介侯、叶、金、李、刘等。联大于今日期考完毕，自复课以后迄未到校办公，因学生举动仍多"自由"，管制既多不生效，则不欲目睹，恐或不能默视也。

1月13日　星期日

晴冷。上午华罗庚来谈军政部派赴美国研究事。晚饭约竟有四起：先至赵世昌家应赵全之约；稍坐再至马约翰家牟作云夫妇之约，入座半时许别出，但饮酒已三杯矣；周先庚在榕园之约未去；最后至工院施家，座中有今甫、迨羽、泽霖及倪女士，然已不能多饮矣。饭后闲谈颇久，10点余归。

1月14日　星期一
晴。联大放寒假三天。午前朱丽东秘书长来，催询安葬事。昨日郁文因牙痛未出门，今日看者甚众，实已不痛已。

1月15日　星期二
晴。晚，章川岛夫妇饭约，有今甫、迨羽夫妇、华炽夫妇、春舫、文衡。路携陈酒半瓶，掺他酒饮之仍甚清冽，不觉其多，余话似特多，盖已微醉矣。归后作书致今甫言刘本钊事。

1月16日　星期三
阴。中午今甫约在厚德福，晤 Fairbank 太太、张太太、龙荪、端升、光旦夫妇（奚若因病未到）。晚赴刘淑清太太饭约于大厂村，客皆熟人。饭后听张太太讲论吴雨僧，今甫在旁搭腔，极有趣。散时已11点矣。下午3点访 Fairbank 太太于美领馆，谈考送留美研究美国历史文化等问题。下午5点联大常委会，讨论安葬事，金主以不理理之。

1月17日　星期四
晴。午前10点余卢主席偕赵康节来，为安葬事，约查、潘共谈至1点始去。彼等之着急殊为不智，但似不能使之明了，奈何！午饭后高警寒来。小睡。晚间未出门，11点朱来电话，谓明日公团致祭之举可缓期举行。

1月18日　星期五
晴风冷。下午4点约Mrs. F茶叙，并约联大校务会议诸君及各系主任借示欢迎。F. 此来携有新书数十种，甚可感也。晚樊、吴在金碧别墅请客为欢迎Brig. Gen. Chennault者，中、美客共二桌。9点余始至潘家，已食罢，今甫已去，与金、叶、李、朱、沈闲谈至10点余散归。

1月19日　星期六
阴冷。中午在寓约工院新来教授便饭：刘恢先、杨津基、王宏基夫妇（钱钟韩病未到）及叶楷夫妇、王德荣。晚7点卢、霍、白、晏、樊在兴文银行请客，盘餐、舞会，到人甚多。9点余先别出。下午约叶、汤、施等商讨本年中基会教授奖助金分配办法。

1月20日　星期日
晴。一日未出门。

1月21日　星期一
阴有小雨，颇冷。派丁兆兴代（刘本钊）事务组主任。下午冯柳漪、张惠远夫妇来。晚卢主席宴陈纳德及四领事，晤赵一肩军部特派员、刘叔琬参谋长、张参谋长（空军）、李中襄等。

1月22日　星期二

晴。下午刀承钺土司来拜，率其族人四五人，刀青年似颇有上进之志，谈吐亦很谦和，坐约半时辞去。晚，请滇西土司数人餐叙，并约勉仲、光旦、泽霖、印堂、萧斋及学生段荣昌陪坐：

蒋家俊（汉人）　…………　猛板土司司官

石炳麟　……………　澜沧土司司官

刀承钺　……………　干崖土司司官

多根培　……………　遮放土司代办

多永清　……………　陇川土司代表（未到）

1月23日　星期三

晴。下午5点联大常委会，对于工院学生自治会理事取消上月17日起自动上课之学生会籍及膳团权利之举（至今仍未自行纠正），决予惩罚。其常务理事王世堂等三人各记大过一次、小过二次。另布告凡学生自治会决议事项不得再与学校规令抵触。饭后请芝生草拟布告二稿，至11点始散。胡觉、叶光甫饭约未得去。

1月24日　星期四

晴。下午3点清华校务会议。5点约集院长、系主任等商谈图书仪器损失报部及请求添补经费等问题。7点聚餐两桌。

1月25日　星期五

晴暖。晚6点余至白英夫妇家，有客20余人，白等日内将赴渝做美行计划。7点余至财政厅华秀升之约，同座有陈纳德、霍嵩山、晏玉琮、吴泽霖、朱健飞、张某及 Willard（威拉德）。

1月26日　星期六

晴暖。上午9点借战地服务团车往飞机场看鸿翔部队表演跳伞技术，有祝宗权为联大学生表演单人自6000英尺延期张伞颇好。12点回寓。下午睡二小时，晚未出门。

1月27日　星期日

晴暖。上午10点半始起，洪深来未得见。下午收拾花草。在阳台上看书颇和暖有春意。夕，华罗庚来谈俄科学会邀于三四月往游事。晚贪看小说，至5点看完始入睡。

1月28日　星期一

晴暖。晚8点至美领馆看电影，战片之外有一笑片，讲一富人有偷盗癖者，大可开胃，然无意味，温德颇不满。以后有茶点，陪新来副领事 Mr. Roser（罗泽先生）、Mrs. Fairbank 言明日返渝。11点归。

1月29日　星期二

晴暖。晚6点半赴李希尧饭约，系为陈纳德饯行者，座中 Willard，舒之外，有晏司令及禄、李、庚、裴、罗、赵、萧、华、孙等及希尧大公子，拟于最近赴美者。席间主人出其久存之洋酒如 Cherry brandy（樱桃白兰地）、Whisky，皆甚醇美，余为众人劝饮稍多，然无醉意。归家稍坐即睡矣。

1月30日　星期三

晴暖。下午3点约汤、叶、钱、施来商量推荐教授特别研究补助金受款人（82人，每人5万元）名单。5点常委会。7点会后约杨西孟、伍启元同便饭，借谈渝中消息。

1月31日　星期四

阴。下午3点清华聘委会，仅讨论六七件。5点评议会，一多、奚若未到。7点晏司令以车来接与郁文至其寓所晚饭。陈纳德今日未飞去，座中并有霍总司令及吴泽霖。10点余归。

2月

2月1日　星期五

阴冷。昨夜有风,天气又冷矣。一日家人甚忙,备晚间年饭各事。6点与泽霖赴土司官刀多诸君饭约于翠湖招待所,廊前设席,风冷且不整齐,灯光又暗。印堂、勉仲之外,更无他客。盖除夕人家多不出门矣。8点余未待终席辞出。至家客人大小二十七八人(查、章、姚、毕四家及愫斐、松龄、祖培、钟安度、蒋燕华、陶燕锦、全绍志、戴世光)已坐立堂屋待进晚餐,济济一堂极为热闹。饭后分做升冠圈、牌九等戏,3点食元宵年糕,又闲谈至5点,客大部散去。收拾屋中零事,至6点半天已明,始上床睡。

2月2日　星期六

阴冷。昨晚有小雨。中午始起,洗漱未毕,已有客来拜年者,饭后又五六起,一日未出门。自昨晚城内外鞭炮声甚多,下午有鸿翔部队之龙灯、高跷等会。人民过年之热闹，盖情不能自已也。

2月3日　星期日

半晴。上午来客仍甚多。下午稍整草地，赶催理工各系编造UNRRA（联合国善后救济总署）调查报告。

2月5日　星期二

半阴。早起颇感疲倦。下午4点清华聘委会通过新聘教授10余人。晚饭赴杜聿明夫人之约，酒菜及同座皆无意味，但主人盛意至可感也。归后整理各系组报告，甚麻烦，至4点始睡，工作犹未完，然已不能再支持矣。

2月6日　星期三

晴，有风。晚，风甚大。早10点起，朱秘书长来述及昨今两日学生6人往省府请修坟及抚恤各费，及朱与卢主席答复大旨。熊迪之来坐颇久，意似为预商占用译训班房舍事。下午5点联大常委会，枚荪、序经皆新自重庆归来，又约霍重衡来共商迁校筹备事宜。饭后由枚荪草又代电致教部，为李免职及生活费问题。

2月7日　星期四

晴。为编造向UNRRA驻平调查员Krivor（克里沃）报告学校损失及将来需要（农工医）忙作一日，但因打字人手缺乏，须二日后方能寄出矣。

2月8日　星期五

晴。日间仍督促抄打报告，明日可寄出。晚约云大医院杜棻（医学院长）、赵明德（医院长）夫妇、刘明智及他医师4人（范秉哲未到）、谭世杰（善后总署驻昆主任）、陈王善继及弗斋，以谢诸君医药帮忙之意。

2月9日　星期六

晴。午前尚有来拜年者。中午戴观亭夫妇饭约在其城北新居，菜甚多，惜欠精，同座为潘夫妇、叶及正之夫人。饭后回寓方欲睡，希渊来谈甚久，去时已黄昏矣。晚杨业治夫妇为其令堂六十寿辰在办事处会议室请客二桌，颇热闹。散后约杨老太太、潘、赵二家来寓茶叙，至11时别去。

2月10日　星期日

晴。一日未出门，赶办呈部文稿，关于复校后院系计划、经费预算等问题，殊难假手于人也。下午清除草地工作约二时，略当运动耳。晚为联大请白雨生司令夫妇、晏玉琮司令夫妇及芝生夫妇、重衡、泽霖，借便商谈运输问题。

2月11日　星期一

晚，雨颇大。晚约美副领事McGeary（麦吉里）及Roser、Payne夫妇、华秀升夫妇、赵恩钜（夫人未来）、王子政（夫人未来），饭后谈颇久始散。

2月12日　星期二

下午晴仍冷。近来晚睡更迟，早起总在10时左右，身体亦觉不适，胃口不佳，是缘起居不正常，以后当力戒之。中午约农研所教授6位及企孙会谈农院筹备事项，并午饭。晚约缪云台夫妇、杨耿光夫妇、朱健飞夫妇及光旦夫妇便饭，借商印刷机售与经委会事。

2月13日　星期三

晴。下午3点联大常委会。5点校务会议，教授代表到者只三人，尚有三人因赴平须于下次递补者。

2月14日　星期四

晴。因准备明日赴渝，更觉忙迫。幸晚饭后要件均已草毕，待明早交人抄出携去，然收拾零事又至2点始睡。

2月15日　星期五

（动身赴渝）晴。早9点起，收拾行李，催取文件。将10点世昌来，谓机位已订妥，须10点半即去，赶即准备，11点到机场，等约半小时即上机，因机师未来又等约半时，12点10分起飞。一路颇平静，但因连日睡眠太少，又胃中尚未复原，稍觉不适。2点半到珊瑚坝，同机遇费福焘，承照顾在机场稍用饭，搭其车至上清寺，仍借宿于中研院，因思成夫于下午飞往昆明，适有一屋空出可住也。晚饭至求精中学，见珊等正忙于收拾箱笼，始知数日后即将往南京矣。晤郑婴，新自贵阳迁来者。9点余归寓，罗庚、孟真及萨太太来谈，孟真坐至11点半始去。

2月16日　星期六

晴。午饭往求精，饭后3点出往教部，杭、周、贺皆未遇，在顾荫亭处稍坐。至重庆村访蒋孟邻，赴京尚未归。至金汤街，闻八弟昨在城内，今早始去，为曹晓忱留条。归后因无聊，便至卫家，入门见似有多客者，见七妹始知适为俊如寿日，有人送酒席为祝，座客有朱绍良、李一平、邵光明夫妇、陈蕙君等，食时朱、李颇闹酒，而李醉矣，饭后大吐，盖亦借酒消闷者也。有卫旧部属数人唱京戏，旋何成浚来，又谈至10点始散。

2月17日　星期日

晴。上午至孟真［处］坐，晤林超君。午饭刘金旭约在重庆牛奶场西餐，颇清爽，在彼遇洪绅及某君（成渝铁路局长）。下午4点访骝先部长于其私寓，因胃病尚未起床，坐谈约三刻，颇关心于清华复校设备等问题，而对于张、闻、潘等之举动谓殊于清华不利，实善意之警告也。后至求精晚饭。

2月18日　星期一

晴暖。午前卫家使人来约往午饭。饭后至中研院办公处晤汪简斋及罗宗洛等。4点至李子坝访任叔永、林伯遵。晚在求精。上午发与企孙信。

2月19日　星期二

晴暖。一日在求精未他往，因连日天暖，衣服太厚，竟患热伤风，连服Sulphadiazine（磺胺嘧啶，抗菌药），幸未发烧，但鼻涕甚多耳。

2月20日　星期三

晴暖。午前至求精，与郑、史、维恩及珊各出3000作公醵，实以为珊等饯行，为维恩补寿耳。下午知赴京飞机明日不行。

2月21日　星期四

晴暖。一日仍在求精未他往。来客数起，收拾零物，竟无静谈机会。晚文华、文曼皆来家，谓明日游行拟不参加，以使其母心安也。10点握别，因明早4点余起飞，不得往送矣。

2月22日　星期五

晴暖。早8点起屋中即来数人，吴正之、陈剑翛、何义均皆为照顾学生游行者。9点半游行队伍至上清寺，在道旁立观约三刻始全过去，共有2万余人。至求精，文华将午始自机场归，始知飞机因雾重待至10点余始起飞。饭后回寓小睡。天夕与济之至宽仁医院访吴文藻家，留晚饭。

2月23日　星期六

晴暖。午前傅任敢、章微言来，宋涟波来。至求精午饭，饭后文华、文曼即回沙坪坝，盖欲吾留彼午睡也。晚杨老先生来，谓日内将由航委会发船票赴汉转沪。郑婴来，略购冷荤与小酌，但益感室内冷寂耳。晚留宿未回中研院，在床看书，3点始睡。

2月24日　星期日

晴热。连日晴暖，今日更热。棉袍更嫌厚重矣。午前与珊作信未完。饭后 2 点往中研院,原与济之、有乾约同往高场坪看思永病者,久待车不至,盖已先去矣。4 点余济之归,知思永病状尚好,同往访周寄梅部长未遇,又访萧叔玉于重庆村庆云处,留晚饭,久谈至 9 点余始归。仍宿求精。

2月25日　星期一

晴热。上午写信、看书颇觉闲适。饭后出门,太阳下尤觉燥热,乃脱去棉袍,仅着夹袍而尚嫌厚重也。至教部列席渝区各校复员会议,场中竟有七八十人,讨论至 5 点半散,待明日再议。晚至神仙洞章征言(熊)饭约,晤浦逖生、宋涟波(益清)、李运华、向景沄、蒋恩铨、冯鹤龄、杨震球诸君,逖生谈及平校请补助修理匠工工资问题。饭后与浦至吴谢家稍坐。10 点回朱处。

2月26日　星期二

晴热。上午在朱寓未出门。午饭后 2 点出理发,适见南区学生游行至上清寺,至中研院宿舍晤李方桂谈半时许。至教部翻[译]芝生来密电,谓昆明学生将于 27 日罢课,催余速归。晚 7 点赴李约瑟饭约于国民外交协会,为介绍李继任者 C. M. G. Bolton(博尔顿),客共二桌,翁、杭、傅、吴、竺外,有……。席未终,杭拉吾出谈,促吾即返昆。吾虽觉或非严重,而又感在渝任务未完,但只好决计归去,此责他人亦难负也。急至朱寓稍留,即返中研院。晚,小雨又转冷矣。

2月27日　星期三

（返昆）晴。清早5点起，因昨夜落雨，天气转冷。6点教部派车来送赴机场，有孙专员国瑞偕行，7点半登机，10余分后起飞，9点15分入滇境，丛山纵横，空气混沌，云块稀疏，飞来急速，盖已在风暴中矣。机身上下左右颠簸特甚，男女座客十之八九皆作呕吐。余因注视窗外，颇虑风力太大或生意外，遂未顾及其他，而亦未觉晕吐。11点始降巫家坝，适遇胡蕴山、张西林将往渝赴二中全会者。在候机室晤林云陔部长。与张左丞等久谈。为胡觉邀至合作社用点心。1点半张、胡等上机去，搭张车返寓。下午风愈大，且落雨一阵，天夕颇凉。下午5点常委会，为略述在渝接洽情形，饭后谈至11点始散。

2月28日　星期四

晴，有风。早起觉伤风加重矣，午前请□王大夫来诊视，幸无烧，唯头重口干，鼻涕甚多，服药之外尤须休息。午后查、沈来谈，适学生有代表来为请取消工院学生三理事记过事，久缠不去。旋潘、冯亦来，遂请四君告代表等，如学生将以前自由上课之同学处罚事件完全撤销，则常委会可重考虑记过问题，否则难予理会。该代表等又报告，明日学生将罢课作为要求，当严予告诫，倘如此行动，尤属不合，学校更难予同情。

3月

3月1日　星期五

晴，有风。伤风仍未大愈，下午端升来谈。

3月2日　星期六

晴，有风。咳嗽稍好，鼻涕仍多。午后起床批阅公事。晚约冯、雷、冯、姚、罗、闻、唐、刘、潘、汤、朱（闻未来）便饭，商写刻纪念碑事。余酒食未多进，陪坐而已。10点客散。

3月3日　星期日

晴，有风。昨晚睡不佳，午前沈刚如来，请其处方调理脾胃。吴蕴珍遗柩于校中安葬未得参加。下午至户外散步，稍整理花草。天夕勉仲来，未久留即去。于《学生报》见奚若谈话一段，其主观实太强，而于批评同人之处，尤为欠妥。其肝气近来似更盛矣。

3月4日　星期一

晴热。仍有风。本年风季似较前数年特厉，旬日以来每早9点以后便有风，时或有阵雨，至晚饭前后始平息。最近数日，风势尤猛，闻飞机近来每有停开者，盖高空风力尤大。上周由渝飞回即觉摇荡异乎寻常也。屋中瓦顶未加承尘，数日来，灰沙、杂屑、干草、乱叶，每次风起，便由瓦缝千百细隙簌簌落下，桌椅床盆无论拂拭若干次，一回首间，便又满布一层，汤里饭里随吃随落。每顿饭时，咽下灰土不知多少。邻家儿童甚多患眼疾、喉痛者，实以此季天干而风特大，病菌流传，又较灰沙难于防除矣。今日联大及昆市他校学生罢课一日，以表示对于李案处置之不满，此举诚非全无理由，然亦只能听之，更望勿生其他事端耳。戴坚师长（荣誉第二师）自越来昆，承赠在越受降时日指挥官缴呈军刀一柄。下午许××来谈，神颇不定，盖名利之念太重也。晚为杭立武及傅孟真各作一信，至3时始睡。

3月5日　星期二

晴热有风。下午再减去绒小褂，去丝绵袍换着驼绒夹袍，犹觉燥热。午前祖培来告其母于12月杪逝世矣。下午张莘夫追悼会未往参加，因日来咳嗽鼻塞仍未痊愈也。晚电灯轮停，桌上点洋烛二支，已价1200元，犹不甚明，只好早睡（12点）。

3月6日　星期三

晴热有风。伤风稍好，仍未出门。下午3时清华校务会议，5时联大常委会，为整饬校中秩序，清理杂乱揭帖，讨论颇久。晚作致浦逖生信。

3月7日　星期四

晴热风。下午赵康节来送省府公函，关于死难四人家属抚恤及葬费等问题者。晚作二信致陈岱孙及朱经农。

3月8日　星期五

晴风颇大。上午刘觉民来谈颇久，彼于昆虫学研究与训练实甚努力，苦干之精神可羡也。今日作三信，致梁思成、陈雪屏与任叔永。睡时又2点矣。

3月9日　星期六

晴热风。下午赵康节再来。各校当局会商丧葬医药抚恤支配问题，总数仍在6000万，实太费矣。今日作二英文信，与王景春（英国）及叶良才（上海）。

3月10日　星期日

晴热，风稍平。中午缪云台夫人饭约，为招待斯毓桂君及李蕙芳女士二音乐家，云台在温泉未归，同座为龙、刘、张、潘、李五夫人。下午小睡后修理花草，将兰花分5盆，已多有出箭者矣。晚范秉哲夫妇饭约，座中有熊迪之、赵明德、杜棻、李……（原缺）、刘君、梁家椿夫妇及法领事又法医师Bennet（本涅特）等四人，皆操法语者。西餐甚佳，惜太多。酒亦好（自做樱桃酒），惜太甜，食后殊觉太饱耳。以后主人又出香茶，谓能安眠，亦因太甜未多饮。10点归。

3月11日　星期一

晴热风大。日来咳嗽渐好，唯眼觉不适，恐系睡时太迟之故。午接八弟信，知宝弟留美诊病情形。祖培来，留午饭。下午再整理花草，甚感兴趣，惜对于园艺无多研究。以后有暇当更致力。从事教育逾30年，近来颇感失望。他日倘能如愿，吾其为老圃乎！夕，缪祥烈（因伤割去一股者）之父来访，坐甚久始辞去。

3月12日　星期二

晴热风稍小。下午3时与郁文至海棠春吊卢太夫人之丧，吊客甚多，未及4点便进晚餐，殊难下咽耳。晤赵辰伯、朱丽东、缪云台等，5点归。晚赶办呈部文稿，为令弗斋携渝者。

3月13日　星期三

晴热风。下午5点联大常委会讨论及学生为17日安葬事铺张宣传情形，俨然演戏赛会矣。又议决告诫学生不得诋毁谩骂，此不得为言论自由也。邵仲和来，新调金城经理者。

3月14日　星期四

晴热风。下午2点学生复举行公祭，闻到者殊不多。晚英美广播谓俄军在伊兰不但未后撤，反更前进。国际情势已甚严重矣。昨中央社有俄军撤出沈阳之讯，而实退驻于长春，此不过一时缓和之态，将来如何演变，正未可知也。

3月15日　星期五
晴热风。晚，缪云台夫妇约饭，晤李希尧夫妇、吴肖园夫妇、赵辰伯。饭后赵大谈佛学文艺，此人似见闻颇广，因其早年游历颇多，盖自命为名士者。10点为吴车送归。

3月16日　星期六
晴热风。一日间勉仲来三次，告学生明日出殡准备情形。端升似亦奔走，力使勿于明日更生枝节也。

3月17日　星期日
晴有云，风稍小。午前11点出门往武成路福照街口伫立三刻许，学生殡队久不至，后始知已改道由大西门经青云路进城矣。街上观众甚多，似无成群可有冲突者。立观至12点半回家午饭，饭后小睡。夕闻殡队已返校，安葬幸无他故。继侗来谈，留晚饭。饭后勉仲来，共谈颇久始散。午前发与山信。

3月18日　星期一
晴热风。午前学生上课如常，为之稍慰。

3月19日　星期二
晴热风。为教部令三校开报现有教职员、学生、工役及员工眷属人〔数〕及公私物吨数。晚约北大、南开会同商谈，到者北大有汤、江；南开有邱、冯；清华则继侗与余。所谈最要之点为休假与请假者之开列，与请保留新聘（教授、副教授）名额之问题。

3月20日　星期三

晴热风。下午5时联大常委会（4点清华校务会议），适冯、潘已自保山归来，黄子坚又新自平经渝返昆，莘斋有信由子坚携来，尚无关于迁运之好消息。通过为告诫学生严守壁报管理规则令训导处切实执行之议案。

3月21日　星期四

晴热风。下午泽霖、世光来谈。世光亦昨日自保山归者。

3月22日　星期五

晴热风。一日赶办报部人数、吨数事，该管职员头脑不清，所编造表单不敢为据，不得不亲自查对，然费时甚多，无可如何耳。下午又接莘斋信，部中要更详细之概算者，又须费时费力督促赶办，晚3点始睡。

3月23日　星期六

有云，风仍大。雪屏昨来昆，晚约便饭与常委会诸君会谈，谈及北平临时大学补习班学生今夏结业后之安置问题，意见颇多，终须看教部意向，听其决定耳。

3月24日　星期日

下午有阵雨，晚仍有雨。下午3点余北平研院、中法大学、"世界社"等七团体在商务酒店为欢迎李石曾茶会。到客约百人，排座讲话甚呆板，5点余散。李润章夫人来家便饭。

3月25日　星期一

阴，时有小雨。月余以来风沙之苦，今后或可止息矣。院中近植花种当享此雨润更得滋长矣。昨日王明之赴渝，携去报部代电及概算书。下午又接沈二信，部中核定复员费有北大13亿、清华10亿之说，使人不解，恐沈（履）去已太迟，为近水楼台先得月矣。下午复沈一信。晚，丁龙垦夫妇在商务酒店约饭，晤徐颂九，为行总派来办滇西救济者。

3月26日　星期二

阴雨转凉。下午3点半清华校务会议，商讨复员之最近各问题，只叶、施到会，冯、潘皆因他事未到。晚请客：葛西泉夫妇（未到）、徐颂九、丁龙垦夫妇、范秉哲夫妇、霍秉权夫妇及吴泽霖。席未终郁文觉不适先离席，盖因闻近数日飞机有失事者，遂惦念彬彬等自印赴沪之安全尔。昨、今两日因气候之故，英美广播皆不易收听，殊为闷闷。

3月27日　星期三

阴，晚有雨。下午约联大及清华教授茶会，请子坚、雪屏报告平津情况，及北平临时大学补习班情形，盖该班学生夏间安插问题都与三校之复员问题有关也。6点联大常委会，事项不多。7点与光旦赴徐颂九在中央银行饭约，盖宴当地党政军及新闻各界者，共5桌，8点即散归矣。

3月28日　星期四

半晴有阵雨。下午3点半清华教授会，关于迁移问题昨日已报告者未重述，另将清华复校各问题报告后，征求大家关于补习班学生分发问题之意见。要点为：编级试验，人数勿太多，勿使总数超过2000之限。6点余赴教厅王子政饭约，饭后与徐述先等谈师院将来问题及云南对于学术研究发展计划。10点散归。

3月29日　星期五

阴有阵雨。下午赶作与弗斋及岱孙各一信，为托重衡带渝者。6点余赴霍嵩山总司令饭约，晤宋志伊、张西林、徐象枢等，雪屏亦在座。8点余又至译训班吴泽霖处，有黄、霍二家及徐颂九等，又饮惠思齐酒三数杯。9点余归。

3月30日　星期六

阴，夜雨颇大。一日无事，清理旧文卷。夕，佩松、企孙先后来谈。阴雨甚冷，室中终日置火炉。睡时（1点半）雷电交作，雨打屋瓦声响繁密，颇喜听，但未久即无所觉知矣。

3月31日　星期日

半阴无雨。霍重衡今早赴渝，备转粤调查船运情形。下午发二电，一致孟治，一致邵循正约陈寅恪返校。晚约饭：周作民（已赴渝）、宋志伊（未到）、吴肖园夫妇、邵仲和、高云裳、鲁冀参、朱驭欧夫妇、查勉仲、姚佛同。

4 月

4月1日　星期一

半阴有雨。上午9时赴省党部第一届省参议会开幕礼，至11点始完，又照相留午饭。饭后至上海浴室洗澡，地方狭隘，似不甚清洁，草草了事，修脚尚可满意。2点余回家小睡。晚饭时家人俱外出。饭后光旦来谈。

4月2日　星期二

晴。下午约李筱韩来谈，拟约其于复校后任秘书长职务，渠表示愿考虑，待日内再晤谈。昨晚与苇斋信未发。

4月3日　星期三

晴，下午有阵雨。午前企孙、光旦、端升先后来谈。下午5点联大校务会议，讨论时间多注重迁运问题。今日得部令规定以

70194万元为迁运费，但其支用办法尚待核示耳。会后便饭。以后，查、鲍来谈米账问题颇久始去。

4月4日　星期四

晴有阵雨。午前约泽霖来谈教务长问题，嘱予考虑，下午3点半葛西泉来谈路局车运问题，尚待与自雨生商量合作办法始能说定。5点清华评议会，规定10月10日开学，21日上课，10月1日学生起始报到。饭后再与筱韩谈，彼恐体力不胜未敢担承，须待再商量。晚作与陈寅恪夫人信，下午发与弗斋信。

4月5日　星期五

晴。下午3点约集三校代表（各三人）商讨联合招考问题。5点清华聘委会，7点便饭。中午约查、章二家吃面（祖彬生日）。

4月6日　星期六

晴。午前庄前鼎来谈，对于研究所改组问题仍未了解。下午接葛局长来信，开列车票货运价格及办法，急函弗斋，嘱向萧庆云商优待减价及向教部请增加迁运费。

4月7日　星期日

晴。午前李储文来，谓将赴平，请介绍与平保委会。路祖燊来，报告关于会计数事。中午约刘、章二夫人及小姐们6人便饭，下午收拾草地工作二小时颇疲倦。夕，霍秉权自渝归，谈交通情况，夏间北返似无望。明午先约清华评议会同人一谈，看意向如何，再提联大商决。晚饭后佩松来,亦方自渝归者,谈及部方对办农院似无不可之表示。

4月8日　星期一

晴。午前锡予来,出示孟真信,关于迁校延期之意见。中午约清华评议会诸君及重衡集议,大家鉴于交通问题之困难,皆赞成联大继续一学期,至9月以后再移动,待与他校讨论后再定。但此中麻烦问题亦尚不少耳。夕,王子政夫妇来谈校庆日集会办法。晚,蔡文侯夫妇饭约在电台寓所,同座皆清华同人,吴、戴、刘氏昆仲、印堂夫妇、胡彦仁。饮食甚欢,10点归。晚座间兰花盛开,香气颇觉袭人,折一朵寄南京,以寄意耳。

4月9日　星期二

晴。上午柳漪来,亦谈迁运问题者。午间继侗、企孙来,下午通夫、世光、龙荪、刘康甫先后来谈。赵康节来告蒋已去筑,或有来昆可能,则又使人担心矣。

4月10日　星期三

晴。上午理发,价800,似较年前已大减,仍给1000又觉太阔绰矣。下午5点联大常委会与三校代表联席会议议决:因交通困难,夏间(6月至9月)继续课业完成一学期,以后再迁移。定下星期五召集教授会说明。

4月11日　星期四

晴。上午子坚来谈,如联大继续3月经费支配办法,拟作提议待写就请子坚携渝与教部及孟真商酌。晚至光旦家晚饭,有子坚夫妇、贡予夫妇、序经、觉民、泽霖、世光等。

4月12日　星期五

晴。上午泽霖来谈,渠明日将离昆,觉民与同去,乃约继侗暂代总务长。下午3点联大(清华)教授会,先由余报告,后发言者八九人,多不赞成夏间开课者,其动机殊不同,说话亦多无大意味;但彼等欲早走之心情则了然也。5点45分会将散,忽有学生约200人来请愿,将其书面意见为报告后,即宣布散会。乃该生等不肯散,欲请余讲话,再三要求坚不允,至7点15分始散去。约周、汤、叶、赵至家晚饭,饭后吴、鲍、戴来,袁来。

4月13日　星期六

晴。下午4点与芝生、勉仲约梁漱溟茶叙,并约汤锡予、王维诚、钱学熙、陈序经、黄子坚、冯柳漪、章矛尘等聚谈。梁曾于月前往延安,谓系为与毛、朱等说明,将来渠将放弃实际政治活动而从事于理论之主张。梁以为现时英美式民主之趋势(指多党竞争)将不能久,以后必须有一综合组织适于中国社会文化者代起,方能奠定建国基础。

4月14日　星期日

晴。下午昆明联大校友会有"话别"会,余因恶其12月强梁改组之举动，故未往。晚，勉仲来告开会情形，更为失望。会中由闻一多开谩骂之端，起而继之者亦即把持该会者。对于学校大肆批评，对于教授横加侮辱，果何居心必欲如此乎？民主自由之意义被此辈玷污矣。然学校之将来更可虑也。

4月15日　星期一

晴热。午前马约翰来，谈及昨日校友会情形，极为气愤。下午接弗斋两信，患病数日似已痊愈。论及交通困难，不若夏间开课事，实甚合理。奈此间师生不能以理喻何。晚约华秀升、王子政、邵仲和、刘谷孙、陶贞元，及汤、潘、施、赵、戴便饭，借谈学校纪念日集会事宜。定于28日（星期日）假裕滇纱厂举行游艺聚餐会，推定华、王、陶、汤、赵、戴为筹备员。

4月16日　星期二

晴热，甚干燥。午前仲和陪陈树人君（电信局长）来谈颇久始去。下午3点清华聘委会，5点余散。关于旧教授续聘事故未提出，冀于数日后或有变化，免却一难题耳。今晚为阴历三月十五日，月初起，圆明可爱，但不久为云遮去，恐日内可有雨来矣。

4月17日　星期三

上午晴，下午云渐集，晚有雨。午饭时子坚自渝来电话，甚清晰，下午3时联大校务会议，再讨论夏间开课问题，但无形中大家皆认（为）可以作罢矣。关于迁校经费及教职员、学生应发费数目商讨甚久始定：教职员每大口25万，学生15万。晚9点半始散。

睡时闻雨声。

4月18日　星期四

阴雨颇冷，室中生火。早8点起，雨犹未止，盖连续一夜者。梦中雨大时似已闻之，便感欣快。因数日来天干水缺，花草颇有枯象。今得透雨，必大苏蕤矣。一日未出门，午前刘、路、包来，再报告清理账项情形，余只坚催速办耳。郁文又患疟疾已三日矣。晚饭后勉仲来告朱部长有信约任师院院长，其意颇犹豫，须俟数日再好商定。晚座室中觉甚冷，岂天气果如此，抑体力更不胜耶。

4月19日　星期五

雨停渐晴。上午美领馆 Mr. Roser 副领事来谈，美国务院下年拟给25（名）中国大学毕业生赴美研究 fellowship（奖学金）事，清华得荐送两名。下午3点约重衡、继侗商量编造"迁校经费概算"。晚饭后始完工，总数竟达20亿。物价之高、交通之难于此可见。尚不知教部究竟能拨给多少。

4月20日　星期六

晴。上午9点赴云南大学贺其24周年及熊校长到校九周年，庆祝会殊太长，讲话人太多而欠严肃。午后将概算呈部，另与傅、沈一信，请向部说明至少须给15亿，否则实无办法。夕，鲁师曾（高等法院院长）来谈。晚未出门，信与傅任敢。

4月21日　星期日

晴。午前李继侗来谈联大账项清理问题，汤佩松来谈农院组织事。午饭约佩松与陆近仁小酌，有螃蟹二只（序经送来）佐酒，虽不大且不甚肥，但已属难得之物矣。晚赴省训团陶镕主任饭约于商务酒店，座客皆党政军及新闻界首长40余人，8点余散。便道至才盛巷访周枚荪，未遇乃归。与彬、彤、彦一信。

4月22日　星期一

晴。郁文疟疾似已全退。一日办理关于迁移事项甚忙。继侗来谈米款及运费账款问题，此须清理要项之一耳。

4月23日　星期二

晴，阴无雨。上午10时在联大图书馆前召集学生训话（下午4时在工学院），说明本校仍决于5月初结束后起始迁移，三校于10月10日在平津开学，今夏招生办法及员生旅费规定情形。晚为刘太太约与佩松看电影Chopin's《一曲难忘》（肖邦的《一曲难忘》）述其身世，归后与佩松小饮闲谈。张太太来，勉仲来出示致朱复函。

4月24日　星期三

晴。午前来客甚多：熊迪之偕张君、Mr. Roser、黄子卿、冯柳漪先后来。下午3点常委会。7点赴工业协会为中英文化协会年会聚餐，到时已将食完。新举会长为Mr. Coghill（科吉尔先生）及赵公望，9点归。接葦斋一信，密告朱电由来及傅、沈向朱解说情形。

4月25日　星期四

午后大雨一阵。一日无多事，在家清理积件，仍甚忙耳。

4月26日　星期五

晴。下午3点约集清华各研究所、组主任商谈下月结束有关事项。庄复因与叶旧怨，更大吵，余不耐，先离去。6点至刘钟明家饭约，晤张莼鸥监察使及西林、仲钧等。7点半返寓，招待各所、组教授及夫人便饭，共坐二桌，饮酒颇多，共消12斤余。客散即就寝，稍有醉意矣。茀斋自渝归。

4月27日　星期六

晴。下午3点由联大校务会议邀约省参议会诸君茶叙，客到者五六十人，主方20余人，聚谈颇欢，5点半散。

4月28日　星期日

半阴，午前有阵雨。下午3点往裕滇纱厂，清华校友假此处集会以纪念学校35周年，开会由王子政主席、余做简单报告后，有燕召亭、冯柳漪、熊迪之、华秀升先后致辞，以后拍照。聚餐时仍由各班敬酒，幸酒杯不大，未有醉意。饭后有相声、大鼓及纱厂同人演戏二出，《教子》与《汾河湾》尚勉强可听，10点散归。

4月29日　星期一

晴。晚，嘉炀夫妇饭约，系为请白雨生夫妇及钱立夫妇者。

4月30日　星期二

晴。夕赴省参议会休会餐叙,至则宾主已有散去者,勉强终席。出至缪云台家,遇李一平,再与缪家吃饭半顿,饭后在廊前闲话,李出示李宗黄《对昆明学潮之声明》。10点归。

5 月

5月1日　星期三

晴。早报上未见李之声明登出，便可不理矣。下午4点联大常委会，再规定关于发旅费之问题二点，并商定4日结业典礼之会序。

5月2日　星期四

晴，燥热。下午5点半省政府饭约，谓系欢迎张溥泉夫妇来昆并欢送余夫妇北返者。主人为张、华、陇、王、朱；客为张及余等共三人。张太太及他客皆未至，匆匆饭罢，6点半即散，又偕张夫妇至小西门内万松草堂朱家，主人与冯子钧做东道约集滇剧演员数人清唱，晤高竹秋，于此道颇有研究者。张莼鸥、黄斐章（毓成）亦在座，又食饮一顿。11点始散。

5月3日　星期五

阴，无雨。下午3点约集清华院长、系主任会谈，后便饭。

5月4日　星期六

午前有雨。上午9点在图书馆举行结业典礼，余报告后请三校代表汤、叶、蔡相继致辞，来宾请马伯安、严燮成、熊迪之，最后由冯芝生读纪念碑文。会后至后山为纪念碑揭幕，然后在图［书］馆前拍照，时已有小雨。拍照方毕雨势忽大，在办公室坐约半时，待雨稍小始出。此或为到此室之最后一次矣。晚6点余赴北大同人饭约，清华被邀者7人（施未到），南开仅冯1人。宾主共3桌，同桌有米士及李士彤，颇能饮，似为特向余劝饮者。席终皆有醉意矣。10点归家即睡。

5月5日　星期日

阴，下午有大雨。午前夏益荣（夏晋麟之子，习医）由萨本栋介绍来谈。中午黄宪儒在巡津街42号请客，为辛酉（1921）级毕业25年联欢。有孟宪民、黄子卿、闻一多、潘光旦、李继侗，罗努生适来昆亦加入。谈笑甚欢畅，4点余始归。

5月6日　星期一

晴。午前请金、温、潘、汤、张口试愿申请美国务院奖学金者英语。

5月7日　星期二

晴。中午庾晋侯之约，与章矛尘、李继侗及郁文同往，由大观楼乘船至庾庄。饭时先饮云南土产米酒一种，尚好，继以升酒则殊烈，勉饮一大杯后未敢再进，以说故事为缓冲之计，实亦不欲主人太多饮也，3点返城内。晚因庾赠活鱼一尾，烹治后原约庾等再来家小酌，待至8点竟未来，乃与章、李、叶等便饭。晚，月色颇好，惜无与共赏者尔。

5月8日　星期三

晴。中午李琢巷在其雷兴巷4号住宅约饭，同座多为联大同人，李君之盛意殊可感也。饭后至才盛巷看周枚荪眼疾，适外出就诊，未遇。下午3点清华评议会，决定送李赋宁、王浩为美国务院研究奖金候选人。晚饭霍嵩山总司令之约未得赴，与郁文赴龙纯武夫妇饭约，同座为光旦夫妇、芝生夫妇、范秉哲夫妇等。

5月9日　星期四

晴燥热。上午戴练江偕观亭来访。中午严燮成饭约，在其崇仁街静定菴巷3号，男女客4桌，亦多为联大同人及眷属，菜馔甚丰盛。晤于君，新自台湾归来者，唯谈吐似太高兴，不知其在彼究何如也。下午6点余赴黄斐章饭约，两桌，皆滇界耆宿，晤刘晓岚君，为冀东人，久客滇省者，护国之役曾与蔡松坡将兵出川南，今则无复当年英气矣。庾晋侯亦在座，又为强饮升酒一大杯，而继而起者又四五起，而既不可却，又不欲示弱，于是又三四杯矣，尚无醉意。饭后又谈有顷，欲至隔壁访朱丽东秘书长，未遇乃归。归后则觉甚倦，即裹衣入睡矣。

5月10日 星期五

晴热，有云无雨。早9点起，身及面部又现红热，昨日之酒气犹未消也。张溥泉夫妇来，因招待所水太坏不欲再往，乃留张太太于寓中，张先生往张西林处。下午3点联大教授会审查本届及前二届应征做译员及从军学生毕业成绩，其未能决定者交由审委会，至迟于5月终做最后审查报告常委会决定之。6点赴滇越铁路滇段管理处林凤岐、段纬二君饭约，稍坐后，7点返办事处，教授会聚餐共10桌，参加者八九十人，颇欢畅。饭后又约王遵明、萧涤非、章、沈、姚诸君至家小饮，潘、查、黄旋亦来谈，饮至10点余始散。工作至3点始睡。

5月11日 星期六

晴热，夕阴，晚有雨。早7点余起，因睡眠太少，殊觉不适。午前为李赋宁、王浩作介绍信与美领馆。下午王了一夫妇来辞行。5点赴商务酒店丁龙垲令爱（素芳）与徐君启行订婚典礼，至7点始入席，盖章讲话又是一番热闹。余讲话即辞出，至榕园刘觉民饭约，福建菜颇好，惜太多耳。座中有冯夫妇、陶夫妇、戴夫妇、陈席山、杨石先夫人。9点余归家，未久落雨一阵。

5月12日 星期日

早有雨，下午晴。昨晚又坐至3点余，叫三妹及燕华、燕锦、蒋志仁、章淹等起床吃点心。至5点有李某以车来接赴机场。余睡时将6点矣。日间未出门，午前张太太来住。下午5点赴省商会与市商会饭约，共坐12桌，亦云盛矣。7点余又至厚德福邵可侣夫妇之约，客有张溥泉、徐悲鸿夫人、法领事夫妇等。10点归。

5月13日　星期一
晴。晚请路局恽、鲁；中航徐、李、庞；行总白；血库胡。

5月14日　星期二
晴。下午聘任委［员］会因与他会冲突未开成。晚赴徐梦麟在家饭约，龚似醉矣。饭后为徐留久谈，10点余始与汤、冯别出，到家后又落雨。刘绍光夫妇之约郁文自去。教育厅徐、王、姜、倪之约则未赴。

5月15日　星期三
晴。下午3时清华教授会审查毕业生成绩并选举评议员。5点半联大常委会。7点半在家约杨小姐、杨起、王元璋、章矛尘夫妇、沈从文夫人便饭，饭后又送与绍酒10余斤，携归凤鸣村以飨书堂等。

5月16日　星期四
晴。下午3点清华聘委会。晚7点请霍揆彰总司令、刘参谋长、晏玉琮司令、张参谋长、钱司令厉生、丁龙垲处长，谈饮甚欢，皆允对于运输事必帮忙。9点余方食罢，忽门外枪声甚密，连续至20分，警部有人来报，始知为围捕抢匪者，10点余始平静，诸客始散去。

5月17日　星期五
阴有小雨。下午3点评议会通过成立法律系，农学院先设四系。

晚赴严慕光在榕园饭约，胡刚复到甚迟。食罢 10 点始散。

5月18日　星期六

晴。上下午赴办公室收拾行李。下午5点（夏季时间）出理发，后赴云大饭约，亦 10 余桌。饭后有游艺：孙竹菁弹筝，高竹秋滇剧清唱，皆甚好。10 点归家再清理零事，1 点半始睡。

5月19日　星期日

晴。早 4 点 45 分始为世昌唤起，室外因夜雨尚湿，但天有晴意。将 6 点赴机场，天已大明，实仅系正时 5 点也。郁文与世昌来送。7 点起飞，机中大部为医具，另有血库职员眷属八九人。余坐近司机舱口，20 分后忽见驾驶员颇忙乱，继见飞机方向似偏南飞者，高度亦渐下落；约半时后又见机转向东北行，始闻副驾驶员言，前因一发动机发生毛病停止，故即回转欲回降昆明，后复开动，故又东飞，然其间颇为担心也。以后注意机场颇正常，遂亦安心矣。12 点到汉口机场，加油后 12 点 40 分再起飞，天晴无风甚平静，3 点 15 分降龙华机场。适罗北辰来为接其夫人者，其夫人未来，邀余至其家，出机场后游龙华寺，登塔（七级）一望，游人似颇多，盖沪上连日阴雨，今得骤晴，多欲至郊外游览也。北辰住东大名路 717—A73 房间，因主妇未到，尚未布置，然住人似亦颇多。晚饭后至愚园路 606 弄 114 毛家，彬彬固不知余将来沪，一见惊喜之极，与其家人会见：毛克伦夫妇、毛文奇夫妇、大姊、二姊。Bill Emslie（比尔·埃姆斯利，梅祖彤未婚夫）适亦在此，言明日返汉口，拟于下月初结婚，亟愿余能去汉为之主婚，只好到时再定矣。10 点半始回罗寓。

5月20日　星期一

晴。8点起，10点余北辰陪往新华银行访王志华、孙瑞璜订于星期四晚同学会开会。至金城银行先访全绍文，后得见九妹及桐甫、刘德钧等，为留在行中餐厅午饭，初次食鲥鱼、江虾，佐以清酒，甚觉畅快。2点至花旗大楼中基会访叶良才、任叔永。3点偕桐甫、九妹至毛家稍坐，时适小雨，带匡琦以车往觉明小学访倪校长，逢吉已来沪，适外出未遇，与文德步归。晚毛家酒宴甚丰美，颇似请亲家公者，余行色匆匆，愧不能像样耳。座中有袁丕，系文德姨夫，前在昆曾晤见者。11点始偕北辰归。

5月21日　星期二

阴。早9点始起，睡得甚舒快。有卫生局王、李二君来访，皆八弟旧同事，欲吾促琳弟出任局长。中午应叶良才约往 Metropole（大都会）午饭，叔永之外，晤 Arthur Young（亚瑟·扬）。下午3点余与任、罗至中研院任寓饮咖啡，与叔永夫人晤谈。后至毛家又为钟安民约至其家茶点，晤钟太太及孙锡三昆仲，食杨梅糕，饮陈绍，颇好。晚饭在九妹处食水饺，逢吉、小二、彬夫妇皆来，亦一家人小聚也。

5月22日　星期三

晴。早起已10点，有《大公报》等记者来。中午为北辰约至保险业公会聚餐，做简短演说，请大家注重公医事业。下午访李祖范、祖法昆仲于化学工业社，访吴兴业。7点至西爱咸斯路623号顾一樵处便饭，携彤同往。一樵今早始由京归，适一泉由平飞返，得晤谈。10点余归。

5月23日　星期四

晴。中午至毛家便饭。下午偕北辰拜客：颜骏人、杨锡仁（见其夫人稍谈）、唐星海、张景文、郑桐荪皆未遇，顺路至徐家汇天主堂一看，新城隍庙香烟颇盛，殿前有四妇女打麻雀，亦上海之特色也。特至陆家浜南市及旧城内穿行一过，其景象则大不如租界之热闹矣。6点半至八仙桥青年会清华同学聚餐，为欢迎余与吴峙之市长者，到者二百五六十人，全堂坐满，盛意至可感，主席为会长李祖范，吴到颇迟，饭后报告校事竟用50余分，不觉如此之久也。吴论及米价及罢工问题为目前亟待解决者。10点余散后送彬彬与文德归家，又为毛志先生留坐刻许，然后作别返寓。

5月24日　星期五

早有雨，午晴。早5点半起，6点半北辰送至北车站，7点开行，车中对号入座，尚整齐。但头等票价为1.88万元，亦殊可观矣。沿途情况似与9年前无大差异。1点45分到下关，浦逊生与许复士来接。珊与文华、文光则于站栅外始得见。先至浦处与二君谈分配农具问题，3点余至东门街21—1号朱寓。

5月25日　星期六

晴。上午因部中开会未去，下午3点余随经农至部中，部长约于4点会谈者，竟未至。与周纶阁司长、杭司长稍谈。5点与经农往国际联欢社，参加翁、周、金招待美国医界Greegg（格雷格，

Rockefeller Foundation，洛克菲勒基金会）、Burwell（伯韦尔，Harvard Dean of Medical School，哈佛医学院院长）、Louker（洛克尔，Peking Union Medical College，北京协和医学院）茶会，又与立武至美大使馆 Fairbank 夫妇茶会，晤 Ludden 夫妇（勒登夫妇）、Adler Smythe（阿德勒·斯迈思）、陶孟和、孙洪芬、李振翮夫妇等。晚，朱部长在部饭约，主客为美国三医师外有刘月如、金宝善、陈景唐、王家辑、浦逖生及杭、朱。

5月26日　星期日

晴热。午前与经农至江苏路47号访周寄梅兼晤虞谨庸。下午2点余逖生借与廷黻汽车合经农之车乃全家出游陵园，在中山陵前一望未登临，至烈士纪念堂，孩辈抢登纪念塔，余、珊、经在草地上休息，后至灵光（谷）寺饮茶，又至谭墓，其风景曲折幽静，实胜于中山陵也。5点余返城内，途中蒋车似发生毛病，遂未他往。晚饭后访孟邻于其颐和路19号寓所，闲谈至10点半归。在床上看"The life of the Heart"（此书为乔治·桑的一本传记），述 George Sand（乔治·桑）身世者，至1点始睡。

5月27日　星期一

晴热。上午在室中补日记，未出门。下午3点至中研究访陶孟和，适遇邹树文，告其与汪世铭租房纠葛甚久。4点余至教部，待5点余得见部长，开口便提清华数教授问题，嘱想办法。北平工院学生之要求部决不理。晤翟毅夫、贺师俊、彭百川诸君。7点赴中研院陶饭约，有 Wilma F. Melby（威尔玛·F. 梅尔比）、罗宗洛、王仲楫、张钰哲、李文治。9点余散,由F.车送归。

5月28日　星期二

晴热。一日作信、清理文件,未出门。

5月29日　星期三

晴热。午前逯羽偕泽霖来谈,一时始去。晚与经农夫妇至天目路李振翩家晚饭,晤聂女士。后又至逖生处晤周、孙、凌、朱及端木,饭后与蒋、朱等打桥[牌]。

5月30日　星期四

晴热。上午写信。午后顾一泉夫妇坐颇久,珊尚未归,乃同去饷银檐访文藻,闲谈至天夕始出。至蒋廷黻处晚饭,有逖生及端木恺在座,9点余归。

5月31日　星期五

晴热。早有联大学生二人来谓,第一批由昆出发者已有20人自汉到京,请代觅住处。至行政院访樊逯羽商借宿舍,与杭次长电话请代设法。下午4点杭电话谓已借得金陵教室可暂住,但学生竟未再来,想已另觅得处所矣。发寄数信:昆明叶、沈、潘等;北平陈岱孙;汉口祖彤;上海祖彬及罗北辰。但如中航尚未复工,则航信仍将延搁耳。

6月

6月1日　星期六

晴热。上午10点出门至五台山附近寻卫家,打听甚久,竟无下落。午饭与经农在部中参加某会议聚餐。下午购明日车票,后拜访马超俊市长及参政会郎、雷两秘书长皆未遇。至小纱帽巷王家,为留与珊等看竹,晚饭时归。为准备经农晚车去沪,大忙一阵。今日发信:昆明沈茀斋(零事);上海王治平。

6月2日　星期日

晴热。午前有骞来邀朱家大小至郊外野餐。作与八弟等一信,好久未通消息也。中午至国际联欢社,在京清华同学集会,到者一百二三十人,颇整齐,并有联大10余人参加,罗志希亦到。饭后迓生主席、余为报告校事约一时之久,后罗演说,因须赶赴车站,遂先辞出。车中遇汪典存夫人及杨秀鹤女士。3点50车开,10点

50 分始到北站，一樵以车来接，至顾家又进稀饭及 W. 酒二三杯，1 点始睡。

6 月 3 日　星期一

晴。上海天气似较南京温和。早 8 点余起。10 点余一樵自市府纪念周归，同至毛家稍坐，接彬彬、文德、三妹、安民回顾家午饭，饭后送四人各归家。小睡一时许。4 点余偕一樵夫妇出门至杨树浦工专晤杨……（原缺）校长；复至制麻厂朱仙舫家晤其新夫人孙静禄女士，客人中有前汪一彪夫人，现嫁郑某者。归途便至司克搭路四达里 22 号晤赵清阁、凤子（封季壬），稍坐。晚 7 点半至八仙桥青年会联大同学会，到者亦 200 余人。一樵同去，尚有郑桐荪、李宝堂在座。余与一樵讲话后已 9 点半，遂先辞出。一樵约至顾毓方家，系其令伯寿日，席已散，菜肴留者甚多，酒亦颇好。11 点余归顾家。

6 月 4 日　星期二

晴热。上午未出门。午饭赵清阁来与顾家大小同庆端阳。午后 3 点出与赵女士至惠罗绕看一周，无可买者。至高恩路 340 号翟克恭家见 Mary 并他客数人。稍坐，出，赵别去，转角至贝当路 305 号李宝堂家茶点，晤郑桐荪、省身夫人及其幼子。李君夫人为俄籍，自做糕点甚好，其二女英、俄语皆甚流畅，食饮颇盛，后始知为其长女生日也。至成都路顾毓琦大夫处稍坐，偕一樵夫妇至沪西医院看蒋太太病，已起床矣。至陈选善家稍坐，又访冀朝鼎未遇。8 点半始至毛家晚饭，三妹、祖培皆在。11 点始归。

348

6月5日　星期三

晴热。早点后洗澡，为多日来所未享受者。午饭一樵约郝更生夫妇、封季壬、郭有守太太小酌。饭后接彬彬至大马路为彤彤购喜礼二包。至海格路523号钟宅留茶点坐谈一小时始出。至古拨新村李家又坐半时许，已将8点矣。回顾家收拾行李，赶赴地丰路150—23季冈处晚饭，晤何林一夫妇、李仲华，皆多年未见矣。酒肴皆甚好，惜未能多坐。9点15分出，至成都路接一樵六弟同至站，睡车为四人一间，不很舒适。10点开车，不久即睡。

6月6日　星期四

晴热。早6点前即到下关站，在站上稍息，顾六先生以车送至朱家，时将7点，珊等方起，经农在沪犹未归也。一日未出门。晚为蒋家打电话告蒋太太后日返京消息。又电卫家始得知其确址，订明日往访。吴泽霖下午来谈。

6月7日　星期五

晴甚热。中午至教部朱部长饭约，座中有竺、茅、吴、臧、罗（宗洛）、赵（太侔）诸校长及周纶阁、黄如今两司长。饭时朱提及改订大学组织法及简化课程等问题。余提二问：（一）大学可否不设训导长？（二）青年团可否不在校内设分团？朱对（二）表示须与团部商量。2点半散后至中央图馆太侔处稍坐，慰堂外出未晤。下午张昌华偕顾一泉夫人及泽霖来，稍坐后张、顾去，吴留久谈。7点樊车来，与吴搭往五台山永庆里6号卫家，适寿堃新由平飞沪，今午来京，晤谈尤快。饭前俊如引往看其果园，果树几尽砍去，唯敌人留有住房一所，颇坚实可留用。饭时主人出 White Horse（白马牌威士忌）一瓶，分饮将尽矣。10点余［回］朱寓，夜间甚闷热，盖单被犹觉有汗，再住数日，不知更加若干度也。

6月8日　星期六

微阴仍甚热。早期闷热不适。午前鲍觉民来，稍坐。日间因太热未出门。晚7点余至卫家便饭。10点余归途中见天空有闪电。

6月9日　星期日

半阴仍热。昨夜有雨，湿气较重。中午联大同学百余人在励志社聚餐，邀余到会为报告校况，浦夫妇、鲍夫妇、樊逵羽在座。下午张昌华来同至顾一泉（处）稍坐。6点余偕曹曾禄夫妇至白下街国华银行（经理夏君）、钱伯辛、刘德诚饭约，同座多五六级同学夫妇，共二桌，为敬饮10余杯。8点至卫家，客有张溥泉夫妇、翁咏霓、施奎龄、寿垫及余。11点施车送归。

6月10日　星期一

晴，稍凉，有风。上午未出门。晚7点至蒋家，系钱英大使 Horace Seymour（薛穆爵士）夫妇，他客有 Gen. De Wiart（德维亚尔将军）、朱骝先、杭太太、逵羽。W 将军约于下星期一与同机赴平，甚盼能去，须待二三日再定耳。朱告数日内主席或将约见。客将散马超俊市长来，稍谈辞归。

6月11日　星期二

晴。上午写信告彤彤，15日前将不能赴汉口。中午至卫家便饭，饭后送寿堃至车站赴沪。晚饭后与珊及文光、文衡偕有骞至龙门茶室听西乐，饮啤酒、咖啡。10点半始归。

6月12日　星期三

阴、晚雨颇大。上午写信致陈福田。中午至逖生处饭，饭后同往慈悲社俞家访陈寅恪，坐三刻许。至中大访正之，稍谈，又至中研院访本栋，谈颇久，6点返。7点半，文藻偕一樵、世明邀至湘菜合作社小饮，菜不甚佳，但价较廉。9点余归。

6月13日　星期四

阴凉。早10点至中研院与莘觉、正之、本栋略谈国防部稍示研究事业计划。至教部，中午为顾荫亭、郝更生约与一樵至大陆餐馆食西餐，尚好，遇化成、逖生、徐士瑚等，与周纶阁得稍谈校事。与一樵、化成至一泉家稍坐后返寓。又与文光至鼓楼南新乐也理发，后步行归来。晚饭后"bridge"至12点。

6月14日　星期五

昨夜大雨，至中午暂停，颇凉，晚又雨。午前雨大未出门，为子坚与常委诸君作信，告此间关于运输等消息数事。下午接彤信，谓定16日结婚，惜不能赶去矣。3点与经农至教部，与翟毅夫谈。对于主席手谕关于清华复校后如何整顿学风、恢复学术研究风气二点，余谓应实现二事：一、生活安定；二、研究设备充实，然后学术风气自必恢复。因即在昆明困难状况之下，研究仍为大多数所努力也。由部发与任之恭电，请往见 Dellinger（德林杰）商 Ionosphere Sta.（电离站）事，6 点余至永庆里卫家，晚饭后待雨稍停。10 点余归。拍与祖彤与安思礼祝"长乐永庆"电。

6月15日　星期六

阴雨颇凉。午前钱伯辛来，一樵来谈其下月赴美任务，关于国防科学如航空、无线电、原子物理，希为清华取得美方协助，以促进研究功效。李国干来交祝新民殉职事略。下午 4 点与珊至蒋家稍坐，偕蒋太太至 Gen. Wiart 处拜访，兼询星期一飞平消息。晚饭有酒肴，为有骞预祝四十九寿。

饭后打 B（Bridge，桥牌），至 11 点始散。晚，方刚（稚周）来，稍坐。

6月16日　星期日

晴热。午前 10 时搭朱车出至吴家，遇一樵、宗贺俊，在冰心房稍坐，伊因昨日劳顿又吐血少许，故卧床休息。傅泾波来知系随司徒校长到京者。午饭一樵约与一泉夫妇、文藻及其二女孩在马祥兴小酌，菜味颇好，价亦便宜。夕又与一樵、张昌华至后湖茶亭饮茶，游客甚众，因不能久留，未划船。7 点余至中央商场中央餐厅，为俊如夫妇之约，以纪念其结婚周年者，晤萧毅肃、吴夫妇等，共客十三四人，10 点余返朱寓。作信与清华叶、潘、沈，郁文，祖彬。

6月17日　星期一

（飞北平）晴热。早7点半起，9点至蒋家稍坐。随与蒋太太往南城外飞机场，至时则魏亚特将军等已在场。10点起飞，50分到龙华机场，因陈长桐夫妇早间未赶上搭机，故魏特再来接。11点20分再起飞，空中甚平静。此机为四发动机之"Dakota"（达科塔，道格拉斯C-47空中火车的简称），飞行最速380英里每小时。由沪至平约700英里每小时，飞速平均为200，故须3时半到平。下午2点半左右渐下降，在城上绕行时得见全城景物。3点下机，福田、岱孙、正宣、唐悦良（市府）、石某（行营）等均在场久候矣。偕福田等至城内，仍住中央饭店招待所，洗澡休息，子高、明之来晤。6点半与正宣至麻线胡同接六妹至全聚德晚饭，约客两桌……饮啤酒、绍酒颇多，外客皆甚满意。10点余散后，随陈、郑至其寓，入室就座竟即睡去。12点余醒来，孟真等尚在陪伴，甚歉愧。又谈一时许始回寓。

6月18日　星期二

半阴热。早8点起后冯淮西、陈省身来谈。9点半偕六妹等出，先至骑河楼稍停，然后至清华园视察各部房舍情形及修理进行状况，巡行共三小时许。午饭在丙所由二陈做东，长桐夫妇亦来，6点始进城。7点半赴行营李主任饭约，座间有魏将军等4人，萧一山秘书长、王参谋长、甘副参、石某。9点半散出，约W等同赴北京饭店福田与胡征祥之约，晤Col. Elin（埃林上校），顿忆一二年前在昆明欢聚。谈饮至12点半始散。与二陈闲话至3点余始睡。

6月19日 星期三

晴有风，仍热。早起后大公报记者徐盈来访。六弟来。今甫偕华炽来，将午六弟别去。至市府为张伯谨副市长留片，谢其昨午饭约未得赴者。至骑河楼约同子高、正宜（岱孙因有他约，福田因背架不能久坐）往韩宅食面。韩、李、傅三夫妇及六妹做东道，饮枣酒，食有刀鱼、虾仁、烧茄子，使人回忆10年前景况，为之黯然矣。饭后大哥出示子高以所藏砚墨等物，子高赞叹不置。座间闲话，佐以白杏、梅汤，余复偷闲小睡。5点余与大哥、六妹、正宜至王府井某衣店定做夏衣一套，价8万，实甚便宜。7点偕二陈至毛家湾今甫诸君饭约，雪屏夫妇、华炽夫妇及毅生在焉。饮啤酒，菜为闽味，陈厨所做，颇精美。饭后蒋太太偕吴文辉来。10点余回饭店晤常凤琢，谈艺文问题甚久始去。与岱孙谈校事，至12点余戚长诚来，戚现任行营新任组主任，愿帮忙解决军医院迁移及留用家具问题。甚感之。1点余始睡。

6月20日 星期四

（回南京）晴热。早7点起，早点收拾毕，8点赴六国饭店，接蒋太太同赴南苑机场。庸孙夫妇稍迟亦到，8点45分登机起飞，在平市上空盘旋二周，清华园、颐和园历历在目。盖魏将军故使如此，以便吾等观览，甚可感也。约9点折向南飞，天气平静，速度较来时增加，平均为250，高度在七八千英尺之间，11点35分竟已降落大校场，既速且稳，乘客均极满意，尤当感谢主人。庸孙夫妇搭原机回上海，余偕蒋太太及蒯女士进城，因等行政院汽车，至12点半始到东门街。珊于昨日应友人之约赴沪，闻数日后始归来。午饭后小睡，天夕电吴太太，7点余七妹以车接去便饭，略谈平中见闻。10点余归。

6月21日　星期五

晴热，较平中似尚凉爽些。早9点余随经农至教部，先晤骝先部长，所谈仍注重于人事问题。继与毅夫、师俊商加拨修建费事，贺允先拨4亿。拟往中央研究院，因电话不通未往，因畏热恐空劳往返也。中午随经农归。午后小睡一时许，草呈部文稿，待明日即抄递。晚饭后与有骞、文华、文光打B。有骞与余搭伙，惜其不甚谙习，颇难合作恰当。10点半始散，时室外颇有风，不知夜间竟能落雨否。

6月22日　星期六

晴热，有风，但湿气颇重。上午李默涵及他生来求介绍谋事，钱伯辛电话问飞机行期，告以数日内尚不能离京。11点至教部呈部请加拨修建费文，烦文曼抄好即交毅夫请速办。下午再至教部被邀参加教授研究补助金委员会议。4点偕叔永、伯遵至江苏路周校长处饮咖啡，后为虞谨庸夫妇留晚饭，晤钱天鹤夫人、徐君夫妇等。假葡酒甚坏，勉饮二三杯。饭后偕叔永返寓与经农久谈始去。11点余睡。

6月23日　星期日

晴热有风。早9点至中研院访孟真谈半时许，因其有他客来，出至本栋处，遇钰哲夫妇及吴正之夫人，皆新自渝来京者，与本栋谈关于本铁、省身、擘黄、济之、方桂等问题，留午饭。饭后待朱车久不至，雇洋车归。旋经农偕叔永、伯遵来，余剑秋、张以藩来坐颇久。后与任、林、经农、有骞及文华等至后湖闲步，后雇船荡湖中约一时，见城上落日四周云霞景象甚美。8点余归。

6月24日　星期一

晴甚热，室内为32℃，户外恐过38℃矣。早9点赴中研院，因经农已先出门，雇洋车，烈日下行40分钟始到。与孟真谈，知其昨日见主席谈及校事，力为解说，似可以无大问题欤？中研院适开院务会议，未久留。往教部，雇车500元，而由东门街至北极阁为1500元，其贵不下昆明矣。午饭后小睡、洗澡，后作三信：昆明黄子坚；北平陈岱孙；重庆汤佩松。晚饭后尤闷热，黄仲良来谈其汉口古物尚得余烬，余土堆中掘出一部分，其泥像佛头10余经烧后竟成陶质，亦可幸也。与七妹电话，知韩德章一家已到京，在途行10余日，宜昌、汉口因交涉各停数日，到京已疲惫不堪矣。

6月25日　星期二

晴，闷热，夕大雨一阵，但雨后尤湿热。上午未出门，托钱伯辛订妥飞机，星期日往汉口。发信：汉口祖彤与安思礼；重庆余又荪，并托其预订星期四、五往昆明飞机。午饭时汗湿内衣，饭后小睡、小浴。3时半后雇车赴中研院候朱部长同往蒋官邸。5时到军校官舍，在外客厅坐数分钟后，有他客出，始被让入内室。蒋着蓝长衫，颇安闲。谈话约半时，首告以数日前往北平查看校舍情形，问：复校计划何如？答：现正赶修各部，暂定双十节开学。问：师生能赶到否？答：希望大部分届时能到平。问：下年校中办法如何？答：仍当注重学术研究风气之恢复，倘使教授们生活得安定，研究设备得充实，则研究工作定更有进展，随即提清华教授中近有少数言论行动实有不当，但多数同人深不以为然，将来由同人自相规劝纠正，谅不致有多大（不好）影响。朱乃提及关于东北事件百余人宣言之事为证。朱又谓曾商量过关于教授长及院系主任人选之更动，总使主要负责者为稳健分子。至此余乃谓此数人以往在学术上颇有成绩，最近之举动当系一时之冲动，故极希望能于规劝之中使其自行觉悟，则其后来结果必更好。对方似颇颔首。余继谓此数人之如此或尚有一原因，即其家属众多或时有病人，生活特困难，而彼等又不欲效他人所为在外兼事，于是愁闷积于胸中，一旦发泄，火气更大。主人点首曰：生活问题实甚重要。朱因乘机提教员待遇及经费应增高问题。余问：蒋看北方局面是否可无问题？答：吾们不能说一定，或者不致有大问题。言时笑容可掬，其或笑余之憨，余亦故为此问也。承款以糕点杏仁露。朱又报告关于某省厅长事。辞出时承送至门口，似特客气矣。后以朱车至中央大学，正之适外出，与吴太太闲谈。6点余正之归，略告谒谈经过。以正之车至永庆里卫家，七妹将于明日赴沪者。饭后闲谈，9点返朱宅。与经农谈话至11点返室，觉甚闷热，上床半裸，未久竟入睡乡矣。

6月26日　星期三

阴湿闷热，时有小雨，午后渐有阵风。上午懒极，看书报未做他事。福田有电话来，知来京开会，约与泽霖同晚饭。下午发信与：昆明叶、沈、祖芬。晚，陈、吴及胡徵祥来接至励志社晚饭，黄仁霖、逯羽、厉、张诸君皆在座，盖彼等于日间为战地服务团开会也。饭后上楼在厉君室饮 Dawson（道森酒庄产红酒）酒闲谈。10点余归。

6月27日　星期四

上午大雨，午后颇凉爽。晚黄仁霖在其家请客，菜颇丰盛，且有酒。10点余归寓，福田同车送余归，得稍谈。经农已乘夜车赴沪，为接适之由美来者。

6月28日　星期五

晴尚风凉。下午2时珊自上海归。5时余借卫车至中央路访龙志舟，适遇于学忠、贾德耀，谈半时许出。在赴中研院途中遇孟邻夫妇，邀同去蓝家庄看地。7点余至中研院，饭三桌，客大部为本院各所所长同人，外约者有王云五、王雪艇、翁咏霓、蒋、杨继曾等（正之、莘觉、大维未到）。饮酒半醉矣，杨以车送余归。午后德章来，久谈始去。

6月29日　星期六

晴热。上午10点余至教部与周纶阁略谈，晤 Mrs. Fairbank，知三校所荐美政府研究奖金候选人6人皆中选矣。至慈悲社俞家看寅恪，稍坐。至永庆里，日下步行一刻许，觉甚热，与七妹谈20分，乘其指挥车至蒋家。蒋所约客为周象贤、蒯女士、顾一泉夫妇、毓瑞、逯羽夫妇。净珊于饭后来坐。2点余偕珊至顾养吾家稍坐后归寓。下午钱伯辛来，机票已购妥，代送行李过磅。文衡发烧至 38.9℃，不知病原如何。夕作信：重庆清中洪宝林，上海杨秀鹤，上海罗北辰。晚未出门。9点俊如来坐颇久。净珊与有骞皆晤谈。客去后珊等出代购纸烟，归后闲谈，至12点余始睡。

6月30日　星期日

晴热。上午8点伯辛以车来接赴明故宫机场，10点始起飞，空中甚平静，将至汉口前半时，地上水泽遍布，盖江水已呈泛滥之象矣。12点在武昌机场降落，在炎日下耽搁约二时：验行李、挤卡车、换卡车、上下驳船，2时许始到汉口码头。因畏卡车拥挤即雇洋车往协和医院，初不料距离如此之远，经德日法租界过火车站，约行一时一刻始到，车价1500元，当地人以为甚便宜；衣裤尽湿矣。彤彤见面实盼余来者久矣。稍坐又偕Bill（比尔，此时已为梅祖彤丈夫）等至中航公司订星期三赴渝机票。返院吃茶后洗澡，将带来各物交彤，另送Bill（比尔，此时已为梅祖彤丈夫）Lucky Strike（好彩香烟）一条，实无他物可赠与也。……饭后演小电影"Tangiers"（《丹吉尔》），惜后半因机器发生毛病，屡试不成，至11点始作罢。归房觉颇凉爽，得安睡矣。中午在机场遇伍启元及其夫人、小孩，系由渝赴京者。

7月

7月1日 星期一

晴热，晚有暴雨，稍凉。早7点起，早点后在廊下补日记，所住为协和医院一寓所，颇宽敞整洁，现由UNRRA租用，作其总署同事休养之地，饭食甚丰好，每日4餐，食时与医院及FAU诸西人聚食，亦彼此交谈之好机会也。11点彤来，引至医院参观其训练班实验室，此Lab. Technician（实验室技术员）班由N女主，彤副之，训练期间为3月，至8月半可完。又与彤散步至中山公园，即在隔壁，园中地面颇广，树林茂密，唯欠修整，后方有体育场、游泳池，前部有图书馆，存书不满二架，看桌不过五六张，馆员眷属则住门前二室，盖只一点缀而已。步归时甚热。午饭后回屋小睡，后洗澡，后在廊下闲坐阅书。晚7点张祖荫来，其夫人等因雨未来。饭后再看"Tangier"影片，以后他人散去，与Bill谈其计划，至12点始就寝。

7月2日　星期二

上午阴雨，下午雨止闷热。早点在彤等住处，以后因雨即留彼处翻阅闲书。午饭后回室小睡，未洗澡。7点张祖荫、熊祖同、贺阊来约余与彤及Bill至新新花园聚餐，室中有电扇尚风凉，菜多而不精，此饭馆通病也。到者尚有新制同学李崇□及其夫人、沈、钟烈锌、周、……（原缺）等。饭后至李住德明饭店稍坐，返协和后晤一美军官，新自北平归来，购有景泰蓝雕漆物具甚多，其他尚有多人闲谈，但觉甚热。12点归室收拾行李，约1点就寝。

7月3日　星期三

半阴，似不太热。早6点余起，彤、Bill来看。7点半早点后，赴中航公司买票、过磅，待甚久，搭卡车至码头，在德租界以下二三里，又待一时许小驳轮始到，客30余人，又挤上船。过江后沿堤步行里许，因道上泥水太多不能前进，待有卡车来再挤上，至机场在一席棚内休息，遇周鲤生与叶雅格，系往南京者。同饮咖啡，待至将1点始各分上机，计自到公司至上机共费5小时30分矣。飞机于1点起飞，机上座客只8人，途中小有风云，略颠动。4点半（渝时下午3点30）在九龙坡降落，搭公司卡车至两路口，雇洋车至中研院，与余又荪君稍谈，即留院暂住，稍息。后与余至中四路61号看望同人及多家眷属，住该处者竟有六七十人之多，与锡予、子卿、仲明等稍谈。归寓洗澡后，锡予约至国民外交协会晚饭，有芝生、子卿、冯君培、余又荪同座。饭后思成偕徽因来谈颇久，10点余别去。宿于办公室旁一存物室，与物理所□君同房，睡时尚不太热，燃蚊烟香于榻旁，因未有蚊帐也。

7月4日　星期四

半阴，夜半大雨。早起后，□君邀至重庆牛奶场食面包牛奶。10点余偕余君至空军第六路司令部拜访□副司令，出该部大门时遇教部韩帮办庆澜。午饭约思成夫妇及其子女及龙荪在一川馆便饭，用7000余元，实不费也。饭后至珊瑚坝中航公司过磅检查行李。归途遇叶楷兄，购小西瓜2斤余，700余元，实并不佳，聊以去暑耳。天夕芝生来谈，洗凉水澡觉稍不适。7点至国民外交协会，系约宴空军官员，教部韩、陈（景阳）二君，及姚处长忠华、行政院某君（陈光文参事因病未到），陪客为两校汤、冯等10余人。西餐食时乏味，恐腹中已不适。9点余散。11点将睡腹泻一次，夜半大风雨，醒来觉颇凉，又泻一次。

7月5日　星期五

（返抵昆明）早在渝阴雨，下午昆明阴，无雨。5点起天尚阴黑，大雨未停，又腹泻一次。6点雨暂停，雇车往中航公司，将至，雨复来。立一茶馆前约一时许，始得登卡车往九龙坡机场。途中雨淋后背，衣裤大半湿透矣。到机场后幸雨暂停，稍进咖啡茶，极不适口。又待至9点15分，始登机起飞。12点到昆明机场，世昌来接，急入汽车，坐定便觉不支矣。光旦同车送余归，未能多谈，到家即解衣上床，始觉微烧。下午高至39℃余。请张大夫来诊，并取血备检查。下午同人数位来，未多谈。

7月6日　星期六

阴凉。早，热度已大退，气管微有咳意。下午陈王大夫来看。

7月7日　星期日

半晴。午前邵仲和来。下午复作烧,晚又至38.5℃,但腹泻昨日已愈。

7月8日　星期一

半晴。病状仍如昨日,陈王大夫再验血,确无疟菌。晚,热度在38℃以下,似可渐退矣。

7月9日　星期二

晴。病状已渐好,仍时作咳。

7月10日　星期三

晴。午前趁无烧起床,略阅公事,备下午开会。午饭后小睡。下午5点常委会,出席者为黄、潘、沈、查、邱、贺、雷、叶、施、章。讨论多关于迁运及师院问题,余仍出席,仍请子坚代理。

7月11日　星期四

晴。午前起床,仍未出户。

7月12日　星期五

晴。今日起始视事,中午清华校务会议,光旦迟来,始悉李公朴昨晚在学院坡被暗杀消息。下午李圣章来稍坐。

7月13日　星期六

晴。下午3时教部留试委员会在寓开会，到者为熊迪之、徐述先、王子政、张科长及姜督学和。

7月14日　星期日

晴。下午初次出门，赴法领馆庆祝茶会。6点余赴财厅华秀升、严继光饭约，二桌，缪云台、朱键飞、王……（原缺）等5人外皆为清华旧同学。是晚酒食仍未多饮哄。饭后与云台谈颇久，9点余散归。

7月15日　星期一

晴。日间批阅两校公事颇忙。夕5点余潘太太忽跑入告一多被枪杀，其子重伤消息，惊愕不知所谓。盖日来情形极不佳，此类事可能继李后再出现，而一多近来之行动又最有招致之可能，但一旦果竟实现；而察其当时情形，以多人围击，必欲致之于死，此何等仇恨，何等阴谋，殊使人痛惜而更为来日惧尔。急寻世昌使往闻家照料，请勉仲往警备司令部，要其注意其他同人之安全。晚因前约宴中央及中航二公司职员光徐诸君，但已无心欢畅矣。散后查、沈来寓，发急电报告教部，并与法院、警部及警察局公函。一点余始睡。

7月16日　星期二

阴。昨晚12点Roser偕二美军以吉普车接光旦夫妇往美领馆暂避，今早大致尚安定，唯各家尚甚感恐慌耳。午前10点偕郁文往云大医院看闻夫人及立鹤伤势，肺部曾受三枪，今早已停止出血，腿部中二枪，一大腿骨已断，枪弹尚在内，但此子体格甚好，或能出险。医院中闲人甚多，盖李公朴遗体于今午火化，故来看热闹者特多也。中午访霍总司令未遇，留片。下午接警备司令部复函谓已悬赏缉凶，关于同人安全问题，提议最好大家聚居一处以便保护。下午4点约黄、查、贺、雷、沈组闻教授丧葬抚恤委员会，6点余往美领馆晤光旦、奚若，并与 Roser。稍谈，闻彼处已住有十七八人，但除光旦夫妇、孝通一家，及奚若外，其他则不知皆为谁何也。

7月17日　星期三

晴。令世昌购米、面、糖、茶、火腿、黑大头（大头菜）各若干及毛巾二打，于下午送与 Roser。下午5点联大常委会，开会前全体往云大医院视一多入殓，仅着蓝衫，盘坐于铁龛内备明午火化者，其面目尚静定，盖已为殓者整理过矣。

7月18日　星期四

晴。中午一多遗体于云大操场火化，系由佛教会僧徒办理，观众不甚多，秩序尚好。下午子坚、勉仲来商为一多举行追悼会及修衣冠冢事。2点余刘参谋长来谈时许始去。

7月19日　星期五

晴。一日未出门，料理联大结束事宜。晚，章矛尘家约便饭。

7月20日　星期六

阴。中午子坚、勉仲约联大同人二桌，商谈师院计划并示请帮忙之意。下午约5点McG.来，始知光旦等已于昨晚离领馆，光旦住于赵家，遂同去一谈。适Roser及孝通已先至，为诸人住居问题商讨颇久。7点余至教厅为约宴监试委员三桌，但地方、灯光以及酒菜均乏味。8点余席散即归。途中落雨。

7月21日　星期日

阴，早有雨。早9点乘洋车往昆华中学照顾留美考试，此为第一日，分工试场约共270人，厅中职员来照料者不下20人，但似皆无甚经验耳。中午赴工学院王师羲夫妇饭约。下午3点归家，始知车夫罗文安于途中为四暴徒勒逼关于办事处住人情形之消息。5点光旦与Roser来，再商迁避计划。R似无接回领馆之表示。R去后，又谈颇久，乃决送至缪家暂居，以汽车同往，适云台未在家，与缪太太稍谈，余先别出，至柳坝路春舫、王源璋夫妇处小聚。晚饭后未久坐即归。归未久，McG.来，始知光旦曾于晚间往领馆为门者拒不纳，则不知又往何处，乃遣世昌陪往寻觅，半时后有电话来，告光旦已到领馆，盖为孝通诸人催去者。似非必要，而为诸君设想，似亦非最好做法也。晚宪警在房舍附近似有增加。

7月22日　星期一

晴。午前教厅张科长来，似对于留试科目列表有抄错之处，因而一门考题须分两日发用，当绝不可，乃嘱其先将抄单与余所改正之原底一对，再设法补救。下午竟未来，盖已自行设法矣。

7月23日　星期二

晴。下午刘英士来访，系昨日自京来代表朱部长慰问闻氏家属并致送丧仪50万，余为代存。冷欣来访。

7月24日　星期三

晴。午前邓飞黄来访，亦新到昆就省党部主任委员者，闻唐镁亦于昨日来，闻、李之案不久可以大白乎？下午3时校中举行闻君追悼会于昆北院南教室，由余主祭。祭文乃闻之生平，为罗膺中作，由雷伯伦报告，后由黄子坚及张……（原缺）演讲，到者200余人，大半为同人及家属。秩序甚好，门外宪警颇多，不得不防意外耳。会散又至校内衣冠墓一看，布置未以为合适，但亦不欲多出主意也。晚有吴某订婚，闻排场甚奢华，而亦请人证婚，终托故未往。郁文去，或须代吾盖章耳。

7月25日　星期四

晴有阵雨。上午10点联大常委会，中午先赴兴文银行曾市长等饭约，共6桌。后又至商务酒店扶轮社之约，时彼等已饭罢，为述联大结束、三校复校重要问题约20分。归家稍息。下午5时又至海棠春为赵西陆（太仆令郎）与高震坤证婚。饭后8点余归。

7月26日　星期五

晴有阵雨。上午10点三校联合迁运委员会，由贺自昭、孙铁仙、霍重衡、沈弗斋、黄子坚、冯柳漪合组，开首次会议，推霍为主席。中午约同参加工作之职员聚餐，共二桌。饭后小睡。下午6时至凤翥街高、赵二家谢宴。7点余出，又至工学院李筱韩夫妇饭约，未终席又先辞出。至寓Sprouse与McG.已先到，谈关于闻李案各点及潘、费、张等安全问题。S.似亦欲再与警备部商谈办法，俾诸君得早日迁出领馆。10点半始去。

7月27日　星期六

晴，午前钟督学芷修自渝飞来，留与同人聚餐。下午6点周绍曾在中央银行饭约。

7月28日　星期日

阴雨。上午刘英士来谈颇久。下午潘、费归来，住办事处内院赵家。晚与英士及潘、费、赵在赵家便饭，商谈赴京问题。

7月29日　星期一

阴雨。午前Sprouse偕Melby来，望看潘、费者。中午卢主席饭约，晤顾总司令墨三、李肖白、美领馆Sprouse、McG.、Roser及其新夫人、Melby、Lt. Col. Hayne及黄秘书，外有朱丽东、王子政作陪。下午5时顾总司令来访，谈颇久。6时余至达理巷黄子衡饭约，后又至教育厅王、徐饭约。9点余归，因在黄处与缪安成等饮升酒稍多，即上床入睡矣。

7月30日　星期二

阴晴，有雨。午前偕勉仲至金碧别墅拜访顾总司令及冷副参谋长欣，稍坐即归。下午4时顾在省府大客厅约各界茶叙，到者约百余人，主人有演词，多为安慰"三迤父老"及闻李案而发。继之以卢、霍、邓、龚，言辞多无大意味。余觉不能不说，乃以数语表示，要求早日使此案破获而将凶犯尽法惩办，及向各位对闻之死表示慰问者及军警当局为同人安全多所布置者，表示谢意而已。散后至云南服务社理发。后偕勉仲至教厅应教部钟、刘、姜三君之约，席间何衍璿饮酒之勇，使人觉饮之欣赏意味全无矣。9点余归，赶作信与朱、蒋，托刘携去。

7月31日　星期三

阴晴，有雨。清早6点潘及费夫妇偕刘赴机场飞渝转京。上午10时联大常委会，此为最后之一次矣。饭后清理文卷，修整西红柿枝苗，遂未午睡。晚8点省府请客，客顾、唐、张镇、冷之外，均是昨日茶会诸人。饭后演美国影片"*The Battle of China*"（《中国战役》）。11点秀升以车送归。

8月

8月1日　星期四

阴。中午缪云台在家请客：顾、唐、张、冷、卢、张、张、胡、金，菜、酒（Old Gin，陈年杜松子酒）均甚好，饭后流连半日未归。晚8点中央地方各机关公宴顾等，食时且演滇、平剧，惜皆不佳。11点始散。

8月2日　星期五

晴。中午邓飞黄在省府请客，仍是此批七八十人，食后主客各有演词，亦只泛话而已。下午3时与缪夫妇及阮绍文赴温泉住宾馆，顾等在卢处。晚饭缪做东道，客共十二三人，饮Whiskey颇多，多有醉意。余离席即欲睡，阮君等扶上床，已自不知一切矣。

8月3日　星期六

下午有雨。早9点起，微觉不适。刘太太陪同早点后，又睡一时许。午饭胡、张二君做东。饭后大雨一阵，未得出游。夕与云台同浴。晚饭仍在胡家，客散后又与胡、张、缪及数太太闲谈，戏吞二口。12点始归寝。

8月4日　星期日

阴，午有雨。早点后顾、卢等来约游曹溪寺。后众人又往珍珠泉，则与西林在寺中饮茶休息，12点归。在卢家午饭，饮其久藏之Red Label甚好。饭后顾等游西山先去，余回室小睡，后再浴一次。4点余搭白雨生车返寓。晚8点顾约各中委及省市党委六七十人便饭，饭后聚谈。顾之后继之者为邓飞黄、赵澍、赵镜涵、陶镕、刘钟兴等，最后为黄实。时已将12点始散。

8月5日　星期一

晴。上午料理积件。晚约顾、张、唐、冷、卢、朱、曾竹虚市长，张尊鸥未入席，因胃疾先去。邓宁、王凌云军长、白雨生、张、缪及校中同人贺、孙、冯、邱、查、沈、霍、雷、施共二桌，菜为厚德福者，勉强应典。自备黄酒尚好。10点客散，又工作至2点始睡。

8月6日　星期二

晴热。中午省市参议会及滇籍参政员在兴文银行请客6桌，饭后主人三位代表演词颇长，赵公望词中有对于学术界尊重有限度一语，不知其意何居。饭后与勉仲访奚若，知其将于后日飞沪也。下午方喜稍可清闲，又为徐行敏家约去，系徐太太寿宴，座客皆商贾，殊无味。10点吴君以吉普车送归。

8月7日　星期三

晴热。午前联合迁运委员会开会。中午与勉仲赴王竹村老先生饭约，盛意可感，座中有董雨苍，久未晤面者。归后小睡。夕收拾花草。晚饭后工作至2点，作复周枚荪信。

8月8日　星期四

晴，早有雨。午前联合考委会，会后便餐。夕，唐乃建次长来辞行。发与卫俊如夫人信。

8月9日　星期五

阴有雨。上午梁漱溟偕周新民来谈关于闻家善后问题。晚，袁仲虎夫妇在文化巷2号请客，座中晤何绍周夫妇、裴存藩夫人、龙团长（宪兵十三团）等。饭后大雨一阵，10点余归。

8月10日　星期六

晴。上午11时迁委会开会，讨论与裕和企业公司商订承运第二批物品问题，会后便饭。晚作与岱孙长信。

8月11日　星期日

晴，有风稍凉。上午至云大监考，此为三批之第一批，共6日始考完。日间作与钱莘觉信、与朱部长函稿。晚先赴张大煜、高警寒约于经济建设研究会（巡津街42号）晤王振芳先生自海外归来者。又至张西林家与其令妹邦珍做东道。晤张寿贤君，中央党部秘书，陪同梁、周来昆者。

8月12日　星期一
阴雨，颇凉。日间清理积件甚忙。晚7点嘉炀以车来接往王振宇家，客颇多，三桌。食饮及半辞出，至华阳巷高荫槐军长家，为宴顾、卢、冷、张、霍、何诸人者。饭后展览所藏书画，至11点始归。

8月13日　星期二
晴。早起，因昨晚在王处饮白酒七八杯，稍不适。下午公事甚多，来人亦不少，至7点始得稍息。晚饭约刘家、章家、查家大小，及张亦、任君、佛同、世昌便饭，盖明早祖芬将偕查瑞传、章家男女孩三人同乘行总难民车赴长沙，转往京沪。8点偕勉仲赴顾、卢饭约于青莲街卢寓，晤梁、周。闻顾言后日将公审一多案凶手，并邀吾等观审。归后与家人谈话，至2点始睡。

8月14日　星期三
晴。午前迁委会通过第二次与裕和公司签订运输物品合同，派丁兆兴赴沪，沈刚如赴渝协助照料员生迁运事宜。晚6时赴黄实（衡秋）、阮肇昌（绍文）饭约于高军长宅，得观其百檐斋所藏书画，殊有美不胜收之感。饭时至大厂村2号刘太太家，皆为联大同人：章、施、李、沈各家。饭后偕郁文及沈、章至高宅，听滇剧音乐，至11点始散归。是晚尚有邓飞黄及董雨苍之约皆未得往。

8月15日　星期四

晴。午前后得清理积件不少。上午10时偕自昭、柳漪、勉仲往地方观审闻案凶犯汤时亮、李文山二人，汤为警备司令部特务营连长（湖南衡阳人），李（湖北人）为该连排长，二人似为正凶可无疑，唯皆为特营官佐，而于出事之日，又皆便衣带枪（偕一军需上士在逃未获者）出营，未久即至云大会场，听到闻之演词遂"激于义愤决下毒手"，此实巧极，不无可更研究者。法官三人为陆军总司令部、省保安司令部及宪兵十三团之代表，讯时系择其预审供词要点特为重讯、并以为观审了然者，于"是否有人主使特分别追问，犯人皆称无有"，可以见之。11点半散庭，下午2点再开庭，余则未往，盖已无关紧要矣。下午发呈教部二代电，为平校修建费请追加及收回土木工校事；一函与傅任敢，一函与钱莘觉，一函与朱部长，又与熊校长为航空研究所处理事。晚为招考借用云大考场，约宴何教务长、丘、柳、张、李、张诸君，由冯、贺、查、朱、张作陪。饭后何酒似稍多，与查下象棋，颇话多。未散余先出矣。

8月16日　星期五

晴。午前陈席山、沈刚如等来道别，将于明日赴渝者。晚赴陈勋仲饭约（篆塘新村60号）。

8月17日　星期六

晴。上午庄前鼎来谈关于航研所处置问题，随接熊校长电，赶嘱将房舍、风洞及家具准备点交与云大借用。下午小睡后接信甚多，岱孙自北平，企孙自上海，子坚自南京。随批复并急电教部贺司长请将清华经、临各费汇拨北平。晚约川岛夫妇及世昌在家食饺子（锅贴），竟贪食太饱，颇不适。上床休息时许，再起清理存卷，备装箱运平者。2点余睡。

8月18日　星期日
晴。午前胡彦仁夫妇来，送胡太太美烟二包。人谓烟多刺激，余谓其能安神，所见不同，抑亦身心之感应不同耳？中午赴张尊鸥检察使饭约于螺翠山庄，客20余人，皆滇南耆老，序齿后余竟居中后之列，为之警惕矣。饭后有赵惕生画扇，二王兄弟题诗，又拍照，至四点始别出。随由黄宪儒接往皇后饭店为黄京群、梁秀芳证婚。先另有二家结婚者，待其毕事（由陈荫生证婚）始举行，"爵士"音乐等殊感不惯。饭后9点余宪儒送归，郁文10点余归来。

8月19日　星期一
昨夜雨，清早晴。午前郁文未起床，腹痛时作，但不剧烈，暂服消炎片，且看后果如何。中午章川岛夫妇在蓉园饭约，座客刘氏母女4人，任君及余共6人，菜甚多。下午来客看病者甚多。晚饭后，筱韩夫妇、施太太偕倪征琮大夫来。勉仲来告祖芬等已于前日抵贵阳。

8月20日　星期二
昨夜复有雨，早晴，下午雷大雨小。郁文腹痛轻减，似非盲肠炎症，陈王大夫来看，取血查验。下午电告白细胞稍多，并不严重。

晚王子政在教育厅欢迎Deffer（德弗）教授，往与晤谈半时，未入座出，至巡津街华秀升、金龙章、王政、赵恩钜、赵康节、陈钟儒、张大煜、高警寒、白光里合请校中师友尚在昆者，宾主三桌，食饮甚欢畅。饭后为张大煜留看竹，至12点始归。

8月21日　星期三

晴。中午三校及云大、中法及五教育机关公宴P.教授，彼先于教育会讲演UNO，由胡毅翻译。下午送郁文至圣光医院，杨景庭大夫定明早施手术。晚McGeary家饭约。

8月22日　星期二

日间有雨。午前9时偕冯柳漪夫人至医院，10点半起手术用25分，经过甚好。中午赴扶轮社聚餐，为宴P.教授者。

8月23日　星期五

晴。上午10时至12时约在昆联大同人十六七人与P.君座谈。中午便酌二桌。夕至医院。晚葛酉泉夫妇饭约。

8月24日　星期六

晴。午前迁委会开会。

8月25日　星期日

晴。中午朱驭欧夫妇饭约。饭后查、蔡陪P.君游温泉。晚周子竞饭约，又白雨生饭约。

8月26日　星期一

晴。中午卢主席饭约，座中有顾总司令及英、美、法领事等及P.君。晚黄天如饭约未得往。7点余赶至庾庄则客已食罢将散去矣。食后又为庾、袁等邀至希尧家。10点又偕顾、卢等至法领馆看跳舞，12点始归。

8月27日　星期二

晴热。中午各界饯送顾墨三总司令于省政府。闻一多案之凶犯二人已经定罪处决矣。下午2时赴教育会之教师节庆祝会，张尊鸥及余与勉仲有演词。晚顾又约宴耆老及各机关首长话别。

8月28日　星期三

晴。午前10时为卢、缪等约陪顾、冷游白玉口。饭后小睡后，游览流霞洞，然后至高崧纱厂晚饭，饭后看滇剧二出：《小进宫》《乌龙院》，尚好。11点归，归后偶持笔欲作字，为晋侯书小横幅，又写一条赠王书堂夫人。睡时已3点矣。

8月29日　星期四

昨夜有雨。晚自医院赴丁龙垲家饭约。

8月31日　星期六

晴。午前迁委会结束会议。晚五时为丁、徐证婚于皇后饭店。7点又往洞天酒楼贺龚仲钧长女归宁。

9 月

9月1日　星期日

晴。中午约省市商会严燮成、李琢庵等十五六人便酌。郁文于午前由医院归家。

9月2日　星期一

晴热。中午缪云台夫妇饭约二桌，皆联大同人及眷属。

9月3日　星期二

晴热。晚王振宇饭约，饭后9点余又赴卢、黄、何庆祝胜利音乐晚会，座中耆老10余人看跳舞，盖亦异趣也。

9月4日　星期三

晴热。中午，黄美之、梁鼎亨饭约，晤梁君令弟及苏某，亦个旧办矿者。晚希尧饭约，座中有何绍周、缪云台、赵辰伯、黄子衡、袁藚耕、龚仲钧、马少波、庾晋侯、金龙章及勉仲与余。除何外均初来昆明时即结识之老友也。饮酒稍多，归家即睡矣。

9月5日　星期四

晴热。连日收拾箱件，愈收拾愈有增加。因定明日飞渝，益须赶做矣。午后3时半赴图书馆之师院及附中附小同人茶话会，校园中布置甚整齐清新，甚感慰。晚未出门，收拾零事至4点始睡。

9月6日　星期五

晴热。早8点起，再清理琐事。9点余赵君去中航公司购票过磅，12点余偕霍、查、赵、姚赴机场，乃待至3点15分始起飞。到机场来送者：严燮成、李琢庵、缪云台、金华赵、丁龙垲全家及董君父子。5点45分降于珊瑚坝，刚如来接，须以划子过渡。至中四路61号招待所，即暂住侯华民君让出之小室。晚余又苏约饭，晤唐擘黄、殷源之、饶钦止。饭后与冯、贺、王、张、陈诸君稍谈。与刚如出，洗澡、修脚。11点睡。

9月7日　星期六

晴热，较昆明约高10余摄氏度。午前偕余又苏赴空军司令部访晏玉琮司令，又至教育部晤韩庆濂帮办。中午林伯遵约饭，饭后小睡，因房间西晒颇热。晚饭与刚如在小馆食锅贴、稀饭，饭后佩弦、印堂于生生花园，又至中研院访擘黄夫妇闲谈至10点归寓。作信与郁文，与彬彬。

9月8日　星期日

晴热。上午10点余清华中学以大吉普车来接，乃约擘黄夫妇、刚如、慰之、伯伦、维诚、宪民、福堂同往。过江费时半点余，至12点始到土桥。又以滑竿至校中，参观、午饭、演说、照相，至5点半始起行，温泉之游只得作罢矣。7点返抵招待所。晚饭与伯伦夫妇、刚如在一广东小馆小酌。饭后至聚兴村访希山，谈颇久。

9月9日　星期一

晴热，夕有阵雨。午前伯遵来，陶光来，……（原缺）来谈甚久始去。午后2点半与余又荪、伯伦、刚如以余车往沙坪坝访周枚荪夫妇、李仲揆（四光）夫妇、张奚若夫人（川康银行），梁思永夫妇。晚饭约余及雷、沈在国民外交协会小酌。11点睡，仍热。

9月10日　星期二

中秋节，甚热。午前与余又荪至市政府（旧国府）拜访张笃伦市长，未遇。与幸秘书长谈及空运问题，彼允为介绍与大华在渝经理洽商，或有办得专机之可能。下午2时半乘清中汽车（由杨士杰事务主任开驶）至中航公司过磅，费一时许始完。晚余约招待所同人及眷属及中研院众人在国民外交协会节宴，共坐16桌，颇热闹。10点余散后得收整行李毕即睡。

9月11日　星期三

（返抵北平）晴。早5点半以清中汽车赴珊瑚坝机场，何、侯二君来送，一妇人适在场中生产，由郑善夫夫人为之料理，乃初闻小儿呱呱哭声不久，即见该妇人起立抱之他往矣，盖东北人之尤健者也。7点起飞，一路颇平稳，中途未停，12点20分在西郊机场降落。陈、毕、张、王、汤、邓诸君来接，入城后住骑河楼同学会之内院北上房，颇舒适。5点余至北大松公府之平津国立院校长聚餐，晤金问洙（北洋代校长）、陈荩民（工学院院长）、李润章、傅孟真、郑毅生、徐悲鸿、孟广喆，谈及学生公费问题等。饭时稍坐别出，至石板房佩松家饮洋酒甚好，晤其令弟佩芹及夫人。10点偕佩松、正宜至南柳巷稍坐，德章、瑞年皆已来平。11点半归。

9月12日　星期四

晴。早8点起，早点后，同人来谈者二三起。报馆记者均未见。11点偕陈、汤、毕至清华园。下车后由新南院步至体育馆、医院等处看各部修理情形，工程进行以太迟缓，应催促加快，否则不能如期完成矣。2点始午饭，4点半回城内，晚7点赴大陆银行谈季祯经理饭约，客十五六人皆北大、清华同人。9点余偕陈、汤、毕等至麻线胡同邝家，六妹将最近麻烦经过详述一小时，未稍停顿，饮咖啡二杯，10点半回寓，批阅文件，至1点睡。

9月13日　星期五

晴，颇热。日间未出门。午前接见记者二起。陆锡纯来告将赴沈阳就中正大学注册主任，此子颇努力也。下午4点约保委会及继侗、佩松略谈开学前应准备事项。晚7点在灯草胡同14号陈宅与保委会诸君约宴胡、傅二校长及杨、汤、郑、郑、孟广喆诸君。菜为陈宅女仆烹调，颇精美。饭后至东厂胡同看适之所借傅沅叔（增湘）之宋版水经注，又见孟真新购古铜器多件，其中一古剑似系铁制而包以铜者，把玩间余竟将其尖端扳折，甚为不安。11点归。

9月14日　星期六

晴热。午前逢吉来。发致孟治及王克勤电，又电与光旦促归及余又荪请设法使朱荫章、王植庚早来。午前联大学生到平代表……（原件不清）。夕偕毕赴清华园，在全绍志家晚饭，又至毕家饮咖啡。宿于王明之家。

9月15日　星期日

晴热。早8点起，早点后至古月堂看储存各室。10点至颐和园外夏令营，拟参加其毕业典礼，后因待陈诚总长来平改为下午举行，遂出至燕京东大地，访陆志韦校长。后至朗润园20号逢吉处午饭，六弟、祖培、赵先舟、锡纯、祖成、祖武、祖麟皆在，亦一小团聚也。饭后拍照二三张，与逢吉至南大地徐家，看德常新生男孩（名徐泓）。5点回骑河楼，携祖麟同来，为备晚饭，食后送回校（育英）。7点赴邓健飞饭约，客除中信局由沪新来之江、徐、陈三君外，皆清华同学：岱孙、仲明、思成、佩松、王季高、王国忠。饭后9点余至国会街招待所看同人各家住居情形，梁、金、张、李继侗、吴晗、王佐良、余瑞璜及潘家。11点归。

9月16日　星期一

晴热。午前来客甚多。中午《大公报》之曹□冰、萧乾夫妇及徐盈在萃华楼饭约。下午4点与岱孙访李德邻（宗仁）主任谈颇久，晤萧一山。访熊市长，后偕正宣及徐君至丰盛胡同看房。7点至松树胡同7号王鸿韶夫妇、张寿龄夫妇及戚长诚饭约。

9月17日　星期二

晴，风，颇冷。昨夜雷雨颇大，早起风凉，颇有初冬意味。9点余偕岱孙、佩松、德章至农事试验场参观，由戴君某及汪次堪等引导至各部大致一看，颇感原来规模之大，现难维持，殊觉可惜。中午返骑河楼午饭，下午4点吴泽霖来谈。夕出访凌其峻、关颂韬两家，皆未遇。在杨梦赍［处］坐谈半时许。至萃华楼董绍良君饭约，为其子式珪与罗坤仪新婚谢媒者。饭后与今甫、华炽、岱孙至长安戏院看侯喜瑞之《青风寨》、宋德珠之《摇钱树》、丁至云之《玉堂春》，皆尚平妥。12点45分始归。

9月18日　星期三

晴，仍有风。上午11点约学生生活指导委员会7人会谈，留午饭。下午发电致上海丁、叶、沈，促同人早来平；致南京沈弗斋，催部拨款；致刘觉民、陈嘉促返校者。晚，今甫、毅生、华炽约在恩成居便饭。饭后至长安戏院看小翠花之《排（挑）帘裁衣》及《双沙河》，其做工甚细腻，殆无可与比拟者。

9月19日　星期四

晴，午颇暖。上午10点与吴、张、李赴北大松公府与北大、南开代表六七人会谈新生招考及联大与补习班分发的学生问题。会后留午饭。返寓小睡后来客甚多，未得出门拜客。7点半与子高、正宣、佩松至韩宅便饭，有德章夫妇、瑞年夫妇、德刚、德扬招待。饭后诵裳夫妇归谈甚久，10点半归。作信与三妹及彦。

9月20日　星期五

晴，和暖。上午诵裳来，孟宪民（新自重庆飞来）。下午4点蒯叔平女士陪 Prof. Edwarde（埃德华教授，London Univ., 即伦敦大学）来访，谈半时许别去。熊市长来回拜。晚7点赴李主任饭约于勤政殿。9点出，再赴张伯谨饭约，晤李湘宸、刘泛池、邱大年诸君，皆新到平者。归后作致珊信，一点半睡。

9月21日　星期六

晴热。上午10时在北大松公府与三校代表再商新生录取标准。中午与岱孙赴熊市长饭约，晤唐得源，新自教部来视察社会教育者。返寓小睡后，3点半与正宣、佩松赴车站，搭4点快车赴津，车中系对号入座，秩序甚好。6点半抵东站，朱继圣、陈卓人及卢开瑗来接，住朱家，毕、汤住东亚公司招待所，适为对门。晚，继圣约旧同学：陈礼（问聃）、张锐、刘茀祺、段茂瀚、陈卓人、王崇植（受培）及余等三人晚饭。饭后谈至11点始散。

9月22日　星期日

（在天津）晴热。早8点起，早点后受培送车来，9点半出门。先访王受培与郑觉君于开滦煤矿局，继至周叔弢家（启新）拜访，又至卞俶成家稍坐，后至耀华里祖明家与祖明、祖荫、祖培、邵葆仁夫妇聚晤。午偕继圣、佩松至卢家晤缘子、刘段两夫妇之外，有张纪正夫妇。先食螃蟹，后进西餐，酒肴均甚好，至3点余始散，开瑗须即赴平，因其令兄隽予于昨夜故去也。至六里台、八里台看南开新旧校舍，由张志铨引导，5点余回朱家休息，未能睡。7点赴银行公会，清华同学欢迎会，到者共80余人，为诸君报告最近复校情形。10点散归，洗澡后即就寝。

9月23日　星期一

（在天津）晴热。上午9点陈梁生、刘子厚、邢寿农偕其令爱、王锡昌先后来访。10点偕邢、王往看金仲藩，后偕继圣拜访张市长未遇。杜副市长建时出见，谈颇久。中午东亚毛织公司宋棐卿、字涵昆仲、陈锡三经理、王新三副理饭约，有俶成及何清儒同座，何与宋为郎舅也。饭后偕俶成接其夫人至鼓楼南二民参观。至南开中学晤丁主任、松樵七叔，略看各处恢复情形。晚王、郑在开滦招待所饭约，同座朱、汤之外八九人，皆清华校友（李思广、集甫、李公武，十为较老者），饭后聚谈颇久，11点始散。临行得王允售校煤2000吨，并谓局中有机电器材若干可赠送，尤可感也。6点余与正宣赴孟肆庠君饭约（瑞蚨祥），席半与余先辞出。

9月24日　星期二

（返北平）晴暖。早点后，7点45分赴东车站，几误车矣。杜建时到站送行，惜未获多谈。10点半到平。中午往宫门口傅宅，系约胡、傅二夫妇、张伯驹、徐旭生、袁志仁便饭，惜菜中鱼、虾、蟹皆不新鲜，客皆勉强终席。下午4点赴松公府，做录取之最后决定，清华取最多，1356人，北大400余，南开仅数十人，遂由二校再做录遗之收纳，其程度实将更低。清华处此境，未便多做主张矣。

9月25日　星期三

晴暖。上下午来客甚多，未出门。晚，作长信与莆斋寄南京者。又复彬彬信。

9月26日　星期四

夜有暴雨，早晴。上午10点与岱孙、泽霖访孙长官仿鲁，并晤陈副长官继承及李嗣聪监察使，后至大甜水井访张奚若、Winter及Drummond久谈，归寓午饭。下午张印堂、夏翔来，皆昨晚到平者。4点与岱孙至救济分署访童冠贤，又访关颂韬，托其物色校医。6点余至邝家晚饭，饭后与六妹闲话家常，至12点始别出。

9月27日　星期五

午前阴有小雨。上午9点偕明之、岱孙赴校查看，12点半返骑河楼午饭。下午未出门，清理积件。

9月28日　星期六

晴暖。上午10点赴松公府之临时大学补习班分发委员会，分发清华者为387人，则较日前估计者又多80余人矣。中午同学会请客：胡夫妇、傅夫妇、雪屏夫妇、毅生、大绂、子坚、逢吉、岱孙，菜尚过得去，酒则堪以对客也，孟真明日飞京，借以送行。饭后睡二时余始起。晚先赴杨梦赉夫妇安福楼之约，后至王叔铭寓，座中逢吉与祖麟外，有徐司令、王女士、左女士、吴女士、刘女士等。饭后王约至华乐观剧，裘盛戎之《战宛城》，颇好。孙毓堃有意学杨小楼，似可造之才。荀慧生则徐娘半老，不易立足矣。12点归，为逢吉、祖麟在会中备床暂宿。

9月29日　星期日

晴暖。早9点起，逢吉等已去矣。钱太太来少谈，去。与岱孙往嘉兴寺吊何海秋父丧。午饭与陈、毕在邝家食饺子。饭后偕六妹至瑞蚨祥购皮衣，请邝老三、老四吃冰激凌，似甚满意者。夕归寓。杨天受来。晚至蒋太太处便饭，食螃蟹，饭后闲谈甚久，11点归。

9月30日　星期一

晴暖。上午10时偕毕、戴诸君赴校，毕、汤等往土木工专接洽收回校舍事，进行尚顺利。甲所各室略为布置，下午至办公楼详细察看，备日内移入办公。夕在毕家饮咖啡稍坐，6点余进城，仍住骑河楼。

10 月

10月1日　星期二

晴暖，夕晚大雨数阵。上午来客甚多：傅佩青、盛成中、梁思成等。晚6点半赴汤家晤盛君及汪处长、宋科长便饭为谢其昨日土专移交便利。8点至松公府为南开黄、孟、刘三君之约，至则已食罢，与诸人会谈甚久，将散又为大雨所阻，半时后雨停始出，则街巷间积水甚多。至寓电灯又停，燃烛一支草草就寝。

10月2日　星期三

晴冷。早起后渐有风，天气渐冷。午前出门须着驼绒袍矣。中午在松公府三校代表聚餐，饭后谈至3点始归。下午与陈、毕久谈复校准备各问题，多关于人事者。晚7点赴日使馆蒋太太饭约，晤……郑介民夫妇、蔡文治、孙连仲、李德邻夫人、王子文夫人、胡征祥夫人、孙越崎、顾一泉、Arthur Young、吴文辉、适之。10

点归寓作信与：一、蒋廷黻，二、浦逖生，三、沈弗斋。1点睡时户外风甚大，明日将更冷矣。

10月3日　星期四

晴冷。午前11点至校。原定今日起在校办公者。但因大楼各室尚未修整完竣，暂仍在工字厅后部办公，俟数日后迁往大楼。午饭在何汝楫家，饭后回甲所小睡。起后至办公楼各室察看，适岱孙来，商谈后略为改动。晚饭李剑秋备馔，仍在何家，马约翰偕其二女已搬住校内，相见甚欢。钱伟长似颇能饮，但稍嫌少年气盛耳。归寓后洗澡上床，觉甚舒快也。

10月4日　星期五

晴冷。早8点起，早点后至后工字厅办公。朱慰之已于前日来平，今早到校，问知教务处注册组所需各底卷均未携来，亦未交由第一批车运来，更为失望。午饭在王明之家，下午3点偕岱孙、思成入城。夕至邝家看六妹病，系右肾神经作痛，恐须若干时日方能告痊。留晚饭，食螃蟹，与正宣、施念远小酌。饭后与六妹闲话甚久，至12点始归。

10月5日　星期六

晴，午前后颇暖。早点后嘉炀来谈。午前偕泽霖与嘉炀夫妇及二孩赴校，在工字厅批阅公事后回寓午饭，与吴、施家大小食水饺。下午3点入城，至中法大学访李圣章稍谈，范濂卿未遇，访王子文，渠近忽患小儿麻痹症，据医言尚不重，一两月后可治愈。6点半与

389

岱孙至美大使馆 Mr. & Mrs. Freeman（弗里曼夫妇）茶会，为欢迎 Myers（迈尔斯）总领事夫妇者，晤美国旧友甚多。7点半出，赴王树芳在京华酒楼之约，座中王、陶、张、朱四君外，另5人皆清华土木系毕业生，现在自来水厂服务者，诸人团结努力之精神颇好，甚为欣慰，快饮20余杯，稍有醉意矣。10点归后即睡。

10月6日　星期日

晴，日间颇暖。上午陈福田来，刘寿民来，皆新到平者。下午小睡后理发，系叫附近一小理发来寓，其手艺颇不高明，以后绝不再试矣。夕至邝家，适寿堃方自唐山来，留晚饭。9点余至韩宅，略谈明日接郁文事。11点回寓。

10月7日　星期一

晴，午暖晚凉。早9点李筱韩、范绪筠来谈在津接洽选购敌伪工业物资经过。李继侗来谈新生问题。中午至松公府与北大汤、郑、陈、郑，南开黄、孟，清华吴、李、朱谈联大学生分发问题、补习班学生公费问题等。备午饭，下午2点半散。晚与岱孙、正宣应寿堃约，至邝家食涮羊肉，饭后久谈，11点归。郁文上午有电来，改于明日飞平。

10月8日　星期二

晴。午前到校至后工字厅办公一时许。中午在甲所约 Mr. & Mrs. Walter（沃尔特夫妇）、S. Robertson、Bob（鲍勃）、Mrs. Harris（哈里斯夫人）、岱孙、福田、逢吉便饭，谈叙颇畅快。3点客去随即入城。夕至韩宅，郁文已于中午到平。晚饭韩备二桌，邀李、傅、邝三家大小团聚，惜六妹尚不能起床前来，谈笑间为之减色耳。11点返骑河楼，郁文留住韩家。

10月9日　星期三

晴冷。日间在骑河楼料理公事。中午请刘太太及自强、自鸣、素斐夫妇、章家三孩在东来顺食涮羊肉。晚与郁文赴北京饭店之郑介民、蔡文治二君饯送饶委员之酒食。8点至邝宅晚饭，为寿堃请客：王冀臣（燕谋）夫妇、张中行夫妇（开滦）、梁君夫妇、杨大夫、施念远、诵裳夫妇、张伯驹及余等，圆桌甚大，尚不觉挤。饭后又与六妹闲谈，10点余返寓。

10月10日　星期四

晴和。早9点半到校，10点至工字厅偕同各教授赴大礼堂举行开学典礼，仪式简单。先请陈岱孙报告保管委员会之复校工作，后由余致辞，告大家今后之艰难，勉以共同努力。中间有陈福田献日医官呈献军剑；孙立人由潘参谋代表赠日军旗一面、军刀一柄；熊祖同代表辛西捐赠钟亭修建费150万元，使会场中人大感兴奋矣。会后招待校友及各教授在工字厅便餐10桌，惜未能共食，因须赴勤政殿之李主任庆祝酒会。1点客将散，与袁志仁、陈荩民再与李主任谈供煤问题，请其务代设法。后与志仁、郁文至西黔阳便饭。下午4点熊、张二市长在西花厅招待茶会。晚饭在宫门口傅宅，系素斐夫妇请刘太太者。

10月12日　星期六

晴和。中午在校约请便饭：Prof. & Mrs. P.M.Roxby（罗士培教授及其夫人）、张印堂夫妇、吴泽霖等。晚饭在韩宅，系为请刘太太者。